朱杰军 陈连营 赵珍 张小也 编著

走近中国古代**45位**著名科学家
发掘**五千年**中华文明中的科技瑰宝
以历久弥新的精神**激励后人**前行

中华巨匠

古代卓越
科技人物

中国科学技术出版社
·北　京·

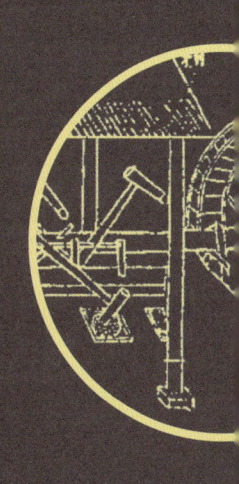

目 录

001　鲁　班　春秋时期建筑工程家
005　扁　鹊　战国时期医学家
013　许　行　战国时期农学家、思想家
016　李　冰　战国时期水利工程学家
024　落下闳　西汉天文学家
030　赵　过　西汉农学家
037　氾胜之　西汉农学家
043　刘　歆　西汉科学家
048　魏伯阳　东汉化学家
053　崔　寔　东汉农学家
059　王　景　东汉水利工程专家
066　蔡　伦　东汉科学家
072　张　衡　东汉科学家
079　张仲景　东汉医学家
085　华　佗　东汉医学家
091　马　钧　三国机械发明家
096　刘　徽　魏晋数学家
102　皇甫谧　西晋医学家
106　杜　预　西晋科学家
111　王叔和　西晋医学家
116　葛　洪　东晋医学家
121　祖冲之　南北朝数学家、天文学家
127　陶弘景　南北朝医学家
132　贾思勰　北魏农学家

140	刘　焯	隋代天文学家		199	陈　瑄	明代治理运河专家
144	孙思邈	隋唐医学家		203	李时珍	明代医药学家
149	李　春	隋代造桥技术专家		207	潘季驯	明代治理黄河专家
153	一　行	唐代天文学家		211	徐光启	明代科学家
158	苏　颂	北宋天文学家、药学家		216	李之藻	明代科学家
164	沈　括	北宋科学家		220	徐霞客	明代地理学家
171	毕　昇	北宋发明家		227	宋应星	明代科学家
176	郭守敬	元代天文学家、水利专家		233	靳　辅	清代治河专家
182	黄道婆	元代纺织技术专家		237	祁韵士	清代西北史地学奠基人
187	王　祯	元代农学家、木活字创造者		242	吴其濬	清代植物学家
194	贾　鲁	元代治理黄河专家				

鲁班

Lu Ban

（约公元前507~前444）

春秋时期建筑工程家

土木建筑、木匠、戏班的祖师

中国古代著名的建筑工程家，被建筑工匠尊为祖师。姓公输名般，或称公输班、鲁般、公输盘、公输子和班输等，春秋时期鲁国人，故称鲁班。

《汉书·古今人表》中将鲁班列在孔子之后、墨子之前。《墨子》载公输盘"为楚造云梯之械"，能"削木以为鹊，成而飞之。"说的是大约在公元前450年以后，鲁班从鲁国来到楚国，帮助楚国制造兵器。他曾创制云梯，准备攻打宋国。墨子不远千里，从鲁国行十日十夜至楚国都城郢，与鲁班和楚王相互辩难，强力说服楚王停止攻宋。鲁班的名字散见于先秦诸子的论述中，被誉为"鲁之巧人"。王充《论衡》说他能造木人木马。

木工师傅们用的手工工具，如钻、刨子、铲子、曲尺，划线用的墨斗，据说都是鲁班发明的。而每一件工具的发明，都是鲁班在生产实践中得到启发，经过反复研究、试验创造出来的。

鲁班祖庙宅遗址

鲁班纪念馆

鲁班尺

鲁班锁

　　唐代以后，民间关于鲁班的传说更加普遍，其内容大致有：关于主持兴建具有高度技术性的重大工程；关于热心帮助建筑工匠解决技术难题；关于改革和发明生产工具；关于雕刻等。种种传说有的虽与史实有出入，但都歌颂了以鲁班为代表的中国劳动人民的勤劳、智慧和助人为乐的美德。

　　春秋战国是中国从奴隶制向封建制过渡的社会大变动的时代。手工工匠获得一定程度的自由，新的生产力的出现和生产工具的变革为工艺技术的提高创造了条件。公输般在这个时期对工艺制造作出了杰出的贡献。由于他技艺超群，又是鲁国人，所以后来人们就称他为"鲁班（般）"。最早记载鲁班事迹的是《墨子》，在《礼记·檀弓》《风俗通义》《水经注》《述异记》《酉阳杂俎》以及一些笔记和方志中也有著录。作为战国时期杰出人物的公输般，在民间逐渐变成为一个传说式的人物。

古代科学家鲁班

鲁班的传说大致可以分为两类：一类是讲他发明创造的故事。古代典籍中记载鲁班创造云梯、战舟、磨、碾、钻、刨，还有他创造门户铺首等的故事。近代民间仍有鲁班发明锯子、他的妻子发明伞的传说。另一类鲁班传说，是关于他修建各地著名桥梁、殿宇、寺庙等建筑的故事。这类传说早有流传，近代民间传说还有：北京白塔寺白塔的裂缝是鲁班给锔好的；河北保安附近的鸡鸣驿石桥没有完成，那是因为鲁班造桥时，姐姐（或妹妹）怕他过于劳累，提前学了鸡叫，鲁班因而停工的缘故；山西永乐宫是鲁班修建的；四川大足山北山石像是鲁班雕刻的；杭州西湖上"三潭映月"的三座石塔，是鲁班凿来镇压黑鱼精的石香炉的三只脚等。其中以鲁班修赵州桥的传说最为著名，元初编集的《湖海新闻夷坚续志》（后集卷二）有收录。

继往开来的医学家

扁鹊
Bian Que

战国时期医学家（活动于公元前5世纪）

扁鹊，原姓秦，名越人。齐国郑（在今河北任丘北，一说在今山东）人。"扁鹊"一词原来是古代传说中能为人解除病痛的一种鸟。秦越人医术高超，老百姓尊敬他为神医，所以说是扁鹊。约生活于公元前5世纪，是春秋战国时一位名医。因他曾在卢国（今山东省济南市长清区西南）居住过，因此，又称他为卢医。成语"起死回生""讳疾忌医"，即出于扁鹊行医时的经历。

聪明好学

　　扁鹊年轻时并不懂得医术，而是在一家客店当管理员。当时在他的客店里有一位长住的客人叫长桑君，是一位名医，他俩过往甚密，感情融洽。扁鹊一有空儿就向长桑君学习医术。长期交往以后，长桑君见扁鹊聪明过人，又能刻苦学习，富有爱心，适合行医，于是决定把自己的全部本领都教给他。有一天，长桑君对扁鹊说："我掌握着一些秘方验方，现在我已年老，想把这些医术及秘方传授予你，你要保守秘密，不可外传。"扁鹊当即拜长桑君为师，并继承其医术，终于成为一代名医。

　　后来，扁鹊辞去了客店管理员的职务，开始在齐、赵、周、秦（即今天河北、山东、河南、山西、陕西等地）行医。因为他同情民间疾苦，再加上有着高超的医术，多次治好了濒临死亡的病人，所以人们都爱拿古代传说中能为

扁鹊画像

人解除病痛的神鸟的名字——扁鹊称呼他。久而久之，人们都习惯地叫他扁鹊，而他的真名，反而很少有人提起了。

扁鹊在总结前人医疗经验的基础上创造总结出望（看气色）、闻（听声音）、问（问病情）、切（按脉搏）的诊断疾病的方法。在这四诊法中，扁鹊尤擅长望诊和切诊。当时，扁鹊的切脉技术名扬天下。

扁鹊看病行医有"六不治"原则

一是依仗权势，骄横跋扈的人不治；
二是贪图钱财，不顾性命的人不治；
三是暴饮暴食，饮食无常的人不治；
四是病重不及时求医的人不治；
五是身体虚弱不能服药的人不治；
六是相信巫术不相信医道的不治。

刘胜墓金针

汉代针灸陶俑

中华巨匠 古代卓越科技人物　扁鹊

006
—
007

扁鹊行医，对各科都很擅长，他能"随俗而变"：在赵为"带下医"（即妇科医生）；在周为"耳目鼻医"（即五官科医生）；在秦为"儿医"（即小儿科医生）。扁鹊从人民群众的需要出发的行医作风，当时深受广大民众的欢迎。

骄恣不论于理，一不治也；轻身重财，二不治也；衣食不能适，三不治也；阴阳并藏，气不定，四不治也；形羸不能服药，五不治也；信巫不信医，六不治也。
——扁鹊

精于望诊

扁鹊在诊视疾病中，已经应用了中医全面的诊断技术，即中医诊察疾病的四种基本方法——"四诊"：望诊、闻诊、问诊和切诊。这些诊断技术，充分地体现在史书所记载他的一些治病案例中。他精于望色，通过望色判断病证及其病情的变化。

有一次，扁鹊行医来到了齐国，齐桓公田午知道他声望很大，便宴请扁鹊。不料扁鹊刚见到齐桓公就对他说："大王您已经生有疾病，现在就在肌肤之间，不治的话会加重的。"齐桓公根本不相信，所以听后很不高兴。5天后，扁鹊再去见齐桓公，告诉齐桓公说："大王的病已经到了血脉里，不治的话会加深的。"齐桓公自然仍不相信，而且更加不悦了。又过了5天，扁鹊又见到齐桓公时说："大王的病已经到了肠胃里，不治的话会更严重。"齐桓公十分生气，他并不喜欢别人说他有病。5天又过去了，这一次，扁鹊一见到齐桓公，就

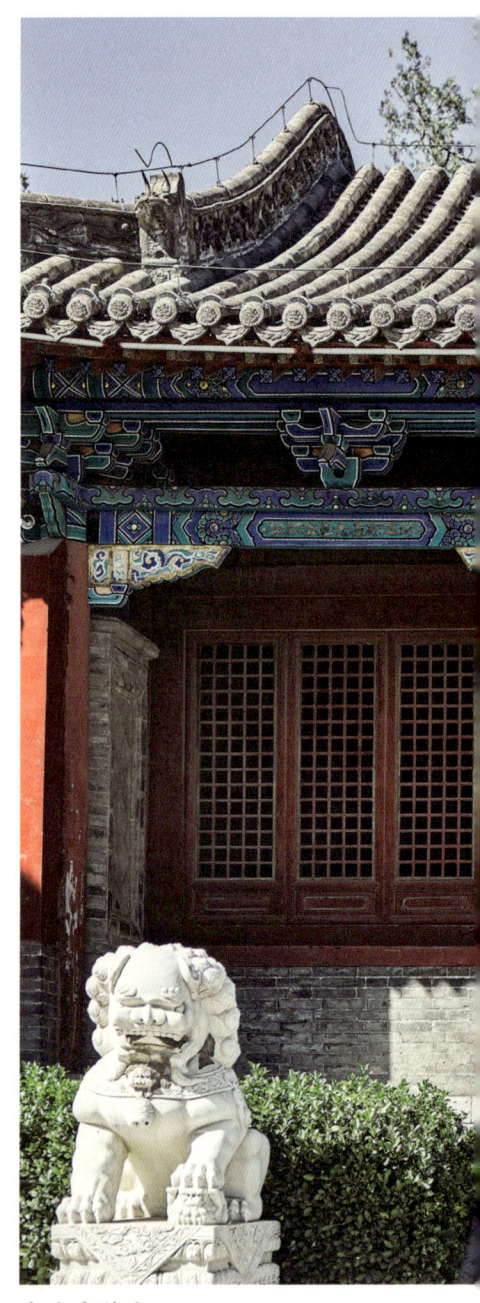

内丘扁鹊庙

赶快避开了，齐桓公十分纳闷儿，就派人去问原因，扁鹊解释说："病在肌肤纹理之间时，可以用熨药治愈；在血脉里时，可用针刺、砭石的方法达到治疗效果；在肠胃里时，借助火剂汤的力量也能达到治疗效果；可当病到了骨髓里的时候，也就无法治疗了。现在大王的病已经在骨髓里了，我也无能为力了。"果然5天后，齐桓公突然身患重病，不得不派人去找扁鹊，而扁鹊此时已经走了。不久，齐桓公就病逝了。这则非常有名的医学故事，就是成语"讳疾忌医"的出处。

可见，扁鹊的望诊技术出神入化，真是"望而知之谓之神"的神医了。在中医的诊断方法里，望诊在"四诊"当中居于首位，十分重要，也十分深奥，要达到一望即知的神奇境界更是非同寻常。

扁鹊望闻问切画像

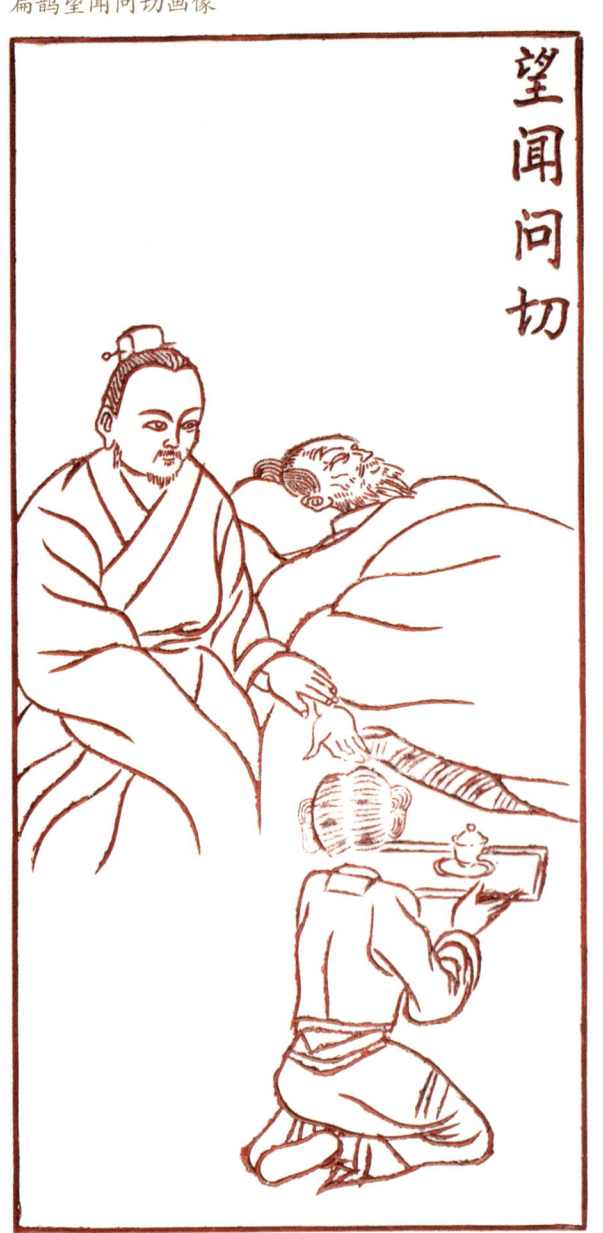

子午流注针法

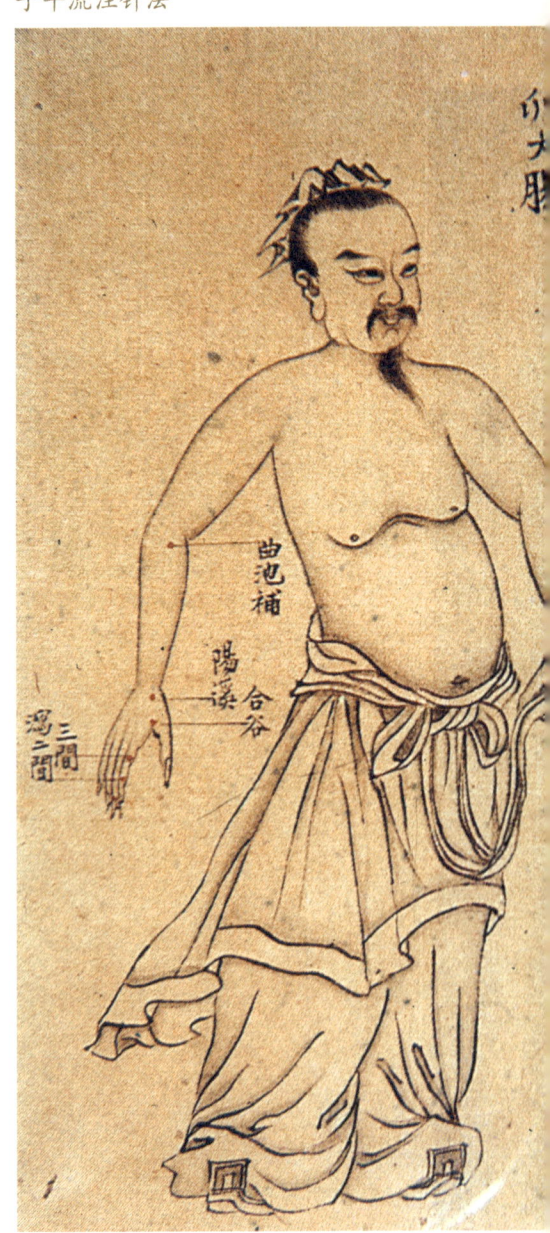

"起死回生"

有一次，扁鹊行医路过虢（guó，音国，在今陕西宝鸡至河南三门峡之间），见到那里的百姓都在进行祈福消灾的仪式，就问是谁病了，宫中术士说虢太子暴病而死已有半日了。而扁鹊给虢太子切脉以后，发现他还有微弱的脉搏和缓慢的呼吸，他于是诊断太子患的只是一种突然昏倒不省人事的尸厥病（严重的昏厥病），其实并没有真正死去。于是，他先叫徒弟子阳用扎针急救，刺百会穴，太子果然苏醒了。接着，他又叫徒弟子豹在太子的两腋下做温热理疗，用八减方的药混合使用之后，太子竟然慢慢地可以坐起来了。随后，扁鹊又给他用汤药医治。这样，过了20多天，太子就完全恢复了健康。

虽然医好了虢太子，但扁鹊还是觉得针灸之法需要改进。一次扁鹊在采药时想得入神了，手指一下扎在了酸枣树的尖刺上。这突如其来的刺痛就像一道灵光一下子让扁鹊醒悟了，只要用比酸枣尖刺更尖更细的东西代替砭石，针灸的疗效肯定更强烈更显著！从此扁鹊就用金属针代替了砭石做针灸，他还在医疗实践中发明了艾灸技法配合治疗，使针灸之术更加充实完善。慢慢地，随着铁器的广泛应用，医生们也都改用了金属针，也就是现在的银针。

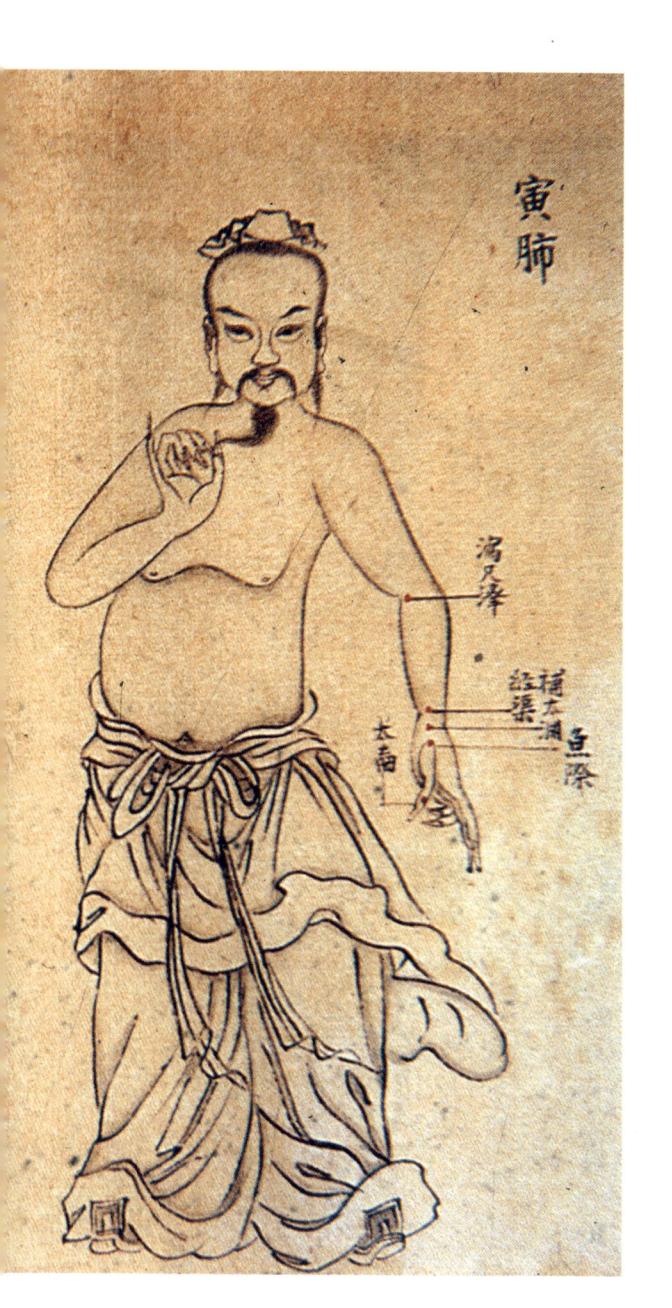

对中医学影响深远

扁鹊行医的一个最突出的特点，就是他敢于同当时专搞神鬼迷信骗人的巫术作斗争。我国古代伟大的史学家司马迁在为扁鹊作传时，说他治病坚持"六不治"的原则，"信巫不信医的不治"就是这"六不治"的原则之一，这对当时的巫术无疑是一个沉重的打击。因此，扁鹊的所作所为遭到了专为统治者服务的某些官医和巫医的忌恨。

扁鹊晚年曾到秦国行医，国君秦武王听说扁鹊的医术高明，就想请扁鹊给自己治病。但太医令（秦国职位最高的医官）李醯（xī，音西），对扁鹊的成就和声誉早就忌恨于心，他怕扁鹊给秦武王治好了病，影响他的地位，竟使出卑鄙的伎俩，暗中派人把扁鹊刺杀了。

扁鹊是中国医学史上一位继往开来的医学家，对中国医学的发展有重大的贡献。他总结了春秋以前中国劳动人民的医疗经验，奠定了中国传统医学诊断方法的基础。

司马迁对扁鹊在中国医学上取得的卓越成就作过高度评价："扁鹊言医，守数精明，为方者宗，后世循序，弗能易也。"表明扁鹊对中国传统医学的形成作出了杰出的贡献。

许行

Xu Xing

战国时期农学家、思想家
（公元前372～公元前289）

反对不劳而食

许行，战国时期著名农学家、思想家。楚国都郢城（今湖北省江陵）人。景仰远古神农氏"教民农耕"的行为，主张"种粟而后食""贤者与民并耕而食，饔飧而治"，带领门徒数十人亲自生产，自给自足，在当时有很大的影响。

倡导神农之教

许行的出生地楚国是以随国为中心的汉水中下游一带，正是远古时代发明农业生产的炎帝与神农部落的活动中心，因此农耕文化氛围一直很浓厚。在许行生活的时代，有关远古"圣君明主"与民并耕的传说仍很流行。最显著的，如帝舜曾"荷此长耜，耕彼南亩"；夏禹曾"尽力乎沟洫""身执耒耜，以为民先"；周文王亲自种地，"自朝至于日中昃，不遑暇食"，顾不上吃饭；越王勾践为雪会稽之耻，也"非其身之所种则不食，非其夫人之所织则不衣"等。这些君民并耕的传说，给许行以极大的影响。尤其是楚国先王熊绎等"筚路蓝缕，以启山林"的事迹，更是给他以强烈的印象。所以，许行很早就非常景仰远古神农氏"教民农耕"的行为，主张"种粟而后食""贤者与民并耕而食，饔飧而治"。

为了宣扬自己的主张，许行还沿袭当时"为道者必托之神农、黄帝，而后能入说"（《淮南子·修务训》）的习惯，假托神农而作《神农》20篇（已佚）。不久，一批志同道合者前来投奔他，而许行则带领门徒数十人，穿着当时贫苦人所穿的粗麻短衣，在江汉间打草织席为生，身体力行地实践起自己自食其力的主张来。公元前332年，许行还率门徒自楚国前往北方小国滕国，滕文公根据许行的要求，给他划定了一块可以耕种的土地。由于经营效果甚好，楚国大儒陈良的徒弟陈相及弟弟陈辛，也带着农具从宋国来到滕国，拜许行为师，摒弃了儒家观点，成为农家学派的忠实信徒。可见其在当时的影响之大。

滕君，则诚贤君也；虽然，未闻道也。贤者与民并耕而食，饔飧而治。今也，滕有仓廪府库，则是厉民而自养也，恶得贤！

——许行

重农思想家

也是在公元前332年，被后人尊称为"亚圣"的孟子也来到滕国，看到许行师徒的所言所行，特别是陈相兄弟弃儒从农的"背叛"行为，大为不满，遂与陈相等人展开了一场历史上有名的"农""儒"大辩论。

孟子出于维护封建统治阶级利益的立场，提出"劳心者治人，劳力者治于人；治于人者食人，治人者食于人"的思想主张，即：有使用脑力的人，有使用体力的人。使用脑力的人统治他人，而使用体力的人则被他人统治；被人统治的人得养活别人，统治别人的人则由别人来养活，这是天下普遍的原则。并对许行农学派大加讨伐，贬斥他们为"南蛮鴃舌之人，非先王之道"。而许行及门徒则从理论上和实践上进行了反驳。

成都金沙遗址出土文物——商周时期木耜

> 许行的农家思想核心是反对不劳而食。他和门徒们一直以农业生产为主业，同时也从事手工业生产，还认识到市场货物交换的重要作用，以自己生产的农产品来交换帽、锅、炊具、铁制农具等必需且不能自制的手工产品。并且指出，如果一切必需品都由自己制造，势必"害于耕"。在价格问题上，许行及其门徒也有较深刻的见解，主张依据产品的长短、轻重、多寡、大小等数量、质量规定相应的价格，使"市贾（价）不贰""莫之或欺"，不赞成商人居中剥削，反对抬高物价和交换中的欺诈行为。他们甚至还否定君主拥有仓廪、府库的物权，并对滕文公"厉民以自养"的君主剥削制度持批评态度。

他的思想，是小农经济平均主义的反映，集中显示了劳动农民自食其力的淳朴本色，表达了企图解除现实压迫的强烈愿望，充满对想象中平均社会的美好憧憬，对后世产生了很大影响。

> **被誉为"川祖"的水利专家**
>
> # 李冰
> Li Bing
>
> 战国时期水利工程学家
> （活动于公元前256左右）
>
> 李冰是战国时期杰出的水利工程学家，都江堰的设计者和施工组织者。整个工程由分水堰、飞沙堰和宝瓶口三个主要工程组成。它规模宏大，地点适宜，布局合理，兼有防洪、灌溉、航行三个作用，在世界水利工程史上是罕见的奇迹。

积极筹划治水方案

战国时期，四川成都灌县一带，几乎年年都要发大水，而大水过后又常常继之以旱灾。"水旱相承"造成了民不聊生、田园荒芜。为了改变这种局面，大约在公元前四五世纪之间，古蜀国国王杜宇就曾用开明为相，在灌县西的玉垒山凿"宝瓶口"，使滔滔的岷江水分出一部分流向灌县东南。然而，这并没有从根本上解除岷江水患，成为古代四川人民迫切需要解决的一大难题。

公元前256年，李冰被秦昭王任命为蜀郡守。到任后，他亲眼看到当地严重灾情：发源于成都平原北部岷山的岷江，沿江两岸山高谷深，水流湍急；到灌县附近，一马平川，水势浩大，往往冲决堤岸，泛滥成灾；从上游挟带来的大量泥沙也容易淤积在这里，抬

1982年都江堰渠首工程布置图

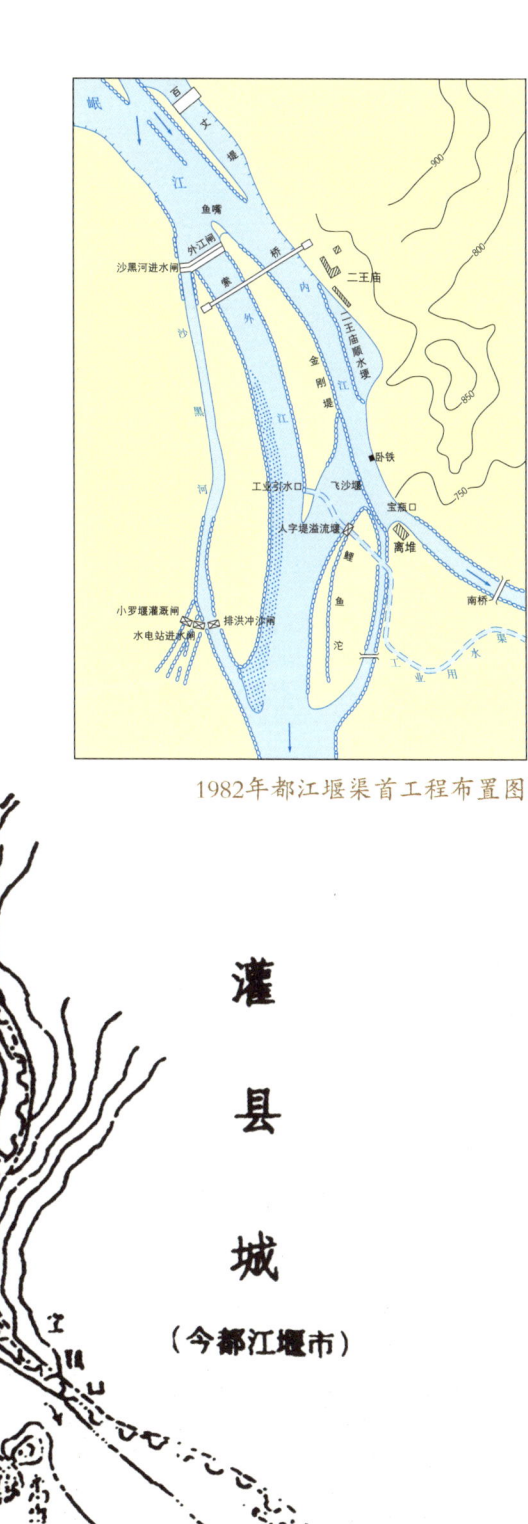

灌县城
（今都江堰市）

都江堰渠首枢纽布置及都江堰鱼嘴结构图

高河床，加剧水患；特别是在灌县城西南面，有一座玉垒山，阻碍江水东流，每年夏秋洪水季节，常造成东旱西涝，于是他决心彻底解决这一难题。

　　首先是要确定工程方案，李冰带着他的儿子二郎，专门请来了当地一批有经验的农人水手，一起沿岷江进行了艰苦细致的勘察。沿途听取了当地百姓的治水意见，掌握了岷江水患的第一手资料。勘察完后，又仔细研究和吸取了前人治理岷江水患的宝贵经验，终于提出了在宝瓶口上游的岷江中心筑分水堰，把岷江水一分为二借以分洪的方案。

四川成都都江堰水利工程

精心组织施工

　　方案确定之后,李冰向全蜀郡发出了治理岷江的通告。这是造福人民的大好事,而且蜀地百姓早就盼望着这一天。因此,不几日便有成千上万的百姓云集岷江两岸。然而,在当时工具简陋的条件下,要在滚滚江流中筑起一道大坝,真是困难重重。一开始,李冰让人们把江边的鹅卵石用船装载到江心卵石洲上游倒下去,筑成一道分水堰。但是,不几日便被上游冲击而下的大水携带一空,筑堰工程被迫停工。李冰又发动大家开动脑筋,终于想出了这样一种办法:用当地出产的竹子编成大竹笼,把鹅卵石装进竹笼里,再用藤条把这些装满鹅卵石的竹笼连接成两三丈长的"竹笼筏",然后,一层一层放到河里堆积

起来。这种办法果然管用,大水来时,这些"竹笼筏"互相钩连、岿然不动。

> 为了做到万无一失,李冰又在洲滩两侧用大卵石垒起两道护堤,分水堰终于筑成了。它的前部呈鱼嘴形,伸进波涛汹涌的岷江激流,吞波吐浪,煞是逍遥自在。历史上把它称为"分水鱼嘴"(也叫"都江鱼嘴")。鱼嘴后面的洲滩护堤好似一个大金字向两边分开,因此史称"金字堤"或"金刚堤"。其东边称"内金刚堤",西边称"外金刚堤"。从此,岷江这条桀骜不驯的青龙被驯服了。当它流经灌县时,驯顺地一分为二:东边的流入宝瓶口,称为内江(也叫郫江),内江水通过宝瓶口又分为走马河、柏条河、蒲阳河三条支流;西边的顺流而下,称为外江(也叫检江),外江沿岷江故道流入长江。分水堰是都江堰的主体工程,这一工程顺利建成,为根治岷江水患奠定了基础。分水堰在三国以后属都安县,人们称之为"都安堰",后又改称"都江堰"。

为了确保内江的防洪作用,李冰又发动群众用竹笼装卵石的方法在内金刚堤的南端筑了一道堤坝,时称"飞沙堰"。飞沙堰低于内金刚堤,为的是内江江水暴涨时可溢出飞沙堰自动流入外江,再沿岷江流出去。这样便使得内江灌溉区既能经常保持一定流水量,又可避免因水量太大泛滥成灾。

在"分水堰"成功地将岷江水一分为二和"飞沙堰"确保内江流水量之后,李冰又深入群众,多方访求,博采众长,彻底解决岷江水患,他进一步提出了"低作堰"还需"深淘滩"的具有深远意义的战略决策。李冰规定，每年霜降时节进行大规模的淘江排淤工作，以确保水流通畅。据说，为了指示淘滩的深度，当时曾在飞沙堰对岸的山脚下埋立石马（明代改为卧铁），淘滩时必须见到石马为止。

"深淘滩"并不比"低作堰"容易，为了截断江水，使淘滩工作顺利进行，李冰充分发动群众，集思广益，采用了"杩槎（mǎ cuò，音马措）断水法"。杩槎是用3根6～8米的大条扎成的三脚架，每个三脚架都用装有石头的竹笼卡住，把大批三脚架连为一体，在迎水面绑上竹席，再糊上黏土，就筑成了一道临时挡水坝。这种临时挡水坝简便实用，且具有长期使用的优点。每年淘挖外江泥沙时，就把三脚架移到内江口。同时，还可根据上游水量和内江需水量等具体情况，多拆或少拆三脚架，用以调节内江水位，收到了一石二鸟的功效。

千古传颂

都江堰是一项科学合理的水利工程，无坝引水的鱼嘴分水堤，泄洪排沙的溢洪道，保证成都平原用水和控制洪水的咽喉工程宝瓶口，使鱼嘴分水堤、宝

深淘滩　低作堰

都江堰

瓶口、飞沙堰溢洪道三大主体工程各有其独特的功能和作用。它们之间相互依存，相互制约，形成布局合理的系统工程，联合发挥分流分沙、泄洪排沙、引水输沙的重要作用。其设计方案，至今仍令科学界赞叹不已，堪称"天然佳构"。

都江堰水利工程的顺利建成，不仅根治了岷江水患，而且还化水害为水利。源源不断的岷江水听命于人类的安排，浇灌了面积达三百多万亩、横跨13个县的成都平原，"水旱从人，不知饥馑，时无荒年"，成都平原一举成为千百年来广为传颂的"天府之国"。

都江堰建成以后，李冰又疏通了沱江、洛江、青衣江和三沫水（即大渡河），同时还开凿盐井，开挖陂池。这一系列与都江堰相配套的工程，全面造福于民。为此，四川人民尊李冰为"川祖"，并在都江堰建造了一座"二王庙"（又称李冰父子庙），里面供奉着李冰父子的塑像，用以表达人民群众对李冰父子的爱戴之情。

李冰不愧是一位伟大的治水专家，中华民族的骄傲。

落下闳

Luoxia Hong

浑天说创始人

西汉天文学家（生卒年不详）

落下闳是西汉民间天文学家。字长公。有说出生于汉武帝建元元年（前140）前后，巴郡阆中（今四川阆中）人。

民间天文家　主创新历法

西汉建立初始，仍沿用秦代历法，即颛顼历，错误较多，至汉武帝时期，已经使用了一百余年的秦历误差积累已很明显，出现朔晦月见等实际月象超前历谱的现象，需要加以改进。另外，按当时的推算，太初元年（前104）十一月甲子日的夜半，恰逢合朔和冬至，合乎历元要求。于是，太史令司马迁等人上书建议改历。汉武帝下诏广泛征聘民间天文学家。在天文学方面素有研究的落下闳在同乡谯隆的推荐下，从四川来到京城长安参加改历。

在历法的改革过程中，发生了激烈的争论。作为从民间征聘至京的天文学家，落下闳与邓平、唐都等20多人以及官方的公孙卿、壶遂和司马迁都各有方案，相持不下，提出了18个不同方案的历法。最终由于以落下闳为主创制的新历法优于其他的17种历法，被汉武帝采用，称《八十一分律历》，即每月有$29\frac{43}{81}$天，每年有$365\frac{385}{1539}$天，19年有7个闰月。也有说汉武帝确定的历法是由邓平提出的。在这里持落下闳说法，有两条根据，唐司马贞史《史记索隐》引《益部耆旧传》说：落下闳在汉武帝时被征召为太史，于地中转浑天，改颛顼历，作太初历。《隋书·天文志》中，晋天文学家虞喜也说，落下闳为汉武帝于地中转浑天，定时节，作太初历。不过有一点可以肯定的是，落下闳和邓平都参加了汉武帝的改历工作，邓平的功绩也是不可抹杀的。新历颁行时改年号元封为太初，是为太初元年，因而新历又称为《太初历》。

《太初历》采用夏正，以寅月为岁首，与春种、秋收、夏忙、冬闲的农事节奏合拍。而且《太初历》规定以无中气之月为闰月，闰月与中气有关。在二十四个节气中位于奇数者，即冬至、大寒、雨水、春分、谷雨、小满、夏至、大暑、处暑、秋分、霜降、小雪，叫作中气。凡阴历月中没有遇到中气的，其后应补一闰月。这种方法显然要比以前的年终置闰法更为合理。《太初历》具备了后世历法的主要要素，如二十四节气、朔晦、闰法、五星、交食周期等。

落下闳铜像

《太初历》初用时，遭到包括司马迁在内的多人的反对，张寿王甚至提议改回到殷历。为检验新历法，汉武帝特意组织了一次为期3年的天文观测，同时校验《太初历》和古六历的数据。结果表明，《太初历》更为符合天象。落下闳的天文学研究成果被加以肯定。为表彰落下闳的功绩，汉武帝特授之以侍中之职，落下闳却辞而不受，隐居于落亭。

《太初历》颁行后共施行189年（前104~84），时间证明了它是中国历史上有文字可考的第一部优良历法。尤其是《太初历》采用的岁首和科学的置闰法，使得中国的阴历一直沿用至今。

制作圆球仪　确立浑天说

落下闳是浑天说的创始人之一，是中国天文观测、天文显示仪器的制造者，将天文观测与宇宙理论融为一体。

中国古代的浑天说理论创造者为了显示自己的理论，在实践中创造了观测天体和显示天体运行的仪器——浑仪和浑象。

浑仪，也称浑天仪。在中国已有悠久的历史，但何时发明，目前尚难确定。从上文所引的落下闳在创《太初历》的文献史料记载可知，至少在落下闳时，为了改定历法的需要，亲自制造了符合浑天说观点的观测和演示仪器。在《后汉书·律历志》中记载，汉初时，曾使用一种"圆仪"来量度日月的运动。我们不敢说落下闳制造的天文仪器是否是"圆仪"，但据后人推测，落下闳的天文仪器是由许多同心圆环组成的一种仪器，总体来看好像包在一个圆球里。

浑仪——陈列于南京紫金山天文台

浑象，又名浑天象。是一个真正的圆球，用以形象地演示天体运行。在扬雄的《法言·重黎》中说：或问浑天，曰：落下闳营之，鲜于妄人度之，耿中丞象之。这里的耿中丞是指西汉宣帝时的大司农中丞耿寿昌，制造了大圆球形的浑象，以演示天体变化，而源头却在落下闳。落下闳的奠基作用不可磨灭，一直到南北朝时期，天文学家张子信将落下闳制造的仪器用于观测日、月、五星的运动，所以史书也说：落下闳造浑仪，张子信用浑仪。浑象和浑仪两种仪器，名称虽异而功用实同，都是用来观测天体运行和演示天体变化，在早期常常统称为浑仪。

早期的浑仪构造如何，史无记载。后人推测落下闳制造的圆球仪由赤道环和其他几个圆环同心安置构成，直径八尺。有的环固定，有的则可绕转，还附有窥管以供观测。后来一些天文学家改进过的浑仪，也都是用来测定昏、旦和夜半中星以及天体的赤道坐标，有时也能测黄道经度和地平坐标，只是把规环或其他零件、部件增减一些罢了。

落下闳与浑仪

落下闳的圆球仪对浑天学说在中国古代的确立、对中国古代的哲学思想产生了难以估量的巨大影响。后来的天文学家扬雄的"太玄论"和张衡的"浑天论"及其后人制作的浑天仪,都是在落下闳的天文学学术基础上形成的。

小行星与落下闳

落下闳制造的圆球仪,对《太初历》的最终确定,起到了关键的作用。落下闳通过实际天文观测,并参阅历代积累的天文数据,第一次记载了交食周期,为135个朔望月有11.5个食季,即在135个朔望月中太阳通过黄白交点23次,可知1食年=346.66日,比现代测量值大不到0.04日,循此规律可预报日月食。在天文学史上首次准确推算出135月的日、月食周期，即11年应发生23次日食。根据这个周期，人类可以对日、月食进行预报，并可校正阴历。经落下闳改进的赤道式浑仪，在中国使用了两千年。

与现代测定值比较，落下闳的《太初历》所测五星会合周期误差最大的火星为0.59日，误差最小的水星，相差仅仅0.03日，实属不易。另外，作为基本数据，落下闳测定的28宿赤道距度，也即赤经差，一直沿用到唐开元十三年（725），才被僧一行的重新测定值所取代。

落下闳不仅对中国天文学发展有卓越的贡献，在世界天文学史上也占有辉煌的一席。李约瑟在《中国科学技术史》中称落下闳是世界天文领域中"灿烂的星座"。2004年9月16日，经国际天文学联合会小天体提名委员会批准，一颗国际永久编号为16757的小行星被正式命名为"落下闳小行星"，用以纪念这位伟大的古代天文学家。落下闳是被国际天文学联合会冠名小行星的第16位中国科学家。

乃与长相终。律长九寸，百七十一分而终复。三复而得甲子。夫律阴阳九六，爻象所从出也。故黄钟纪元气之谓律。律，法也，莫不取法焉。

——《汉书·律历志》

心系农桑的搜粟都尉

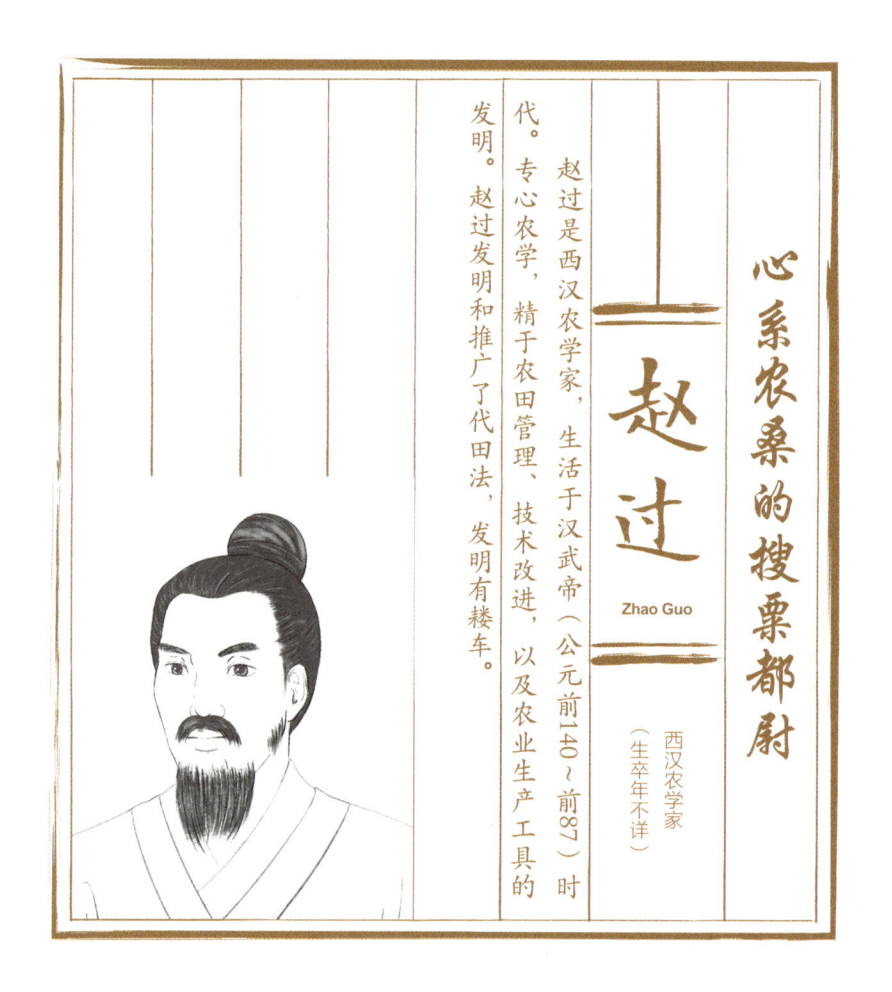

赵过
Zhao Guo
西汉农学家
（生卒年不详）

赵过是西汉农学家，生活于汉武帝（公元前140～前87）时代。专心农学，精于农田管理、技术改进，以及农业生产工具的发明。赵过发明和推广了代田法，发明有耧车。

堪当兴农大任

西汉建立后，重视与民生息，出现了中国历史上第一个盛世——文景之治。汉武帝继承其祖辈留下的基业，北却匈奴，西逐诸羌，隔绝羌匈交关之路，南征南岭，伸威千里，疆域空前辽阔。长期军事征战和不断用兵，将汉初积累的物质财富耗费殆尽，至末年时，已悔恨征发过繁，遂把政策的重点转向发展农业，诏令全国：方今之务，在于力农。封丞相为"富民侯"，以祈祷祝福天下百姓安定殷实。

赵过素以研究农业著称，征和四年（前89），被任命为搜粟都尉，专门从事农业生产技术改进和田间管理工作。赵过在任期内总结和推广了代田法，并进行了农业生产工具的革新，使农业生产效率有了较大提高。同时，赵过还劝令闲而无事、镇守离宫的兵士，从事农作物种植实践。一系列措施的实施，促进了当时旱作地区农业生产的发展，黄河中上游地区的农业田间管理和生产方法向更科学化迈进。

推广代田法

据《汉书·食货志》记载："过能为代田，一亩三甽。岁代处，故曰代田。古法也。"如此寥寥数字，说明了代田的由来和特点。所谓"古法"，说的是早在传说中的远古后稷时代，就已经开始有了甽田。"过能为代田"，说赵过对此加以改进和提高。

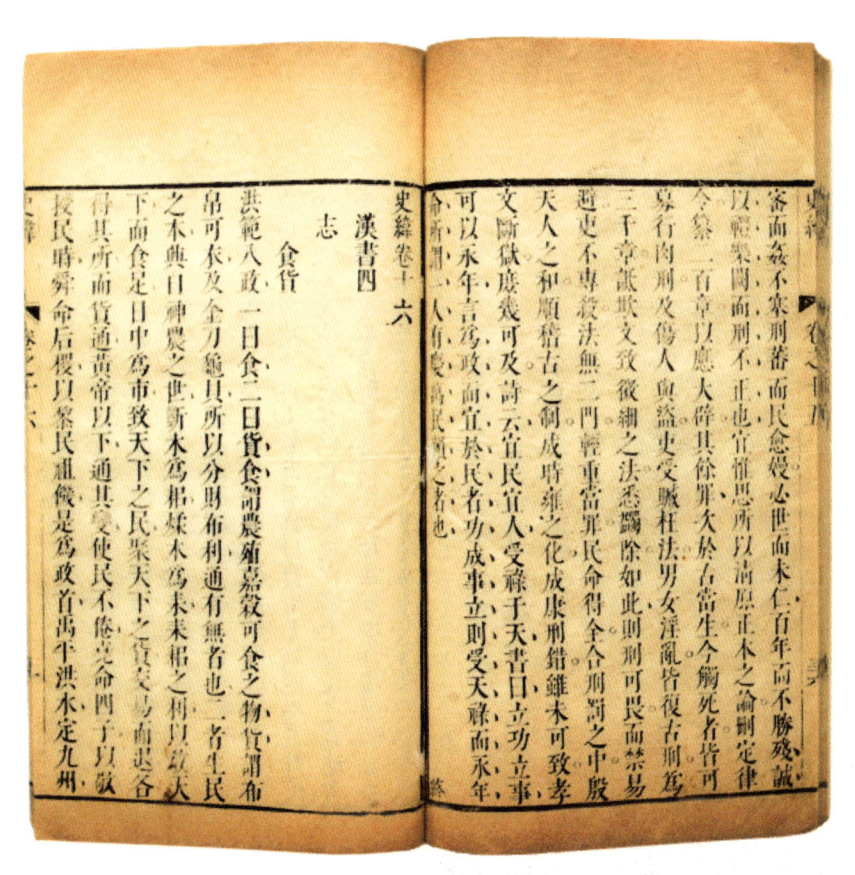

《汉书·食货志》

甽，本意为田间水沟，或指与垄相对的低处。在《国语·周语》中解释说：下曰甽，高曰亩。亩，垄也。赵过改进的代田法中的甽，为"广尺深尺"之意，即按照汉尺1尺，在田间开一条宽、深各1尺的沟，形成高垄低沟相互间隔。"一亩三甽"就是在一亩地里作三条沟、三条垄。一般是一亩三甽，一夫三百甽。种子播撒在甽中。

简单地说，就是耕种时在地里开沟培垄，把作物种在沟里。这种办法的科学性在于，避免了北方春旱多风条件下，种子不容易出苗的弊病。沟里避风，湿度也较大，有利于种子出苗。等到种子出苗后，就可以结合除草、松土工作，逐次将垄上的土壅在苗的根部。在沟里生长的幼苗，叶面蒸发少，生长健壮。到夏天，垄平则根更深，作物生长良好，能吸收更多水分，抵挡大风与旱情，抗倒伏，亩产量增加。

开沟作垄

逐次培壅

土地轮番使用
第一年
第二年

代田法示意图

第二年春播时，依然按照上述的办法进行，只不过要调换垄和沟的位置。经年轮换，有利于恢复和保持地力。所以"代"字意为"易"，耕作过程中"用力少而得谷多"，一般可增产一至二斛。

赵过推广代田法时，首先在闲田空地进行种植试验，结果亩产确实比没有使用代田法的亩产要高一斛以上。于是，开始培训县令长、乡村中的"三老""力田"和有经验的老农，再通过他们把新技术逐步推广出去，以达到普遍种植的目的。

赵过推行的代田法在今河南、山西、陕西和甘肃西北部等地区，曾得到普遍推广。

用耦犁，二牛三人，一岁之收，常过缦田亩一斛以上，善者倍之。

——《汉书·食货志》

教民耦犁

西汉时期，由于铁农具和牛耕的普遍使用，特别是犁铧与耕犁制造技术的进步，使得农业生产力水平有了很大提高。借助汉代壁画与画像石上的牛耕以及出土的木犁模型来看，犁的结构，已经具备框形犁的雏形，木质部件有犁床、犁、箭、犁辕、犁梢、犁衡等

平陆枣园西汉墓壁画
牛耕图与耧播图

耧播图

部分，铁质部分有犁铧、犁镜，其主体构件已基本具备。牛耕在各地农业生产中逐渐得以普及，尤其是犁耕在西汉的西北地区得到了推广。这与赵过推行的耦犁有直接的关系。

赵过推广代田法时，老百姓种田主要使用木制或铁制耒耜，苦于无牛耕种。于是，赵过就奏准朝廷，在教民耕植的同时，也"教民相与庸挽犁"。赵过教民牛耕的办法，就是典型的二牛三人的"耦犁"，即两牛合犋，共曳一犁，一人牵牛，一人压辕，一人扶犁耕地。由于这种耕种方法的生产效率较以往要高，所以得到中央政府的倡导与地方官员的极力推广，一些地方官员以推广牛耕为己任，劝民务农桑，使卖剑买牛，卖刀买犊。移民边疆地区的屯田者，皆用犁牛，对一些经济能力弱的农民，政府还借给耕牛、种子。劳动效率的大大提高，使得耕地得以普遍垦种。

创制新农具

赵过在推广代田法的同时，还创制了播种新农具，称为耧车。在文献中的记载较多。《汉书·食货志》记载：其耕耘下种田器，皆有便巧。率十二夫为田一井一屋，故田五顷，用耦犁，二牛三人。指出在西汉时已有播种器。这种耧车前有二犁趟沟，后有耧下种。也称为二脚耧。

楼车

崔寔的政论则对此有详细的记载，说赵过：教民种植，其法三犁共一牛，一人将之，下种挽耧，皆取备焉，日种一顷，至今三辅犹赖其利。今辽东耕犁，辕长四尺，回转相仿；二人挽耧，凡用两牛六人，一日镬种二十五亩，其悬绝如此。

《汉书》与《政论》所记的都是耧车，但由于表述不同，容易引起误会。《汉书》所记的"用耦犁，二牛三人"，二犁并耕为耦犁，但须装在同一个耧车上，这种耧车，前有二犁趟沟，后有耧下种。而崔寔所讲的"三犁共一牛"则是一种经过改进的耧车，前有三犁趟沟，后有耧播种。播种时，用一头牛拉着耧车，耧脚在平整好的土地上开沟进行条播。由于耧车把开沟、下种、覆盖、镇压等全部播种过程统于一机，一次完工，既灵巧合理，又省工省时，达到日种五顷。减轻了劳动强度，提高了生产效率。

> 这两种不同的耧车用于不同的地域。关中地区由于土质较硬，用二脚耧（即耦犁）进行耕播，而辽东地区则由于土质疏松，用三脚耧进行耕播。二脚耧可能是广泛推行的，三脚耧当用在个别地区。

在王祯的《农书》中，对二脚耧有所记载：耧车，下种器也。《通俗文》曰：覆种曰耧，一云耧犁。其金似镶而小……夫耧，中土皆用之，他方或未经见，恐难成造。其制两柄上弯，高可三尺，两足中虚，阔合一垄，横桄四匝，中置耧斗，其盛种粒，各下通足窍，仿旁挟两辕，可容一牛，用一人执耧，且行且播，种乃自下。

三脚耧在山西平陆枣园村王莽时期墓中的耧播图中发现，即是典型的一牛挽三脚耧车。并在陕西富平、辽阳三道壕、北京清河等地发现有西汉铁耧足。在居延屯田遗址中也发现了一件"木耧车脚"，用一种很硬的木材制成，在有棱角的地方都经过打磨，当是赵过实行代田法时创造的三行条播器或三脚耧的实物遗存。

耧车的使用进一步提高了播种质量。二耧或三个耧脚固定安装在一个机架上，能保证行距准确，深浅一致，使作物出土长势、成熟整齐一致，也便于田间管理。耧车也节省了种子、保证全苗。耧播可使落种均匀，覆盖全面，不易造成缺苗现象。耧车的使用提高了工作效率。用耧车播种，将开沟、下种两道工序一次完成，并且一次播种两三行，大大提高了生产效率，减轻了劳动强度。这种农具在汉代赵过发明与使用后，在后代得到了延续，一直到近代还仍在使用。

> 赵过发明耧车，既是农具本身的进步，也是农业生产技术的一大进步。所以耧车的发明与使用也是播种史上的一个重要事件。后来的贾思勰在《齐民要术》中说耧车的效益是劳动力省了一半，产量增加了五成。

撰写农书的御史

氾胜之

Fan Shengzhi

西汉农学家
（约公元前50～约10）

氾胜之是西汉农学家。氾胜之的生平事迹不是很详细，有记载说出生于汉宣帝甘露四年（前50），生活于汉宣帝至王莽更始年间，今山东人。也有史料说，氾胜之的祖先本姓凡，秦灭六国时，为避战乱举家迁往氾水，因此改姓氾。氾水位于今山东曹县北和定陶县分界处。

总结经验成《氾胜之书》

史书载，汉成帝在位时，氾胜之出任议郎，负责在以京都为中心的三辅地区推广农业，教导农人种植小麦，颇有成效。氾胜之因功由议郎提升为御史。后来为总结和推广农业生产经验，氾胜之写成了一部长达18篇的《氾胜之书》，成为中国古代一部重要的农书。

据《汉书·艺文志》记载，从先秦到汉末一共有农书9部114篇，《氾胜之书》是其中一部，在《隋书·经籍志》及《新唐书·艺文志》《旧唐书·经籍志》和宋代郑樵的《通志》中都有著录。宋末失传，仅在《齐民要术》《太平御览》等书中保存了一些内容，后经多人多次辑佚，得到了约3700字，这就是我们今天看到的《氾胜之书》。

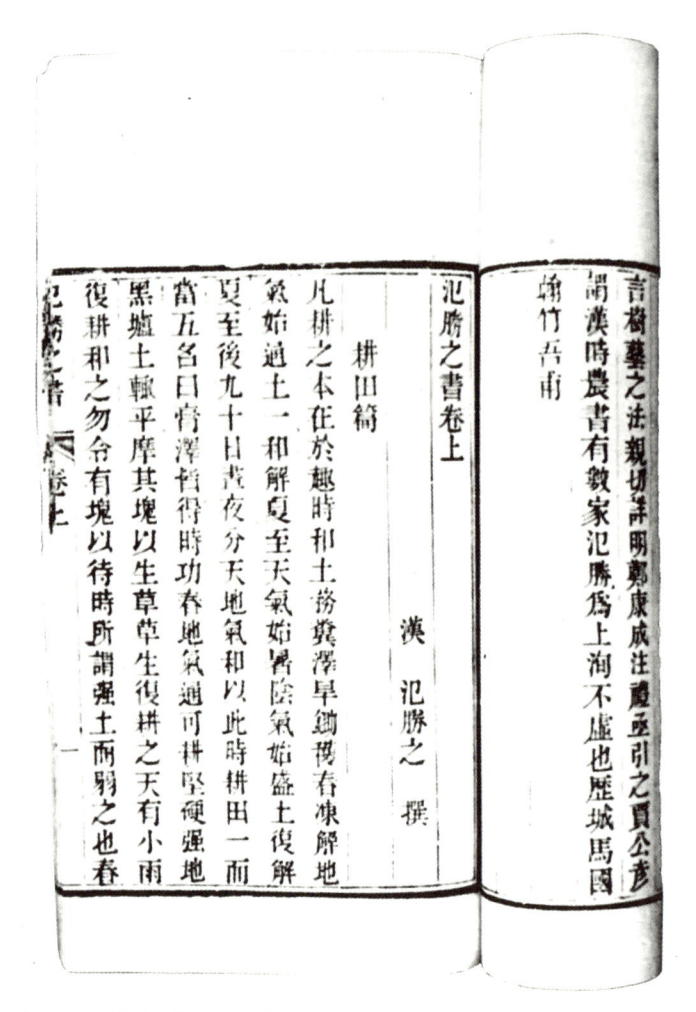

《氾胜之书》清洪颐煊辑本

　　《氾胜之书》主要内容包括耕作总原则，耕作的具体方法，12种作物的栽培方法，诸如选种、播种、栽培、收藏等各个细节。此外，还有溲种法和区种法。对我们今天了解和研究汉代的农业有极其重要的作用。

　　《氾胜之书》总结了北方旱作农业技术，对传统农学产生了深远的影响。《齐民要术》直接引用的前人著述，以《氾胜之书》为最多。《氾胜之书》所记载的一些农业技术，也为后来的其他农书所继承和发展。在《氾胜之书》的影响下，历史上做过区田试验的人很多，有的还写下了实验报告和论著。《氾胜之书》所提出的耕作总原则在后来很长时期中，对于北方旱作农业仍起着指导作用，它所记载的十几种作物具体的栽培方法，奠定了中国传统农学作物栽培总论和各论的基础，而且其写作体例也成为中国传统综合性农书的重要范本。

区田法与溲种法

关中地区的农业种植经济有着悠久的历史。汉初时赵过就以搜粟都尉之职，推行代田法和改良农用机械，对北方地区农业经济发展奠定了良好基础。氾胜之继承了前人的农本思想，依然重视发展农业经济，尤其重视改进田间耕作技术和管理，创制了区种法和溲种法。

区种法，又叫区田法，基本原理就是在区内集中使用人力物力，加强管理，合理密植，保证充分供应作物生长所必需的肥水条件，发挥作物最大的生产能力，提高单位面积产量；同时扩大耕地面积，把耕地扩展到不易开垦的山丘坡地。氾胜之在所著的农书中，用一亩地为标准对区田法做了一般性的介绍，然后又根据作物的种类和土地的肥瘠对区田做了具体的说明，即区深和区间距离一般为1尺。区深往往因作物而异，从0.5尺到3尺不等，大致是植株大而蔓长，根深或是块根作物要求深；植株较小的须根作物要求则相对浅些。区间距离则因土地而异，从0.9尺至3尺不等，土壤肥则距离小，土瘠则大些，与种植密度有一定的关系。

区田法模型

> 谷帛实天下之命。　　　　　　　——氾胜之

溲种法，即将兽骨骨汁、缲蛹汁、蚕粪、兽粪、附子、水或雪水汁按一定比例，混合成稠粥状，用以淘洗种子，经过淘洗的种子看上去像麦饭粒，然后再播种。氾胜之认为，溲种可以防虫、抗旱、施肥，保证丰收。实验表明，溲种可以起到种肥的作用，以供应幼苗期根系生长所急需的养分，促进根系发达，提高抗旱能力。氾胜之的这些农业经验，很受时人推崇并得以传承。

凡耕之本在于科学

在《氾胜之书》中，氾胜之对列举的十几种作物栽培方法，分类加以详细介绍，分为粮食、油料、纤维和蔬菜等多类。每类又有细分，比如，粮食包括黍、谷、宿麦（冬小麦）、旋麦（春小麦）、水稻、小豆、大豆，其中大豆被列为备荒作物，精心培植；油料有苴麻和荏（油苏子）；纤维有枲麻和桑树；蔬菜有瓜、瓠、芋等。

氾胜之对每类作物都记载了具体的栽培方法，贯彻了"凡耕之本，在于趣时，和土，务粪、泽，早锄，早获"的原则。"趣时"，即及时，不误农时，要求选择最佳的耕作时期，这个要求贯穿于耕作栽培的每个环节。"和土"，即利用耕、锄、平摩、蔺践等方法，砸碎土块，使"强土而弱之""弱土而强之"，以保持土壤松软细密。"务粪泽"，即施肥和灌溉，保持土壤的肥沃与水分。

氾胜之还对作物的播种期、播种量、播种方法、播种密度、播种深度、覆土厚度等做了明确的规定。《氾胜之书》记载：区种麦……禾收区种。就是西汉时期农作方法演变的反映，说明西汉时期已经有了谷子和冬麦之间的轮作复种，冬麦在当时的农作物中也成为中心地位的作物。此外，还提出了麦、禾、瓠的选种方法，禾、黍的防霜露方法，瓠的嫁接方法等。氾胜之经过实践，得出了大种结大果的结论。比如在对瓠选种时，氾胜之就利用了嫁接技术，先种瓠子十棵，在长到两尺多时，用布和泥把这十棵捆在一起，使其合为一茎，留下强茎，掐去其余，引蔓藤结瓠。去掉先结的三个瓠，留下第四至六的三个，再用马鞭打掉蔓心，不让其再长，以免果实结多变小。氾胜之的这种嫁接方法便利可行，使收获量大增。穗选法，也是选种的好办法，即禾麦成熟后，选择穗大又强、高又大的留为种子。这也是中国文献上关于穗选法的最早记载。

耕作技术与氾胜之

《氾胜之书》中，对秦汉以来的耕作技术加以阐述和总结。对春、夏、秋耕的适耕期进行了阐述。认为以时耕田，一而当五，名曰膏泽，皆得时功。耕作如果错过了时节，也就是耕不及时就会出现"脯田"和"腊田"，这些也都是耕坏了的田。这样的田，土质已经劣化，坚硬干燥，庄稼生长不好，也不会有好收成。

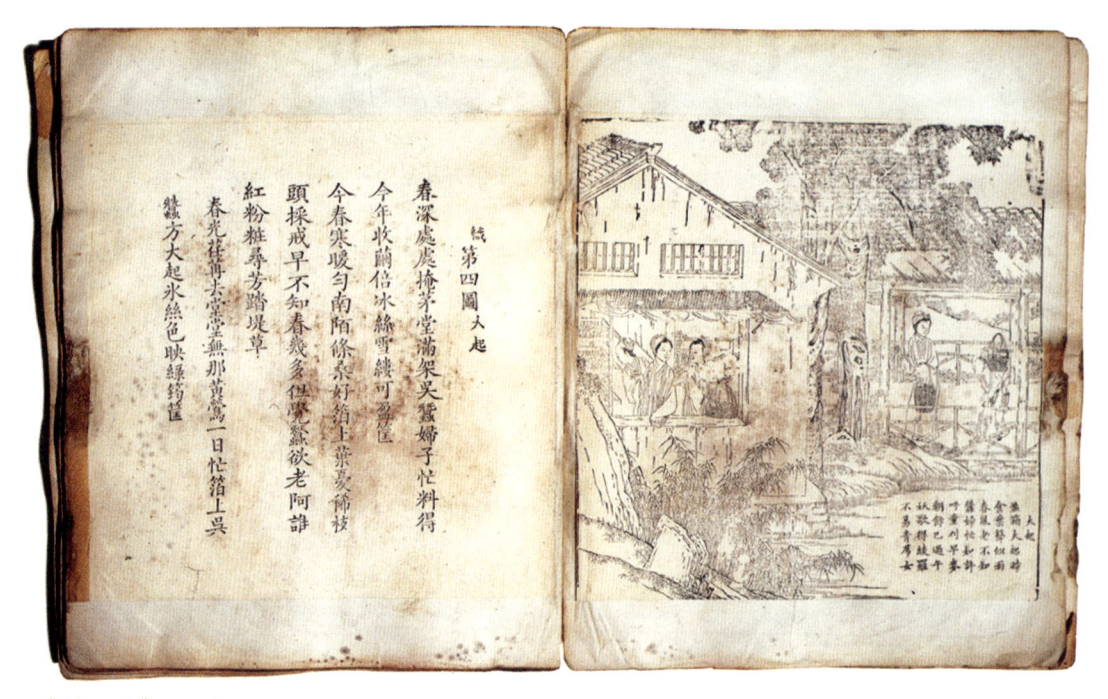

《耕织图》

在田间管理和耕作技术方面，氾胜之在农书中还总结了及时摩压以保墒防旱的耕作经验，强调对不同土壤施以相应的管理办法。如坚硬强地黑垆土耕后，必须及时平摩其块，农田土壤不能有块；而土性松散的土壤耕后也要重压，也即所谓的"蔺之""重蔺之"。关于农田保墒，在《氾胜之书》中有：冬雨雪止，辄以（物）蔺之。掩地雪，勿使从风飞去。后雪复蔺之，则立春保泽，虫冻死，来年宜稼。说明了农田保墒的重要，墒保得好，有益于来年丰收。这也是秦汉时期北方旱地保墒防旱耕作技术体系的最基本经验总结。

西汉学术界的伟人

刘歆

Liu Xin

（？～公元23）

西汉科学家

刘歆是西汉科学家，在天文、数学、度量衡以及经史等多方面有着卓越贡献。字子骏，后改名秀，字颖叔。丰县（今江苏丰县）人。生年不详。西汉皇室宗亲，刘向的第三子。刘向是西汉时的著名学者，博通经史、天文。汉成帝时，因天下书籍散失严重，下诏搜集整理天下书籍。诏任光禄大夫的刘向承担校书重任，除了校经传诸子诗赋外，还要对已校的兵书、数术、方技等书进行编目，摘出内容提要，上交给成帝。刘歆深受父亲的影响，从小就喜欢读书，少年时代，已精通《诗经》《尚书》，而这些在当时被认为是最古老、最经典的书籍。汉成帝赏识刘歆渊博的学识和非凡的才华，特意下诏宫者署，命其为黄门郎，与时年24岁的王莽为同事。王莽为政后，很器重刘歆。

校群书 撰《七略》

成帝河平年间（前28～前25），刘歆被诏令同其父一起校订国家收藏的稀见图书。刘歆在太常之藏、延阁之府，见到堆积如山的书籍，大为高兴，心想，能自由地出入这些珍稀罕见的书山之中，真平生第一快事！于是，对充箱盈架的六艺、传记、诸子、诗赋、数术、方技之书，莫不潜心阅读，认真探究。真所谓：持竹帛，对奇字，宛若亲见古人面目，河伯之叹诚不余欺！刘歆在校书闲暇，对古文《春秋左氏传》爱不释手。恰逢丞相史尹咸与刘歆一起校经传，而史尹咸在当时以研究左传闻名，刘歆有机会向丞相询问春秋微言大义，学到了不少的知识。刘歆尤其倾心于司马迁所追求的究天人之际，喜好文史星历，并认为这些是智者追求之道，夏虫不可语冰。

汉哀帝建平元年（前6）刘向去世，皇帝任命刘歆为中垒校尉，统领校书工作，以完成其父亲的未竟事业。刘歆总校群书，把父亲的叙录，按照典籍的分类，撰成《七略》，包括辑略、六艺略、诸子略、诗赋略、兵书略、术数略和方技略，主要内容保存在《汉书·艺文志》中，不仅发展了学术分类的概念，对中国目录学的建立也有一定贡献。

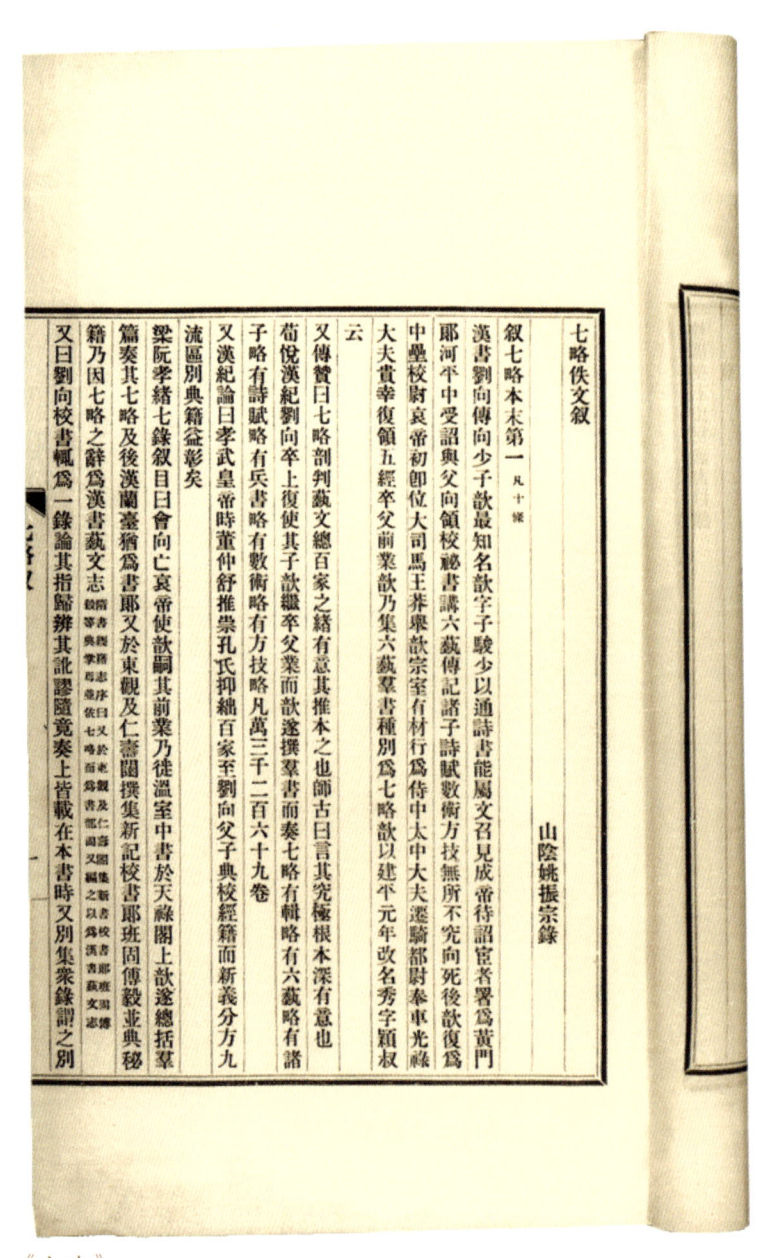

《七略》

观景象作《三统历谱》的刘歆

汉哀帝即位时，西汉王朝的统治权逐渐落入外戚王莽手中。刘歆与王莽一起做过黄门郎，关系十分密切。王莽就推举刘歆做了侍中太中大夫，不久升为骑都尉奉车光禄大夫，成为显赫的人物。也就在这一年，刘歆请立《左氏春秋》《毛诗》《逸礼》《古文尚书》于学官，被今文经学派儒士拒绝。政见不和，刘歆只好外出为官，任河内太守。汉哀帝死后，汉平帝即位，王莽依旧执政，任刘歆为右曹太中大夫，不久提升为羲和京兆尹，并封为红休侯。

羲和是古代帝尧（约前21世纪）时的天文官，西汉时称太史令，王莽时改称为羲和。刘歆担任了天文官后，更进一步加强了对星象的观测，对天文有了较清楚的认识，为修正历法打下了基础。刘歆在天文方面的伟大贡献就在于编制了《三统历谱》。

汉成帝河平四年（前25），刘歆研究了司马迁的《天官书》，对汉代以前的不同历书加以对比，指出了自战国至秦汉初年，历法几经改变的原因在于：岁星周天，实不足十二岁数，百数十年后，必有超次之象生焉，故星岁之制有异。而最好的应对方法，就只有改易太岁次序，行始皇孝武故事。

刘歆之前的中国历法，已经有了几次改变。战国时期的星岁之制，基本是按《甘石星经》的内容。秦始皇时，为了迎合天象，改为《颛顼历》，以十月为岁首，直到汉武帝初年，一直在沿用。但《颛顼历》并不精确，汉武帝时已经出现了"朔晦月见，弦望满亏"的错乱现象，于是令落下闳、邓平等改《颛顼历》为《太初历》，以正月为岁首，采用有利于农时的二十四节气，在无中气的月份，插入闰月，调整了太阳周天与阴历纪年不相合的矛盾。《太初历》从太初元年（前104）一直使用到西汉末。

凡诸子百八十九家，四千三百二十四篇。　　——刘歆刘歆经过对《太初历》及其之前历法的倾心研究，系统地叙述了《太初历》的内容，又补充了很多原来简略的天文学知识，并仔细分析考证了上古以来的天文文献和天文记录，认为《太初历》还是有差错，应该改用更精确的历法。所以刘歆又根据《太初历》编制了《三统历谱》，计算和规定了一年是$365\frac{385}{1539}$日，一月是$29\frac{43}{81}$日，19年有7个闰月，成为当时最精密的历法。

《三统历谱》是中国古代流传下来的一部完整的天文著作，它的内容有编制历法的理论，有节气、朔望、月食以及五星等的常数和位置的推算方法，还有基本的恒星位置数据。可以说，它包含了现代天文年历的基本内容，因而《三统历谱》被认为是世界上最早的天文年历的雏形。刘歆还在《三统历谱》中对上古年代做了排比，引经据典，数值虽然不太精密，但这种方法是刘歆的独创。

创岁星超辰法

在春秋时代，人们已经发现了岁星超辰问题，但还不知道如何计算，没有能够提出超辰计算法。刘歆在编制《三统历谱》的过程中，运用数学原理，结合传统的测算行星周期等办法，首次提出了岁星超辰的计算方法。

岁星就是指木星，所谓岁星超辰，简单地说就是指木星运行中周期约数的累积处理问题。木星在恒星背景上自西向东运行一周的周期约为11.86年。由于11.86年约等于12地支的12年，古代就认为它是12年一周天，因此把周天分为12分，称为12次，认为木星每年行经一次，12年正好运行12次，完成一周天。由于11.86年的周期较12年要快一点儿，因此经过若干年后，岁星的实际位置就比按12年一周天计算的位置超前一次，这就叫岁星超辰。

今天的人们用解方程的办法来计算岁星超辰，即：假设岁星经过x年超辰一次，按12年一周天计，岁星运行了x次；按照11.86年一周天计，岁星运行了$12x/11.86-1$，列成方程：$x=（12x/11.86）-1$，解这个方程，$x=84.71$，就是说，岁星每84年到85年超辰一次。

刘歆分析了《左传》等史籍中关于岁星位置的记载，结合《周易》中的数字，提出了岁星每144年或者145年超辰一次。这个数值与今天的计算比较，虽然并不准确，但刘歆是历史上第一个用科学的态度探索岁星超辰规律的人，是十分宝贵的尝试，为在思想上实现天文学从神学向科学的伟大转变奠定了坚实的基础。

> 刘歆在天文学方面的成就还在于第一个提出接近正确的交食周期。交食包括日食和月食。交食周期的最早记载是在司马迁的《史记》中，但由于某些数字的错乱，很难确定它的周期值。刘歆坚信日月食都是有规律可循的自然现象，通过分析各种书上的月食记载，提出了135个朔望月有23次交食的交食周期值。
>
> 刘歆在度量衡和标准量具制造方面也很有成就，造有圆柱形的标准量器。根据这种量器的铭文计算，用的圆周率是3.1547，世有"刘歆率"之称。王莽时期，刘歆担任国师，后因参与谋杀王莽，事败自杀，时间大约在新莽地皇四年（公元23）七月。

深谙炼丹术的化学家

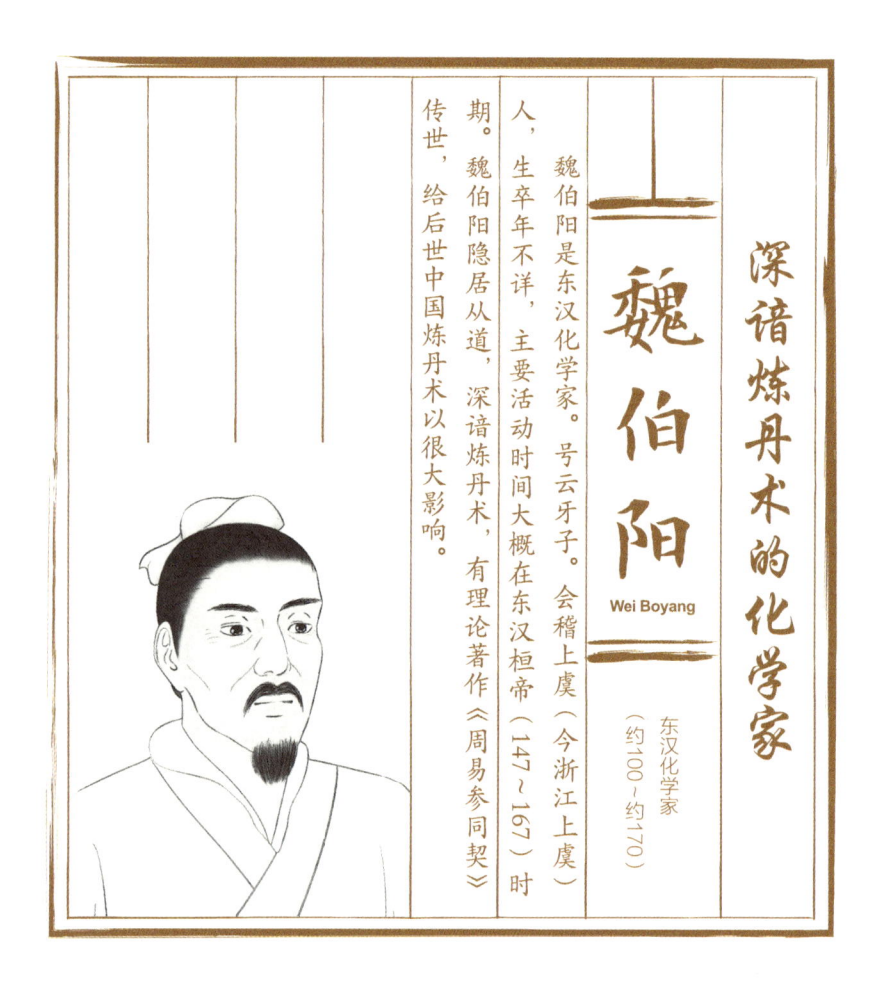

魏伯阳
Wei Boyang

东汉化学家
（约100~约170）

魏伯阳是东汉化学家。号云牙子。会稽上虞（今浙江上虞）人，生卒年不详，主要活动时间大概在东汉桓帝（147~167）时期。魏伯阳隐居从道，深谙炼丹术，有理论著作《周易参同契》传世，给后世中国炼丹术以很大影响。

潜默修真

作为高门望族之子的魏伯阳，虽世袭簪缨，却生性好修道，恬淡守素，闲居养性，博瞻文辞，精通纬候，视仕宦如秕糠。魏伯阳在著作《周易参同契》(简称《参同契》)末尾写道：挟怀朴素，不落权荣。执守恬淡，希时安平。栖迟僻陋，忽略令名。魏伯阳隐居从道，潜默修真，当时知道他的人并不多。

在晋人葛洪的《神仙传》中，记载有魏伯阳进山修炼、服丹成仙的传说和著有《参同契》《五相类》的情况。五代时期后蜀有一位叫彭晓的人，在《周易参同契分章通真义》序言中，也记载了魏伯阳的一些事情，说：魏伯阳曾得到古文书写的《龙虎经》，深得其中宗旨，而且杂糅易学、黄老之说，撰《参同契》3篇。之后，将其送给青州一位名叫徐从事的人阅读，徐从事翻阅后，做了必要的注释。大约在东汉孝桓帝时，魏伯阳又传授给同郡老乡名叫淳于叔的人，于是《周易参同契》便流行于世。

从文献记载和今人的研究可知，魏伯阳是一位潜心修炼道家炼丹术的人，在炼丹的同时，还著有《周易参同契》。该书以炉火炮炼为实践，阐发丹道学说，成为早期道教炼丹术的奠基之作。历代炼丹家对此书均很重视，称之为"万古丹经王""丹经之祖"。《周易参同契》也是世界炼丹史上最早的一部理论著作，对宋代理学有较大影响。

《周易参同契》首页

修真炼丹

炼丹术是中国古代化学的原始形式，大约始自于春秋战国时代，最初的含义和内容就是提炼丹砂，用蜂蜜或酒拌和服用，以求长生不老。至汉代时，伴随道教的发展以及封建帝王和豪强贵族的迷信及物质资助，炼丹进展极快，无论在实践上还是在理论上，都为后世炼丹术的发展奠定了基础。炼丹术中的丹，一般有外丹和内丹之分，宋代以前盛行外丹术，宋以后被日益发展的内丹术所取代，内丹源于外丹。

外丹学为炼丹道士身外的矿物化学。外丹原指以丹砂等矿物经多次烧炼而成的丹药，据说服用可使人祛病禳邪，长生不老。以朱砂、雄黄、云母、硫黄、硝石、芒硝、铅、汞、金、银等作为炼制金丹的原料，以八卦炉、太乙炉、阳炉、阴炉、未济炉、既济炉作为炼制这些矿物金属的器具。烧炼丹药的方法有小丹法、玉柱丹法、作黄金法（黄白术）、肘后丹法等数十种之多。炼丹家炼成的丹药，著名的有七返丹、九丹、九转之丹等。内丹学主张调和阴阳，靠自身修炼精、气、神，为身内的修炼之学，以神运精气，结而成丹。被称为一门集古代炼养功夫大成的养生之学。

> 外丹和内丹是中华古代科技文化的结晶，是道教炼养术的精华。关于魏伯阳所阐释的丹，历代注释名家对它的基本内容的理解存在着分歧，有的认为是外丹说，有的认为主要讲内丹，但内丹以外丹言之，也即内丹为主，外丹兼有，对研究外丹黄白术有参考价值。

持外丹说者，倾向于《参同契》的中心理论只是修炼金丹而已，并斥责内丹、房中、服符、昼夜运动、祷祀鬼神等为徒劳无功的旁门邪道；认为内、外丹兼而有之者，以魏伯阳的著作主体内容偏重论内丹为主，同时包含了外丹、房中、服食等丰富内容。如魏伯阳在《参同契》中写道：胡粉（碱式碳酸铅）投入火中，色坏还为铅。就是说胡粉遇火后，不但色泽改变，质也改变，还原为铅。这些都是魏伯阳对秦汉以来神仙家、炼丹家各种长生之道、炼养方术理论的提升与系统总结。

> 挟怀朴素，不落权荣。执守恬淡，希时安平。栖迟僻陋，忽略令名。
> ——魏伯阳

《周易参同契》

全书共6000余字，分上、中、下3篇及《鼎器歌》1首，基本是用四字或五字一句的韵文及少数长短不齐的散文体和离骚体写成的。由于该书运用《周易》的卦爻和隐喻手法解说炼丹、内养术，使得本来就比较复杂的修炼功夫，变得更加神秘难解。宋代学者朱熹称之为"词韵皆古，奥雅难通"。另外，《周易参同契》采用许多隐语，所以后人多作注释，有很多注本流行于世，《正统道藏》收入唐宋以后注本11种，《四库全书》收有注本6种。

详细叙述炼丹过程中的"还丹"，是《周易参同契》中的核心内容。魏伯阳认为，炼制金丹的过程，共有三变。第一变是将15份金属铅放在反应器四周，加入6份水银，用炭火加热，生成铅汞齐这种物质。由于这个过程中，炭火也参加了反应，所以加热时的炭火也要有一定的比例，需要6份炭火微微加热。铅、汞和炭火这三种物质发生变化而生成铅汞齐。

第二变，逐渐加大火力的同时，汞逐渐蒸发，铅也被氧化为一氧化铅（PbO）和四氧化三铅（Pb_3O_4），而以Pb_3O_4为主要生成物，这就是俗称的黄丹，也叫黄芽，或者铅丹。

第三变，将已经生成的铅丹中加入9份汞，然后混合、捣细、研匀，再把这种混合药料置入丹鼎中，密封合缝，务必使其不开裂、不泄气，然后加热。

先文火后武火，昼夜不停，注意观察、调节温度，待反应完毕，丹鼎上部就会得到红色的产物。这种产物就是"还丹"，化学上称为氧化汞（HgO）。用现代化学知识来解释魏伯阳所述的"还丹"制造过程，就是以下的三个化学方程式：

$3Pb+2O_2=Pb_3O_4$（黄芽）

$2Pb_3O_4=6PbO+O_2\uparrow$（下丹鼎）（可逆反应）

$2Hg+O_2=2HgO$（下丹鼎）（可逆反应）

经过反复的炼制，魏伯阳发现汞容易挥发，而铅丹能与汞在高温下作用，生成不易挥发的氧化汞，因而汞被铅丹"制服"了。同时，魏伯阳还认为物质发生反应时的比例很重要，并已经观察到如前所述的胡粉在高温下遇炭火可还原为铅等化学现象。

在阐述炼丹术的可能性和合理性时，魏伯阳指出，物质变化是自然界的普遍规律，炼丹过程正如以檗染黄、煮皮革为胶、用曲蘖做酒等一样，是"自然之所为"，"非有邪为道"。魏伯阳还将阴阳五行学说用于解释炼丹术现象，认为万物的产生和变化都是"五行错王，相据以生"，是阴阳相须、彼此交媾，使精气得以舒发的结果。

魏伯阳在炼制金丹的过程中还提出了相类学说，认为阴阳相对的两种反应物质必须同时属于同一种类，"同类"的物质才能"相变"，"异类"物质之间则不能发生反应，并认为事物的变化是有其内在原因的。魏伯阳的这个相类学说是化学亲和力观念的前身。

《周易参同契》总结了东汉前炼丹术的一些化学知识，是现存世界讨论炼丹术的最早文献，李约瑟称之为"全球第一本这方面的书籍"。《周易参同契》有英译本。魏伯阳也被世界公认为留有著作的最早的一位炼丹家，在世界科技史上具有重要地位。

为政清廉的农业科学家

崔寔

Cui Shi

东汉农学家

（?～约170）

崔寔是东汉农学家。字子真，一名台，字元始。涿郡安平（今河北安平）人。崔寔出身于名门高第，自其高祖崔朝起，几代人中，曾有多人任郡太守等二千石以上的官职。父亲崔瑗，书法家，对天文历法和京房易传等术数也有所研究，与马融、张衡十分友好。做河内汲县令7年，颇有政绩，尤其重视农业生产，有一次开稻田数百顷的政绩。崔瑗的言行对崔寔有一定影响。

以耕织为重

年轻时的崔寔性格内向，喜爱读书，在文学方面有很高的造诣。汉桓帝时，曾两次被拜为议郎，参与东汉史书《东观汉记》的撰述和杂定《五经》。还著有碑、论、箴、铭、答、七言、词、文、表、记、书凡15篇。《政论》是其著名的作品，为时人称颂。崔寔更重视农业生产知识，注重积累和记载各种农作物的种植方法，《四民月令》就是崔寔在古代农业科学方面的巨大贡献。

崔寔为官期间重视农业科学技术的传播。在被外派五原（今包头市西北）任太守期间，教给当地百姓纺织技术。汉代的五原，地近匈奴，生产力发展水平较低，尽管这里种植麻等纤维作物，百姓却不知纺织，没有衣服穿。老百姓外出或见官时，都裹着草。为此，崔寔想办法筹集资金，在雁门、广武一带聘

古代农忙时节场景

请有纺织技术者,还购置纺织器具,给五原的百姓传授纺、绩、织、纫等一系列技术,从此百姓不再因没有衣服穿而受寒苦。

崔寔为官勤政清廉,任辽东太守时,因母亲病故,回家丁忧。后召为尚书,由于党祸,不到一年便被免。崔寔生活清贫,经常酿酒贩卖为业,为官时,愈加贫困。病逝时,因家徒四壁,连置买棺木的钱都没有。

熟悉社会经济

崔寔的家庭环境和思想意识,以及东汉的社会形势,为崔寔撰写农书创造了条件。父亲去世后,崔寔因生活窘迫,仅依靠一般的耕种、纺织已不能维持正常的日常开销,所以,利用家传的酿造技术,经营酿造酒、醋、酱业,偶尔也从事一些商业活动。尽管被时人讥笑,但崔寔根据多年的亲身体验深刻认识到:农业生产及以农业生产为基础的工商业经营,都必须考虑农作物的生长季节性,加以合理的妥善安排才可获得较多收益。所以对社会偏见并不以为然，崔寔依然帮助母亲料理一些家务，尤其在经营管理中，逐渐学得不少按照时令来安排耕、织操作时间的知识。这些知识在一定程度上为撰写《四民月令》奠定了基础。

重视社会经济发展的思想也是崔寔之所以撰写农书名著《四民月令》的又一个原因。从社会经济多层面发展，崔寔指出农桑勤而利薄，工商逸而入厚。但同时又十分关注农业耕种，说道："一谷不登，则饥馁流死。""国以民为根，民以谷为命，命尽则根拔，根拔则本颠，此最国家之毒忧。"在任辽东太守时，对辽东使用不便的耕犁进行了评论，还介绍了提高农业生产效率的播种器具三脚耧。

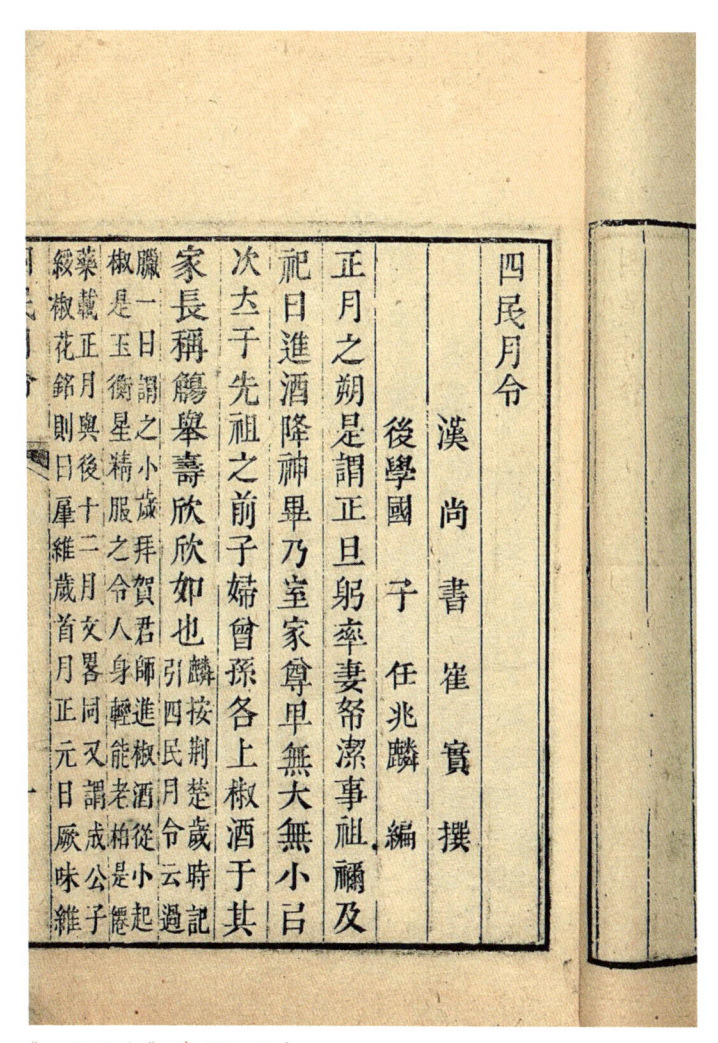

《四民月令》清顺治刻本

《政论》是崔寔的另一篇名作。在《政论》中崔寔感慨地谈到了豪强大地主兼并土地后，出现了富户有钜亿之资、贫户无所立足的社会现象。主要是"论当世便事数十条"，涉及提倡节俭，禁止奢僭，反对贪污压榨，主张地方官要久任，提高官吏待遇以养廉，以及实行徙民实边来调整人口与耕地的比例等。不过，其大半篇幅还是谈到了与国计民生息息相关的农业生产和社会经济的其他层面。

> 从崔寔一生的言行来看，他比较重视社会经济和农业生产，能够贴近劳动人民的生活，所以才能够写出传之久远的农学名著。

另外，东汉时期，伴随农业经济的迅速发展，社会结构发生变化，出现了累世贵盛的世家大族，除拥有田园、苑囿外，开始建立坞壁、营堑，构成庄园形式。庄园内聚族而居，宗族首脑、长者称为"家长"，是庄园内统治的核心。庄园经济的主要特点为自给自足。如东汉初南阳樊宏家庄园的情况：子孙朝夕礼敬，常若公家，其营利产业，物无所弃……乃开至广田三百余顷。其所庐舍皆有重堂高阁，陂渠灌注。又池鱼牧畜，有求必给。

这种形式的庄园经济经过东汉近200年的发展，已经达到高峰，到后来的魏晋南北朝时，形成了世家大族的统治。是为崔寔记录庄园农业活动的社会原型。

清明节，命蚕妾治蚕室，涂隙穴，具槌持薄笼。　　——崔寔

撰写《四民月令》

《四民月令》所反映的正是东汉晚期一个拥有相当数量田产的世家地主庄园,一年十二个月的家庭事务计划安排。这里的所谓"四民"是指士、农、工、商,这种概念和分层原则在春秋战国时就出现了,称为"四民分业论"。对分层的详细介绍可参见《汉书·食货志》,有:学以居位曰士,辟土殖谷曰农,作巧成器曰工,通财鬻货曰商。

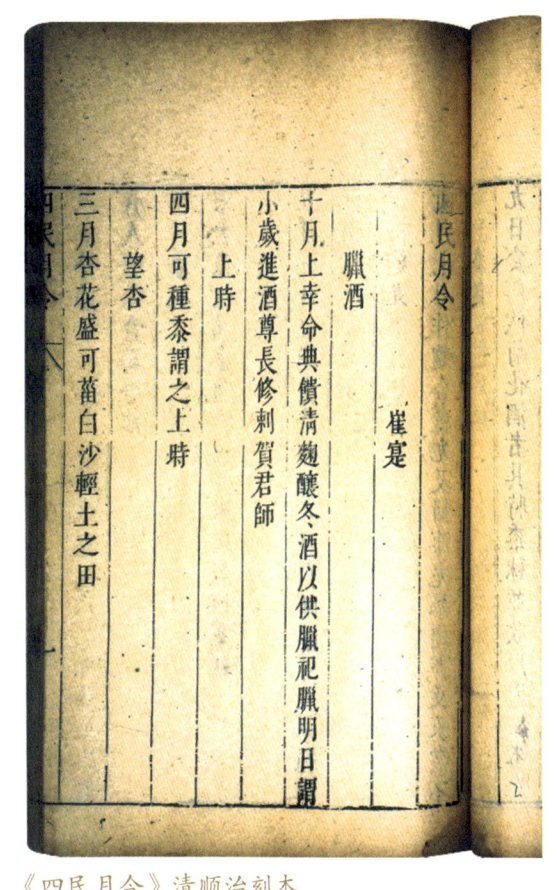

月令,在中国古代的记载较少,除现存《礼记》中有一篇《月令》之外,还有《逸周书》中的一篇《月令》。不过《逸周书·月令》已佚。有人说《礼记·月令》为战国时作品,也有人认为是两汉时期的人杂凑撰集的一部儒家书。记述每年夏历12个月的时令及统治者该执行的祭祀礼仪、职务、法令、禁令等,并把它们归纳在五行相生的系统中。从《四民月令》现存部分材料看,轮廓与内容排列法大体上与《月令》相似。叙述田庄从正月直到12月中的农业活动,对古时谷类、瓜菜的种植时令和栽种方法有所详述,亦有篇章介绍当时的纺绩、织染和酿造、制药等手工业。

《四民月令》清顺治刻本

有人对现存的《四民月令》2371字的内容比例进行了测算,认为与狭义农业操作有关的共522字,占总字数的

22%，再加上养蚕、纺绩、织染以及食品加工和酿造等项合计也不到40%。其他如教育、处理社会关系、粜籴买卖、制药、冠子、纳妇和卫生等约占60%。

《四民月令》主要内容分如下九个部分

一、祭祀、家礼、教育以及维持改进家庭和社会上的新旧关系；

二、按照时令气候，安排耕、种、收获粮食、油料、蔬菜；

三、纺绩、织染、漂练、裁制、浣洗、改制等女红；

四、食品加工及酿造；

五、修治住宅及农田水利工程；

六、收采野生植物，主要是药材，并配制法药；

七、保存收藏家中大小各项用具；

八、粜籴；

九、其他杂事。

书中所述的生产规模大多已超出小农经济的规模，只有官宦之家的田庄才可体验上述的生产。从《四民月令》的记述可以看出东汉时洛阳地区农业生产和农业技术的发展状况，当中以农业占优，重视蚕桑，畜牧业仅从属农业，蔬菜以荤腥调味类较多。《四民月令》最先记述了中国"别稻"，即水稻移栽和树木的压条繁殖方法。其中农业经济除了自给自足基本层次外，还有利用价格的涨落，进行粮食、丝绵和丝织品等的商业买卖活动。

约建宁三年（170），崔寔病逝，其在中国古代农学方面的卓越成就已汇入中华文明对人类的贡献中。

东汉水利专家

王景

Wang Jing

东汉水利工程专家
（约25~约85）

王景是东汉水利工程专家。字仲通。主要活动在东汉初期。祖籍琅琊不其（今山东即墨县西南）人，后移居乐浪郡邯䣾（今朝鲜平壤西北）。王景一生致力水道河务，光耀祖册，成效卓著。

受荐治水

史书记载，王景的八世祖王仲，好道术，以善观天象知名。吕后当政时，汉高祖刘邦之孙刘襄、刘兴居谋反，先后就起兵一事求教王仲，还要求王仲统兵。王仲不愿受牵连，便举家渡海避居乐浪。父亲王闳，为郡中三老。更始之乱中，有名叫王调的当地人杀乐浪太守刘宪，自封为大将军、乐浪太守。建武六年（30），光武帝刘秀派王遵讨伐王调。王闳与曹史、杨邑等杀王调，迎王遵，因功受封列侯。王闳坚辞不受，光武帝觉得很奇怪，下诏让王闳进京，但不幸病故途中。

王景年少时，博览群书，尤其喜欢天文、术数之学，对《周易》有特别研究。他工于心计，多才多艺，尤其善于治理水资源环境。大约在光武帝后期或

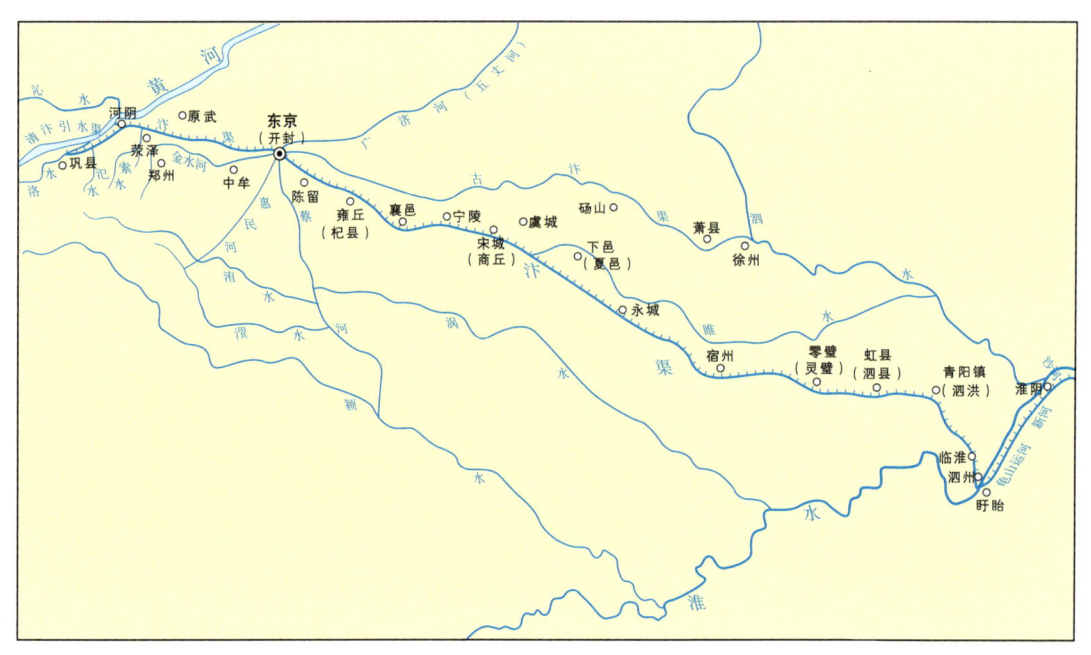

北宋汴渠及清汴引水渠图

明帝初期（58前后）任司空属官。永平十二年（69）前，有人把王景推荐给汉明帝，从事治理黄河的工作。

细究西汉以来关于黄河泛滥的史料，可谓不少，规模较大的一次是在汉武帝元光三年（前132），黄河在瓠子（今濮阳）决口。一时间黄河倾流东南，注于巨野，经淮、泗水流入海。同年春天，从顿丘（今清丰）向东北冲开一条王莽河（东汉以后对西汉时黄河自濮阳以下故道的俗称），郦道元的《水经注》称为北渎，东北流经彰武入海。以后黄河不断泛滥改道，成帝年间，河堤大坏。建始四年（前29），黄河在魏郡馆陶县崩溃，波及东郡、平原（今平原县）、千乘（今高苑县）、济南（今济南历城区）四郡的32个县，淹没田地十五万余顷，水深至三丈，破坏房舍不计。王莽始建国三年（11），黄河在魏郡决堤改道，淹没清河以东数郡。这时的黄河变成了从漯川入海。

黄河南流入海的水道，因长年得不到疏浚修缮，汴渠被毁。汴水向东流，年深日久，汴渠毁坏的更严重，以至于原来的旧水门，都被淹没于河中，潢漾广溢，莫测圻岸，荡荡极望，不知纲纪。兖、豫地方的人们，多遭受水患。及至明帝时，黄河河患越来越多，兖、豫百姓再也经不起河患灾难的侵扰了。明帝下决心治理黄河、汴渠，并于永平十二年（69）春，召见王景询问河、汴治理方略。亲赐《山海经》《河渠书》《禹贡图》及钱帛衣物，命王景仍与王吴一起共同主持治理黄河、汴河工程。

受命治河

王景早年曾与王吴共修过浚仪渠，采用"墕流法"施工，再加之对水利又有研究，于是欣然受命主持大修水运交通命脉汴渠和黄河堤防。永平十二年四月，王景与王吴率卒数十万，修渠筑堤，自荥阳东至千乘海口千余里。在大规模施工中，王景顺黄河之水性，根据自然的分流加以整治。史书记载，王景在治黄河中，商度地势，凿山阜，破砥碛，直截沟涧，防遏冲要，疏决壅积。以各种当时可能采取的技术措施，开凿山阜高地，破除旧河道中的阻水工程，堵绝横向串沟，修筑千里堤防，疏浚淤塞的汴渠，自上游而下游对黄河、汴渠进行了治理。从而改善了汴口水门工程，做到了河、汴分流。

天下黄河第一弯

黄河

从黄河流经的水道来看，黄河在穿越了豫西山地后，如奔马怒驰，不受羁勒。因有汴、济两水在广武县西边分流黄河，黄河的汹涌来势被分流，怒气被泄，河水刷槽淘根的力量自然就减低。济水东出定陶，汴水又分散于颍水、涡水各流，分途再汇于淮。就犹如若干个大水库，起到了分解黄河水势的作用。

王景在治河中，特别是在汴口治理中，创造性地采取了"十里立一水门，令更相洄注"的办法，这是针对黄河易淤的特点所采取的分移大量泥沙的措施，起到了减水、泄洪、水饯、放淤四种作用。当黄河脱离豫西两岸的束缚，像万马奔腾，却被分水迎头杀其怒势，中下游的危险已有减少。王景再采取节节水门洄注的办法，使得黄河水终于俯首帖耳，所谓一举而数善备者。汴河的存在和治理，大大有助于黄河之安澜。

（王）景乃商度地势，凿山阜，破砥绩，直截沟涧，防遏冲要，疏决壅积。十里立一水门，令更相洄注，无复溃漏之患。景虽简省，役费然犹以百亿计。明年夏，渠成，帝亲自巡行。　　——《后汉书·王景传》

水利整治工程历时一年，至第二年夏，工程全部完成，数十年的黄河灾害得到平息。汉明帝对王景的工作十分赞赏，下诏奖励有功人员，令给王景等人增秩一等。永平十五年（72），明帝东巡，至无盐（今山东东平东南），又嘉奖王景治河功绩，拜王景为河堤谒者，赐车马缣钱等物。

王景治河，由于工程浩大，动用人力物力甚众，虽简省役费，但花费仍以百亿计。不过自此以后，河流规顺，直到宋代的约800年间史书少有黄河改道的记载。这种情况与王景治河关系密切，因而受到后人的广泛传颂。

千年无患

历来人们对王景治河评价极高。《后汉书·章帝纪》有"底绩远图,复禹弘业"。清人魏源的《古微堂记·筹河篇》有"王景治河,千年无患"。我们说王景治河确实是治黄史上一次重要的实践,并取得了良好效果。尽管东汉以来黄河"八百年安流"的历史原因有多方面的综合因素影响,但王景治河功不可没。

自东汉至唐,其间跨越了三国、魏晋南北朝的大动乱,经历了隋唐的大一统和盛唐空前的繁荣。这一时期有关黄河决口的记载甚少,也没有大规模的防洪工程,历史上称这八百年为黄河安流期。相对安流的成因,研究者有许多解释:

黄河

①王景在黄河上十里立一水门的措施起到了分淤减洪的重要作用。

②与黄河中游植被恢复有关。当时北方游牧民族南下,汉人南迁,中游地区耕地锐减,植被恢复,从而使黄河的含沙量和洪水量大幅度削减。

③与堤防残破、多支分洪有关。连年战乱使黄河堤防失修,同时下游有汴水、济水、濮水、漯水等许多分支分减洪水,主河槽的淤积由此减轻。

④与人口有关。由于战争,北魏时黄河流域人口比西汉减少90%,唐后期比盛唐期减少70%,由于人口大量减少,可以任黄河多分支漫流,汛期也不会造成太大的财产和生命损害。

黄河壶口瀑布

⑤与河道冲淤变化规律有关。黄河河道淤积和决口有周期性规律，王景治河形成新河道，河道比降增加以后，有一段安流时间。

⑥唐以后黄河堤防逐渐修复，河道淤积加快，五代以后黄河决口泛滥成灾的记载又多起来，黄河防洪与治理进入新的历史时期。

黄河自东汉至唐代后期八百年安流的原因确实是多方面的，但是这一时期黄河多河道分流，中原人口较少因而洪水致灾相应就少，是主要因素。

王景在从政之余，对卜筮、风水、术数之学很有兴趣，还撰有《大衍玄基》等书。建初七年（82），王景迁徐州刺史。次年又迁庐江太守，教民使用牛耕，与吏民共理芜废，境内丰给。后数年卒于任。

蔡侯纸的发明人

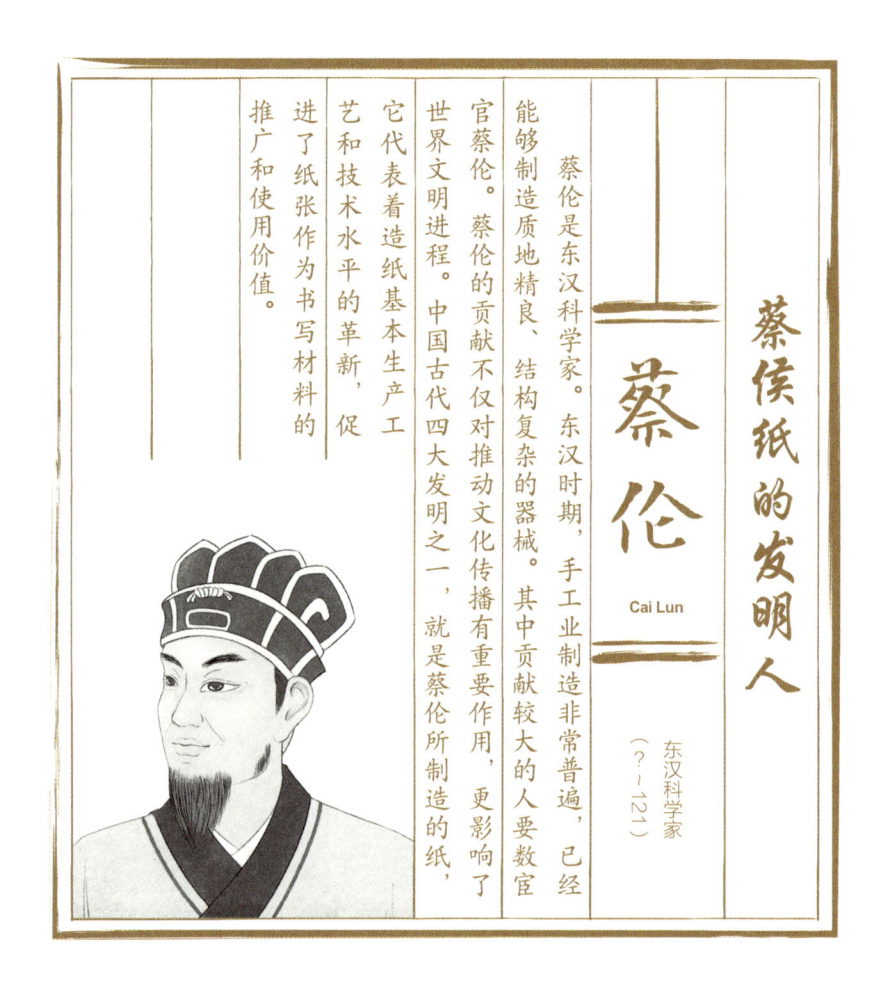

蔡伦

Cai Lun

东汉科学家（?~121）

蔡伦是东汉科学家。东汉时期，手工业制造非常普遍，已经能够制造质地精良、结构复杂的器械。其中贡献较大的人要数宦官蔡伦。蔡伦的贡献不仅对推动文化传播有重要作用，更影响了世界文明进程。中国古代四大发明之一，就是蔡伦所制造的纸，它代表着造纸基本生产工艺和技术水平的革新，促进了纸张作为书写材料的推广和使用价值。

与纸有缘

蔡伦自小好学，成人后才学非凡，尤其喜爱发明创造，摆弄器械构件，制造的器具巧密精良。

汉章帝章和元年（87），蔡伦担任监管皇室手工作坊的尚方令，负责皇室的精良宝剑和其他器械的生产。可是谁也没有想到，这件工作使蔡伦与中国造纸术结下了不解之缘。

蔡伦生活的时代，人们抄书写字，主要用简、缣帛。尽管简只是竹片，缣也只是质地较差的丝织品，但价格很贵，书写也极为不便。对此，蔡伦格外留意，决意要制造一种既方便使用又便宜的书写材料。经过无数次的努力，元兴元年（105）时，蔡伦终于把以

蔡伦纪念园

破布、麻头、鱼网、树皮为原料制成的纸张,献给皇帝。汉和帝刘肇更加赞赏蔡伦的才能,加以重用。

由于蔡伦改进造纸原料、进献纸的缘故,人们都称这种纸为"蔡侯纸"。久而久之,中国造纸术由蔡伦发明的这一结论,就一传十,十传百,流传了下来。至今,大多数的人们还是认为,中国古代四大发明之一的造纸术是蔡伦发明的。由此也说明了蔡伦在造纸工业史中的贡献是不可磨灭的。

长久以来,人们多将纸的发明归于蔡伦。但实际上,蔡侯纸发明之前,就已经在文献中有了用纸的记录。《太平御览》引《江充传》,说西汉武帝的儿子戾太子,因鼻子溃烂,用纸掩面。汉成帝时,有用纸包药的记载。《后汉书》中有汉章帝建初元年(76)将《春秋经》写在纸上的记载。汉和帝永元十二年(100)成书的《说文解字》,对纸做了"纸,絮一笘也"的解释,意思是用浅而平的竹筐把漂在水面的细碎丝絮抄起来,积累成一层薄膜,揭下来晾干后就成了纸。永元十四年(102),邓皇后被立时,方国贡献的物品就是

蔡伦塑像

纸墨，这也比蔡侯纸进献给朝廷早3年。这说明在蔡伦造纸前，就已经有了较精良的用于宫廷书写的纸张。

后来考古发现西汉植物纤维纸先后有六批，更表明了西汉时期已有纸的存在，麻纸的制造技术更早出现。至少在西汉中期已经出现利用价廉料广的麻类植物纤维造成的初级形态的纸张，且已成为书写材料，具有了较丰富的造纸经验。

改进造纸工艺

东汉设有专门的造纸作坊，官员称守宫令，是少府卿的属官。蔡伦为尚方令，负责皇室的"秘剑及诸器械"生产。由于蔡伦十分留意造纸作坊的技术与生产状况，完成了"蔡侯纸"的制造，还对改进造纸工艺付出了辛劳。

> （蔡）伦乃造意，用树肤、麻头及敝布、鱼网以为纸；元兴元年奏上之，帝善其能；自是莫不从用焉，故天下咸称蔡侯纸。
> ——《后汉书·蔡伦传》

蔡伦在负责皇室各部门手工业生产时，对纸的工艺产生极大兴趣，并在西汉的浸湿、切碎、漂洗、舂捣、化学处理、打浆、抄纸等工艺工序的基础上，加以改进，以适应新添加树皮为原料的造纸。虽然我们现在没有办法知道蔡伦具体改进工艺的详细资料，但从用树皮为主要原料而制成的优良纸张来看，西汉原有的工艺必须有所改进，否则就不会出现蔡侯纸。当然，这些工艺的改进也有可能是当时造纸工匠们的贡献与智慧结晶，而蔡伦由于监管或主管这一具体工作，而获得此殊荣。这项技术对后代造纸工业的推动起了很大作用。

东汉造纸工艺示意图

的确，在蔡伦之前，由于造纸原料仅限于麻类织物，所以造纸的规模与产量都不会大，尽管已有了质量比较优良的纸张，并且地方工官也有类似的造纸作坊，但却主要为皇室及贵族服务，纸的使用尚不普遍。因而，有必要在原料上有所突破。蔡伦以树皮为首选原料，并对造纸工艺加以改进，就生产出了蔡伦那个时代质量好、价廉又极易推广的蔡侯纸。所改进的以树皮等为原料的造纸工艺迅速推广开来，并成为当时造纸工业的法式。所造的纸不仅价格低廉、质量优良，品种也有所增加，很快地在民间得以广泛使用，成为首选的书写材料。

蔡伦改进造纸工艺后，被封为龙亭侯，封地在今陕西洋县。

蔡侯纸影响世界

造纸术的发明与传播对当时的社会影响极大，它的出现改变了人类文字书写的方式，成为传承文明的一种有力的载体。

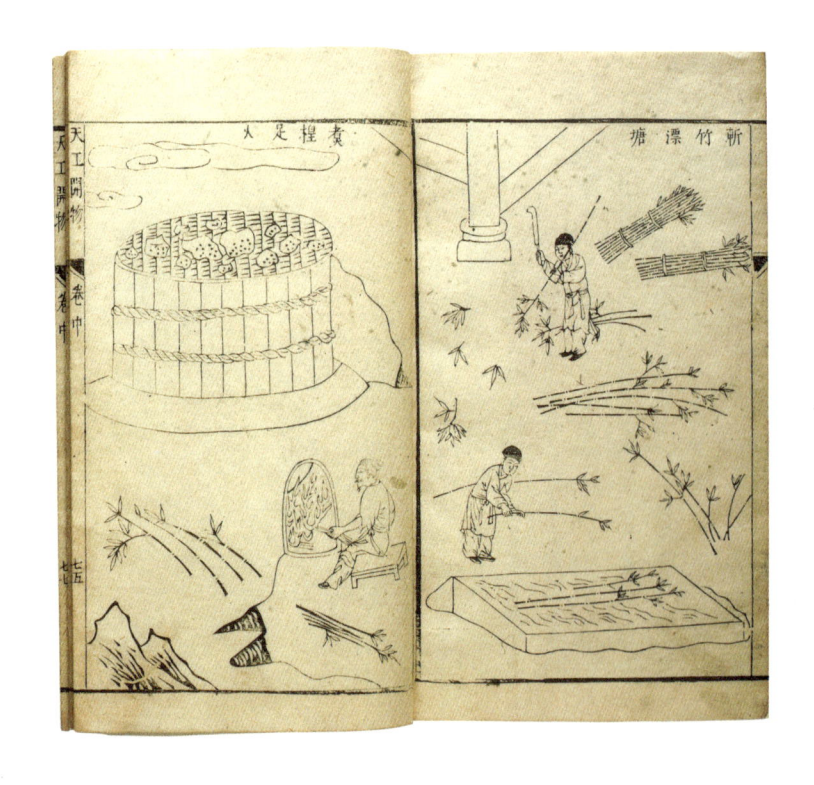

《天工开物》记载造纸技术史

我们知道，纸未出现前，中国古代主要使用竹简木牍来书写传承文化，丝织业发达后，开始使用缣帛。但缣帛价格昂贵，一般的读书人是用不起的，要广泛地作为传播文化的材料更是不可能的，读书人著书立说或抄录典籍时通常都用竹简。竹简尽管资源丰富、价格便宜，但书写极不方便，每简仅写20多字，要写或抄，往往要用数百甚至数千根竹简。编成简策后体积很大，故读书人外出游学、讲学，往往需用车载简册方可。据说战国的惠施游学时，随身载有五车的书，成语的"学富五车"即源于此，既形容人的知识渊博，也反映了当时书籍携带的不方便。

东方朔曾写了一篇奏文，用了3000枚木牍，串成一串，奏上令当事官朗读时，花了两个月才读完。简牍之笨重和不便，由此可见一斑。因此，纸发明后，使人们的写作、阅读摆脱了以前笨重的方式，引起了书写材料的一场革命，使得交流文化，传承文明变得更方便，从而成为发展生产和科学技术等的强有力的工具。

中国造纸术发明之后，很快就传向了国外，但向国外的传播首先是纸的使用，其次才是造纸术。从东汉班超通西域，大批的中国和阿拉伯商人经过此路贸易，当时纸在东汉为一极普遍之物，必然引起商人的贸易热情。有可能将纸作为商品输往阿拉伯等地。有明确的造纸术传入阿拉伯地区文字记载则较晚，见于公元11世纪的阿拉伯旅行家贝鲁尼的著作，记录了大约在公元8世纪的盛唐时期，"中国的战俘将造纸法输入于撒马尔罕，从那以后，许多地方都造起纸来。"随着阿拉伯势力的扩张，中国的造纸法从阿拉伯西传至埃及、摩洛哥，后至欧洲。由此可见，纸的发明与使用对世界文明的作用是多么的巨大。

世界历史上罕见的科学家

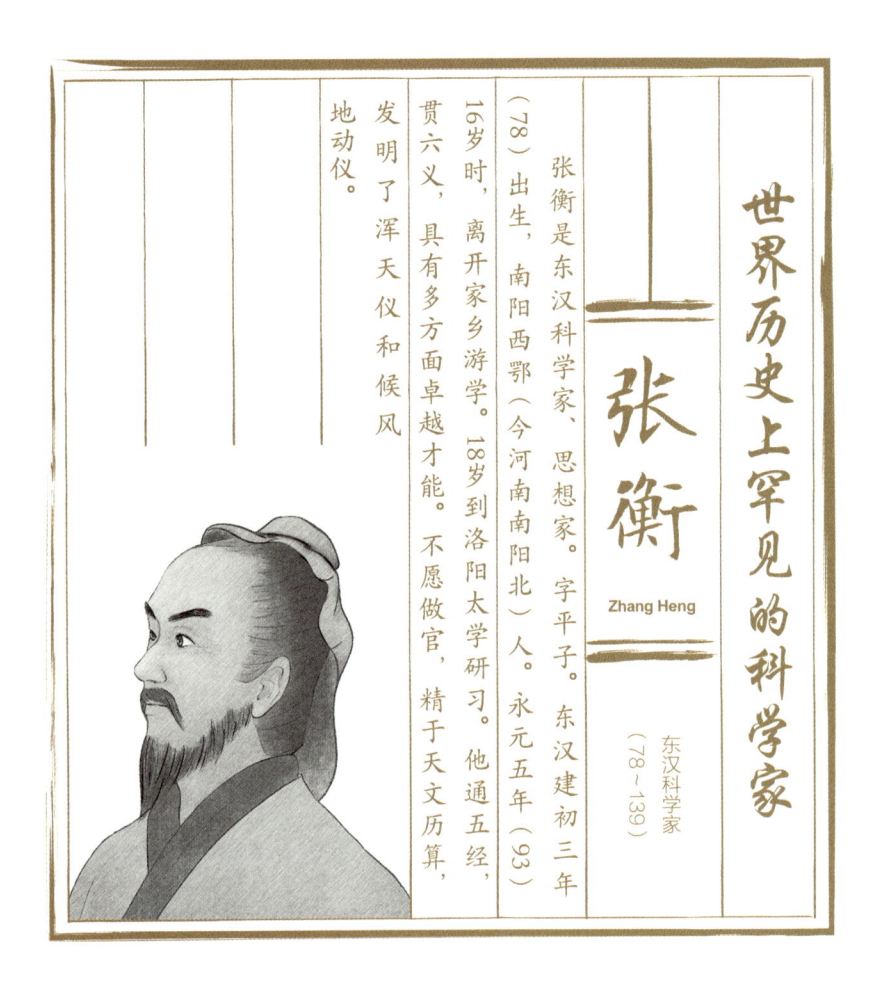

张衡 Zhang Heng
东汉科学家（78~139）

张衡是东汉科学家、思想家。字平子。东汉建初三年（78）出生，南阳西鄂（今河南南阳北）人。永元五年（93）16岁时，离开家乡游学。18岁到洛阳太学研习。他通五经，贯六艺，具有多方面卓越才能。不愿做官，精于天文历算，发明了浑天仪和候风地动仪。

终身志向科技

张衡为人谦和，讲究德操。无意仕途，认为有时间不如用来做学问，因此一直拒推朝廷征召。汉和帝永元年间，被郡县推举为孝廉，没接受；又征召为官也被谢绝。针对王侯官吏竞相奢侈，腐化成风，写了《二京赋》讽刺和规劝。大将军邓骘读后，十分赏识，多次派人来邀请，都被谢绝了。直到永元十二年（100）应故乡南阳太守鲍德之请，才担任太守主簿。在南阳期间反复研读西汉扬雄所著《太玄经》，开始对天文、科学技术的研究产生高度的兴趣。张衡的研究，引起了汉安帝的注意，于永初五年（111），征召进京，拜为郎中。不久，升为太史令，负责掌管天文、历法、气象和地震的观测与纪录前后达14年之久。

2004年的张衡地动仪复原模型外部造型

张衡天资睿哲、敏而好学，酷爱科技、不舍昼夜，成为献身奇技伟艺、发明创造的人。所发明创制的用青铜制作的浑天仪、候风地动仪等科学仪器，利用了机械，尤其是齿轮系统的技术，前者能够演示天象，后者则能准确地测知地震的发生，其准确性和可靠性达到了很高的程度。

顺帝阳嘉二年（133），张衡升为侍中。不久调到京外，任河间王刘政的国相。永和四年（139），上表请求回乡，没有同意，征拜为尚书。未及到任，逝世。

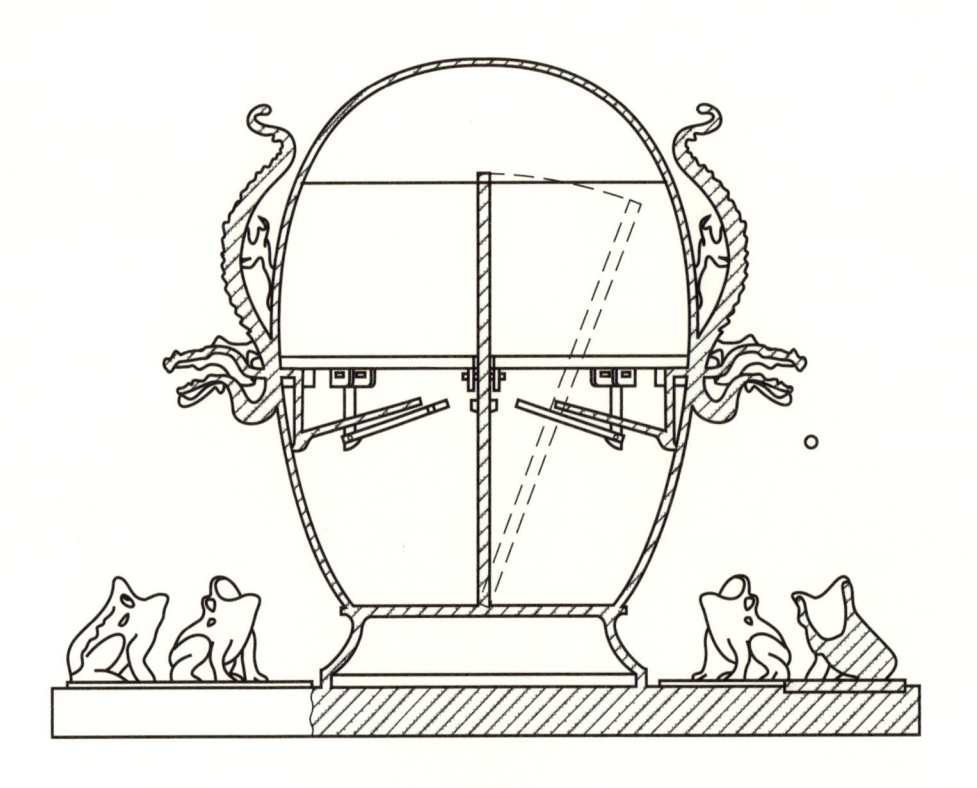

地动仪示意图

从浑天说到浑天仪

东汉时期,张衡根据齿轮转动装置,制造的天文观测仪器叫浑天仪,与当时的天文学的进步思想有联系。之前"浑天说"天文学理论成熟并占据统治地位,认为"天体圆如弹丸",即认为天地都是球形,天大地小,所以天包地外,天地都浮于水中。天不下坠,是由于中间有气,地不上浮,是由于水的悬浮。张衡更把这一学说发展一步,并认为天地之体如鸟卵,周旋无端,其形浑浑然。根据这一天文理论,张衡不仅著有《灵宪》《算罔论》,并制成浑天仪。

在《灵宪》中张衡将前人有关天文的学说,做有系统的整理与归纳,其中已能以光的直进解释日、月食的成因。张衡还将自己研究浑天仪的心得,写成《浑天仪图注》。

> 从后世的记载来看,浑天仪是利用水力推动的天体模型。从《后汉书·张衡传》《晋书·天文志》等有关古籍的记载中,可以知道浑天仪是以漏水驱动浑象进行天文测量,并通过齿轮传动系统显示时辰日子,浑天仪上所记星宿,都是以往中国天文家和张衡自己所观测到的天体。这是一架世界上最早的以水为动力的齿轮传动机械。

世界最早的地动仪

大约东晋阳嘉元年(132),张衡还制造了世界最早的测定地震的仪器——地动仪。其结构、形制、工作原理在《后汉书·张衡传》中有载:以精铜铸成,员径八尺,合盖隆起,形似酒尊,饰以篆文山龟鸟兽之形。中有都柱,旁行八道,施关发机。外有八龙,首衔铜丸,下有蟾蜍,张口承之。其牙机巧制,皆隐在尊中,覆盖周密无际。如有地动,尊则振龙机发吐丸,而蟾蜍衔之。振声激扬,伺者因此觉知。虽一龙发机,而七首不动,寻其方面,乃知震之所在。验之以事,合契若神。自书典所记,未之有也。

2004年的张衡地动仪复原模型
内部造型

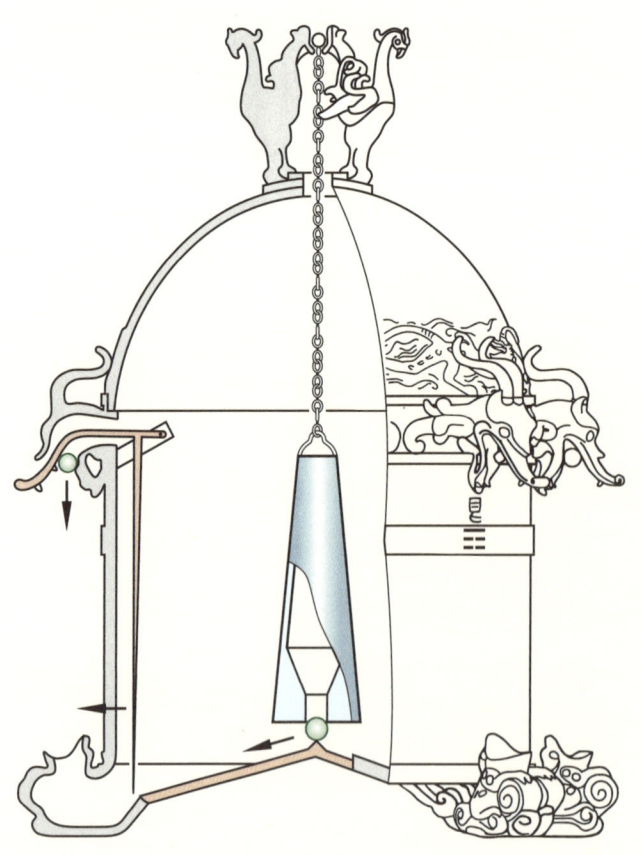

2004年的张衡地动仪复原模型
内部结构

> 恭俭谨慎，必招福祉；骄奢淫逸，必遭祸殃。
>
> ——张衡

由此可知，张衡所造地动仪，用精铜铸成，其内部有精巧的结构，从其精密性推测当为铜或钢铁金属制成的精密齿轮传动装置。地动仪中为一"都柱"，相当于一倒立的震摆，周围按八个方向装置八组机械装置，上设口含铜珠的龙头，龙头下各有一只蛤蟆张口向上。一旦发生较强的地震，"都柱"便会因震动失去平衡而触发地震方向的机关，该向的龙口即张开，使铜珠落入蛤蟆口中，发出大的声响，观测者即可知何方何时发生地震。即使是远方的地震也能测知，它的精密性与准确性在当时的一次地震中得到了检验。

张衡地动仪复原模型（中国国家博物馆藏）

永和三年（138）二月的一天，地动仪正对西方的龙嘴突然张开来，吐出了铜球。按照张衡的设计，这就是报告西部发生了地震。可是，当天洛阳没有地震的迹象，也没有听说附近有哪儿发生了地震。人们对地动仪产生怀疑。不过，没过几天，快马来报，洛阳西面的陇西一带发生了大地震。证明了地动仪的精确性能。

这架地动仪从其制造之"牙机巧制"精密性推测，可能动用了一定的制造机器，在当时的条件下，能达到如此的高水平，充分反映了当时机械制造的程度，体现了张衡机械构思的高超和工匠们的制造水平。西方约在1880年才制出测知地震的仪器，因而，张衡地动仪比西方要早约1700年。李约瑟称之为"地震仪"的鼻祖。

候风仪的创造者

西汉时期或更早，已有候风仪的使用。《三辅黄图》载，在西汉长安灵台上安装有"向风鸟"和"铜凤凰"。铜乌遇风即动，是用来观测风向风速或皇帝大驾出祀的仪饰。该书还记载汉长安建章宫南有玉堂，台高三十丈，铸铜凤高五尺，外边装饰黄金，立于屋上，下有转枢，向着风就飞翔。金凤应是我国较早的旋转型风向仪。

为测量风向风速，张衡也制造了候风仪，这是在气象学方面的卓越贡献，比西方的风信鸡早一千多年。这种测量风向风速的仪器，又称相风铜乌，结构与西方12世纪制造的候风仪相似。需要指出的是，范晔由于不懂候风仪与地动仪为两种功能的仪器，故在《后汉书·张衡传》中与地动仪连书为"候风地动仪"，以致后人误读，将张衡发明制造的地动仪称为"候风地动仪"。对此竺可桢先生首先加以纠正。《北史·信都芳传》中记载信都芳"又聚浑天、敲器、地动、铜乌、漏刻、候风诸巧事、并图画为《器准》"。其"铜乌""候风"即候风仪类的仪器。北魏去汉不远，其所见到的相关书籍即为前代遗留，明确地将地动仪与候风仪相分。

张衡还发明了指南车。传说指南车发明较早，但结构简单，并不实用。至张衡时才发明了结构复杂的指南车。《宋书·礼志》：至于秦汉，其制无闻，后汉张衡始复创造。

张衡在文学方面也很有成就，名著《东京赋》和《西京赋》，合称《二京赋》，还有《南都赋》传世。

张衡不愧是东汉时期伟大的科学家、发明家、文学家和政治家，在世界科学文化史上树起了一座巍巍丰碑。中国科学院前院长郭沫若曾题词道：如此全面发展之人物，在世界史中亦所罕见。

一世神医

张仲景 Zhang Zhongjing

东汉医学家（公元2～3世纪）

张仲景是东汉医学家。名机，字仲景。东汉南郡涅阳县（今河南南阳镇平县南）人。史料记载，张仲景天赋聪颖，勤奋好学，少年时拜同郡张伯祖为师，学习中医。张伯祖把自己所掌握的医术毫无保留的传授给了张仲景，很快张仲景的医术高于师父。明代的《李濂医史》中称：仲景之术精于伯祖，起病之验，虽鬼神莫能知之，真一世之神医也。

行医济世

张仲景既立志学医济世，就不愿再步入仕途。所以，汉灵帝在位时（168～189），张仲景被举为孝廉，不久出任长沙太守，但依旧心系行医济世之志向。当时，正值汉灵帝后期的大疫流行，目睹村村举哀，户户号泣的惨痛局面，张仲景关注民众的安危，不顾身为太守地位的尊高，想出了择定每月初一、十五两日在郡守大堂为民诊治疾病的妙法。届时，张仲景大开衙门，端坐大堂，不问政事，而是挨个仔细地给百姓治病。时间久了，成了惯例。每逢初一和十五这两天，衙门前就聚集了许多来自各方等候看病的人，从而传为千古美谈。后来人们就把药铺中的中医大夫称为某某坐堂。

建安年间瘟疫大流行，民众死亡惨重，甚至举族灭绝。如曹植所记：家家有僵尸之痛，室室有号泣之哀。一些城镇成了空都。张仲景的家乡也是疫疠暴行，宗族二百多人，在建安元年（196）至十年（205）当中，死于大疫者竟达2/3，伤寒占70%。为了救民于灾病之中，张仲景毅然辞去太守之职，返回家乡，潜心研究伤寒病的诊治。

> 张仲景勤求古训，博采众方，总结继承了汉以前的医学理论和实践，收集民间许多验方，结合自己的临床经验，写成了第一部临床治疗学巨著《伤寒杂病论》。《伤寒杂病论》一共有16卷，晋代人王叔和为便于人们检阅诵读，把《伤寒杂病论》整理编次，分为《伤寒论》和《金匮要略》两部，前者是如何辨证论治传染性疾病，后者写一般杂病诊治。

张仲景塑像

创立辨证论治

《伤寒杂病论》是张仲景目睹了南阳地区各种疫病流行的严重后果，有亲临现场研究和实践经验的基础上写成的医学著作，其中最卓越的成就在于发展并确立了中医"辨证论治"的基本法则。张仲景把疾病发生、发展过程中所出现的各种症状，根据病邪入侵经络、脏腑的深浅程度，患者体质的强弱，正气的盛衰，以及病势的进退缓急和有无其他旧病等情况，加以综合分析，寻找发病的规律，以便确定不同情况下的治疗办法。

张仲景创造性地把外感热性病的所有症状，按层次归纳为六个症候群和八个辨证纲领，以太阳、阳明、少阳、太阴、少阴和厥阴，作为六经，分析归纳疾病的演变和转归，把阴、阳、表、里、寒、热、虚、实称为八纲，辨别疾病的属性、病位、邪正消长和病态表现。在六经中三阳经证多为热证、实证，三阴经证多为寒证、虚证，根据六经辨证的理论，采用汗、吐、下、和、温、清、消、补诸法进行临床治疗。对于一些非典型的症情，例如发热、恶寒、头项强痛，脉浮，属表症，为太阳病。太阳病又分有汗与无汗，脉缓与脉急。其中有汗、脉浮缓者，属于太阳病中风的桂枝汤症；无汗、脉浮紧者，属太阳病伤寒的麻黄汤症；无汗、脉紧而增烦躁者，又属大青龙汤症。这样精细的辨证及选方用药法则，有利于中医对症下药，药到病除。

> 上以疗君亲之疾，下以救贫贱之厄，中以保生长全，以养其身。
> ——张仲景

由于张仲景确立了分析病情、认识症候及临床治疗的法度，因此辨证论治不仅为诊疗一切外感热病提出了纲领性的法则，同时也给中医临床各科找出了诊疗的规律，成为指导后世医家临床实践的基本准绳。

发明"经方"

据统计,在张仲景的《伤寒论》中,记载了中药处方113个,《金匮要略》载方262个,除去重复,两书实收方剂269个。都是颇具奇效的经典配方,被后人称作"经方"。这些方剂均有严密而精妙的配伍,例如桂枝与芍药配伍,若用量相同,如各三两,即为桂枝汤;若加桂枝三两,则可治奔豚气上冲,若倍芍药,即成治疗腹中急痛的小建中汤。若桂枝汤加附子、葛根、人参、大黄、茯苓等则可衍化出几十个方剂。其变化之妙,疗效之佳,令人叹服。运用得当,常能顿起大病沉疴,因此,《伤寒杂病论》也被称为"方书之祖"。尤其对后世方剂学的发展,诸如药物配伍及加减变化的原则等都有着深远影响,而且一直为后世医家所遵循。

《伤寒杂病论》其中许多著名方剂直至今天一直起着重要作用。例如治疗乙型脑炎的白虎汤,治疗肺炎的麻黄杏仁石膏甘草

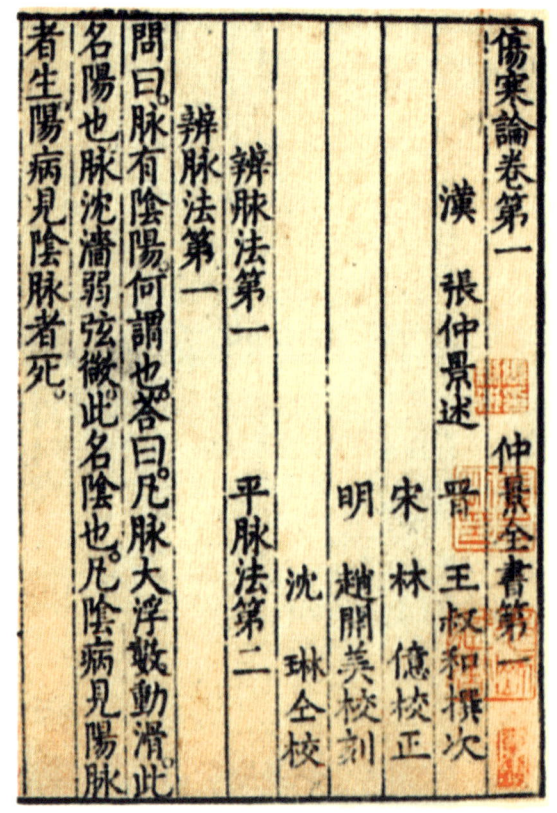

《伤寒论》

汤，治疗急、慢性阑尾炎的大黄牡丹皮汤，治疗胆道蛔虫的乌梅丸，治疗痢疾的白头翁汤，治疗急性黄疸型肝炎的茵陈蒿汤，治疗心律不齐的炙甘草汤，治疗冠心病心绞痛的栝楼薤白白酒汤等，都是现代临床中常用的良方。

《伤寒杂病论》奠定了张仲景在中医史上的重要地位，并且随着时间的推移，这部医书的科学价值越来越显露出来，成为后世从医者必读的重要医典。历代医家无不尊张仲景为"医圣"，认为医圣者，即医中之尧舜也，荣膺此誉者，惟仲景先师。与张仲景同时代的华佗，读了《伤寒论》后，说"此真活人也"。南北朝时陶弘景也说"惟仲景一方，最为众方之祖"。唐代孙思邈说"江南诸师秘仲景方不传"。清代张志聪说"不明四书者不可以为儒，不明本论者不可以为医"。这里的"本论"指的就是《伤寒论》。可见张仲景医方的宝贵。时至今日，《伤寒论》和《金匮要略》仍是我国中医院校开设的主要基础课程之一，在国际上也有很深远的影响。

据史书记载，张仲景的著述除了《伤寒杂病论》外，还有《辨伤寒》10

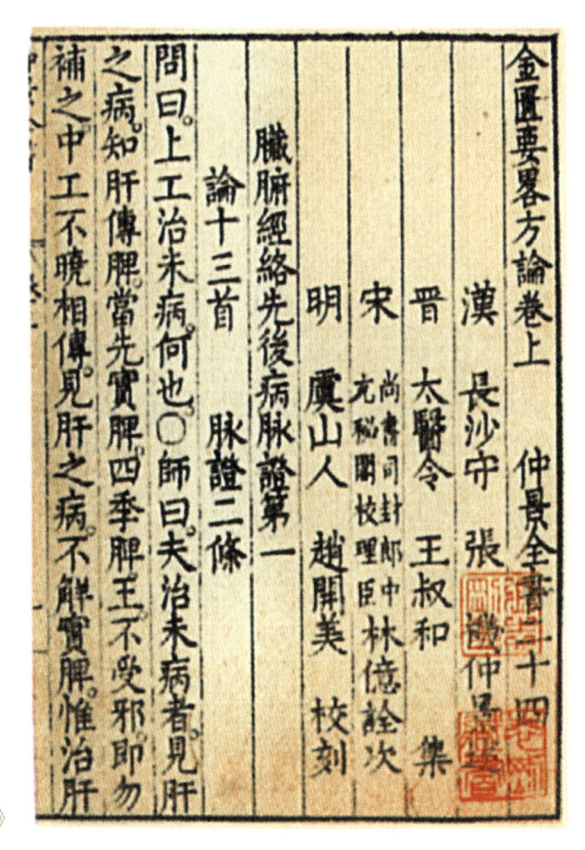

《金匮要略》

卷,《评病药方》1卷,《疗妇人方》2卷,《五藏论》1卷,《口齿论》1卷。可惜都早已散失不存。

张仲景的《伤寒杂病论》对针刺、灸烙、温熨、药摩、吹耳等治疗方法也有许多阐述。另对许多急救方法也有收集,如对自缢、食物中毒等的救治就颇有特色。其中对自缢的解救,很近似现代的人工呼吸法。这些都是祖国医学中的宝贵资料。

南阳医圣祠

张仲景墓

华佗

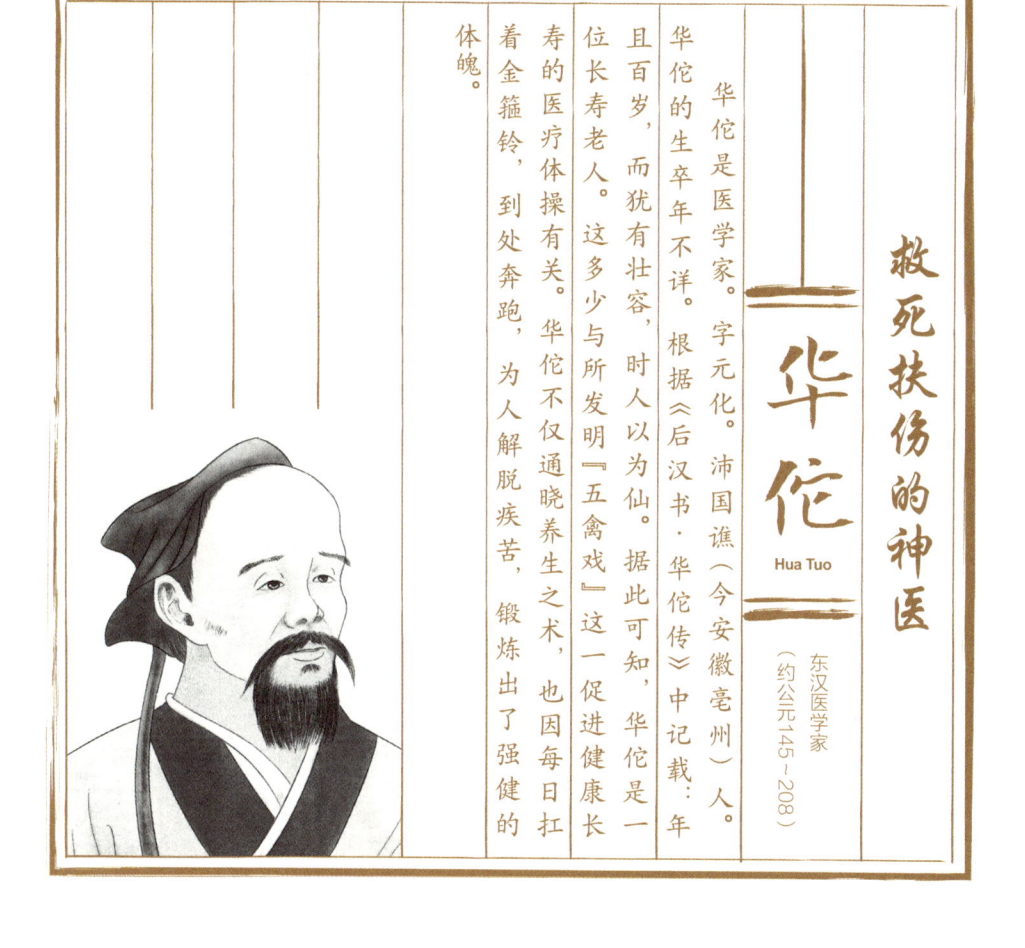

东汉医学家（约公元145~208）

救死扶伤的神医

华佗是医学家。字元化。沛国谯（今安徽亳州）人。

华佗的生卒年不详。根据《后汉书·华佗传》中记载：年且百岁，而犹有壮容，时人以为仙。据此可知，华佗是一位长寿老人。这多少与所发明"五禽戏"这一促进健康长寿的医疗体操有关。华佗不仅通晓养生之术，也因每日扛着金箍铃，到处奔跑，为人解脱疾苦，锻炼出了强健的体魄。

献身医学

华佗从小就喜欢读书，年轻时游学于徐州一带，不慕富贵，不图虚名，而是潜心于医学研究。沛国相陈珪和太尉黄琬曾先后举荐、征召华佗出来当官，都被华佗拒绝了。

华佗立志以医济世，为广大民众解除病苦。《后汉书·华佗传》记载华佗"兼通数经，晓养性之术"，身怀绝世医术，尤其精于方药，擅长外科，精于手术。被后人称为外科圣手、外科鼻祖，以及神医等。

华佗行医遍及今安徽、江苏、山东、河南的一些地区，深受民众的爱戴和推崇。华佗还把自己丰富的医疗经验整理成一部医学著作，名为《青囊经》，可惜没能流传下来。不过，华佗在医学方面丰富而有成效的经验，被弟子们继承和发扬光大。

华佗有一个弟子名叫樊阿，就是以擅长针灸治疗而出名。其他弟子如吴普、李当之也都著书立说，这二人各所著的《吴普本草》《本草经》等书中，就记述有华佗的治疗经验和方法。现世我们能够读到的华佗《中藏经》等书，是后人囊括了一部分当时尚残存的华佗著作的内容、治疗方法和经验，假托华佗之名编纂成的作品。

> 中国传统医学事业源远流长，在华佗之前就已有了辉煌的成就。战国时代的医学名家扁鹊就是研究生理病理的集大成者。扁鹊的学说经过战国、两汉的实践与传播，被华佗继承并发扬光大。所以，华佗高明的医术，除了自己刻苦钻研，得自实践中外，还继承了前人的学术成果，在总结前人经验的基础上，创立新的学说。同时代张仲景的医学学说，对华佗的影响也很大，尤其是张氏的《伤寒杂病论》，华佗认真研读，并夸赞其是"真活人书"。华佗开创了一个新时代的医学伟业，最卓越的贡献是发明了麻沸散和养生体操"五禽戏"。

吾有一术，名五禽之戏。一曰虎，二曰鹿，三曰熊，四曰猿，五曰鸟。

——华佗

制成"麻沸散"

华佗的麻沸散是一种用于全身麻醉的中药麻醉剂。据日本外科学家华冈青州考证，麻沸散是由曼陀罗花一升，生草乌、全当归、香白芷、川芎各四钱，炒南星一钱所组成的处方。完全是一种纯中草药制剂。实际上，在华佗之前，已经有人使用成分不明的麻醉剂，不过不是用于医药治疗。华佗的麻沸散是在总结了前人麻醉剂的经验后研制成功的，完全用于医疗手术。华佗观察了人酒醉时的沉睡状态，发明了酒服麻沸散的麻醉方法，大大提高了外科手术的技术和疗效，并扩大了手术治疗的范围。

史书记载，华佗对那些针灸、汤药都不能医治的病，采用手术治疗。先让病人用酒口服麻沸散，待病人如同酒醉失去知觉时，切开腹壁，若是肿瘤就割除，若病在肠胃，就将肠胃截断，除去病理部分，再缝合，敷以药膏。四五天后伤口愈合，一个月左右病人就可康复。

华佗的麻沸散比西方医学家使用乙醚等全麻术，要早1600多年。因此，华佗不仅是中国第一位，而且是世界上第一位使用麻醉术进行腹腔手术的人。自从有了麻沸散，华佗的外科手术更加高明，治好的病人也更多。华佗的外科手术被历代所赞誉，明代陈嘉谟在《本草蒙筌》引用《历代名医图赞》中的一诗："魏有华佗，设立疮科，剔骨疗疾，神效良多。"在中医针灸、妇产科、小

华祖庵

儿科、内科杂病和寄生虫病等的治疗方面，华佗也都有很高的造诣。华佗的医术，标志着中国传统中医医学的发展水平。

发明"五禽戏"

　　作为中医大家的华佗，十分重视体育锻炼。认为适当的运动可以帮助消化、畅通气血，不但能预防疾病，还可延年益寿。"五禽戏"就是华佗发明的一套使全身肌肉和关节都能得到舒展的医疗体操。全套动作是模仿虎、鹿、熊、猿、鸟5种动物的姿势，有虎的扑动前肢、鹿的伸转头颈、熊的伏倒站起、猿的脚尖纵跳、鸟的展翅飞翔等。相传华佗曾指导许多身体瘦弱多病的人，每天坚持做这样的一套体操，还指导说：经常运动，用以除疾，兼利蹄足，以当导引。体有不快，起作一禽之戏，怡而汗出，因以着粉，身体轻便而欲食。华佗的弟子吴普按照老师的教导，坚持锻炼，活到90多岁，仍耳聪目明，牙齿坚固。

医术精湛

　　华佗因医术精湛而名闻遐迩。当时魏国的宰相曹操是华佗的同乡，曹操常患头风病，请了很多医生治疗，都不见效。听说华佗医术高明，就请去医治。华佗只给他扎了一针，立竿见影，头痛祛除。曹操害怕头痛病再犯，就命令华佗留在许昌做自己的侍医。

　　华佗禀性清高，不愿做侍医。加之离家已久，思归心切，就推说回家找药方，一去不返。曹操几次写信要华佗回来，又派地方官吏去催。华佗推说妻子有病，不肯前往。曹操十分生气，专门派人到华佗家乡，还说如果华佗的妻子果然有病，就送给小豆40斛，宽限时日，要是弄虚欺诈，就逮捕治罪。结果，华佗被押送到许昌。一天，曹操又请华佗治疗。华佗诊断后，说丞相的病已经很严

五禽戏动作之一
——虎寻食

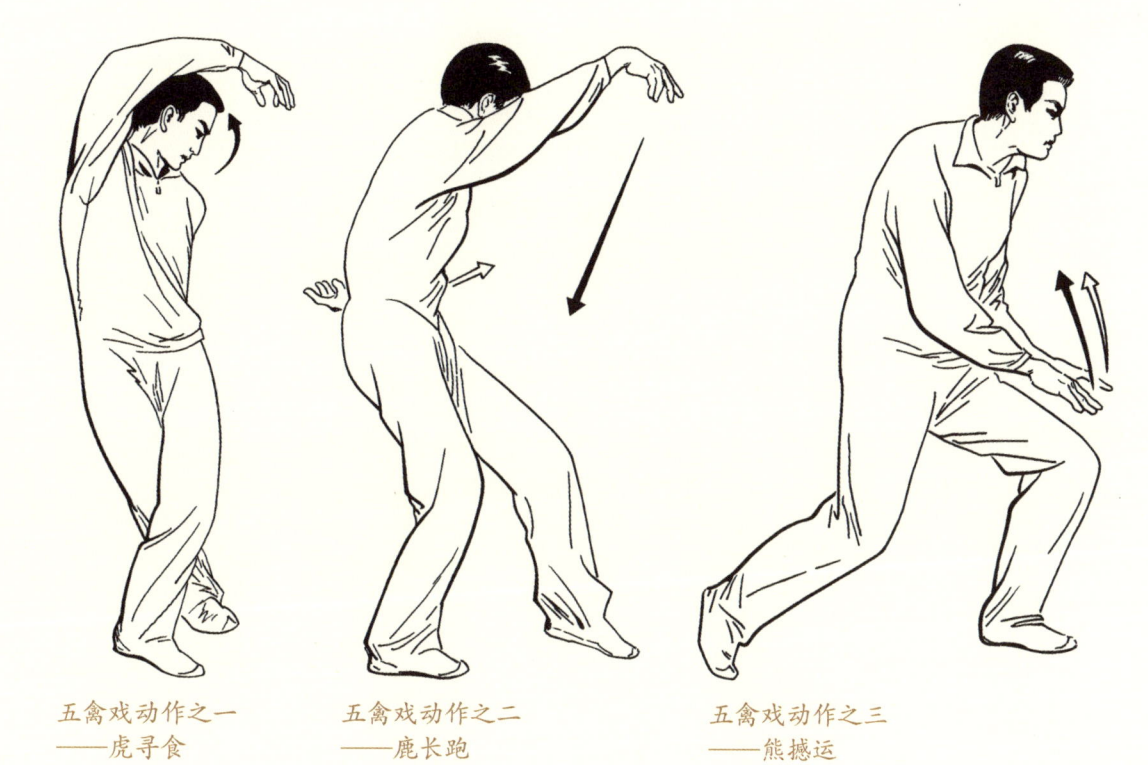

五禽戏动作之二
——鹿长跑

五禽戏动作之三
——熊撼运

五禽戏动作之四
——猿摘果

五禽戏动作之五
——鹤飞翔

重，不是针灸可以奏效的了。还说要服麻沸散，然后剖开头颅，施行手术，这样能除去病根。曹操一听，勃然大怒，指着华佗高声斥责头剖开了，人还能活吗？曹操以为华佗要谋害他，就把华佗关进大牢，判以死刑。刑前，华佗把在狱中整理好的医著交给牢头，说此可以活人。哪里知道这位牢头害怕曹操怪罪，不敢接受。华佗只好忍痛付之一炬。可惜一代名医大著毁于一旦。

华佗还十分重视民间偏方医术，用于行医治病。一次，华佗在路上遇见一位患咽喉阻塞的病人，呻吟着十分痛苦。走上前仔细观察和询问了病情后，说道：你向路旁卖饼人家要三两萍齑，加半碗醋，调匀后吃下去，病自然会好。

病人按华佗的嘱咐，吃了萍齑和醋，立即吐出一条蛇状的寄生虫，病也就真的好了。病人把虫子挂在车边上，去找华佗道谢。华佗的孩子恰好在门前玩耍，一眼看见车上的虫子，便说那一定是他爸爸治好的病人。那病人走进华佗家里，见墙上挂着几十条同类的虫。可见华佗用这个偏方，治好过不少病人。救死扶伤的华佗，医德高尚，医术精湛，值得后世人们敬仰。江苏徐州有华佗纪念墓，沛县有华祖庙，就是后人对华佗最好的纪念。

亳州华祖庵

机械发明家

马钧

Ma Jun

三国机械发明家（生卒年不详）

马钧是三国时期的机械发明家。字德衡。出生于扶风（今陕西兴平），魏国人。生卒年不详，生活于三国时代。马钧热爱发明创造，尤擅长机械，一生研制机械，成就突出。马钧先后改进了织绫机，设计制造了提水灌溉的翻车（又称为龙骨水车），制造了已经失传的指南车，为魏明帝曹睿制作了"水转百戏"，设计制造出了轮转式发石车，巧思绝世，变化百端，成果累累，堪称一位出色的发明家。在指南车、龙骨水车中所运用的机械原理，比其他国家要早一千七八百年。马钧也曾担任过魏国的给事中。魏明帝在位（226~239）时，被誉为"天下名巧"。

发明指南车

中国古代至晚在西汉时就已经出现了指南车，虽然东汉时张衡也制造过，两汉的指南车至三国时已失传。马钧所制指南车与张衡的指南车不同，是一种新的发明。为机械结构的车辆，靠齿轮来传动。马钧发明指南车还与同僚高堂隆、秦朗之间的一段对话有关系。一天在朝房里，马钧与散骑常侍高堂隆、骁骑将军秦朗谈到了指南车。高、秦二人认为，古书上关于指南车的记载是虚构的，马钧则坚信有过指南车。双方争论的结果，奏准魏明帝，下诏命马钧造指南车。马钧经过刻苦钻研，果然成功制造了指南车。

自马钧制造了指南车，后来的祖冲之等人都在此基础上有所发明，但都为

指南车

机械结构的车辆,靠齿轮来传动。秦汉时冶金方面的齿轮虽数量不多,但考古已有发现,在郑州古荥镇冶铁遗址中,发现齿轮四件。完整的二件,直径5~5.6厘米,内有方孔,轮齿锈蚀较甚,可能为16齿,轮齿倾斜,当是制动齿轮。从出土的铁齿轮来看,虽没有现代齿轮那样精密,但完全可作为传动装置。可以证明马钧制造指南车的可靠性。

马钧创造的指南车结构如何,史书没有详细的记载,至少在宋代以前的史书上对指南车的记载都很简略。直到宋代,有了新造指南车后,《宋史》才详细记载了指南车的内部构造,人们也才对指南车有了更具体的了解。不过,尽管马钧发明了结构较复杂的指南车,实用价值不大,与指南针对人类做出的贡献远不能比拟。

改进提花机

中国古代织造业十分发达，相应的机械制造也比较先进。早在西汉时，陈宝光妻就创造了一种织绫的提花机，是120综、120蹑的装置。为了织出复杂、精美的花纹图案。经线要分成几十组，每组经线由一"综"控制，这个"综"是使经上下开合交替的接受纬线的装置，每一"综"由一称为踏具的"蹑"操纵，因此，50综需要50蹑，60综需要60蹑。综控制着经线的分组、上下开合，以便梭子来回穿织。尽管这已经是人们改进了的提花机，但依然效率较低。一般情况下，60天才能织一匹绫，费时费力。马钧对这种织绫机加以改造，重新设计，把几十综蹑的绫机，一律改为12蹬，即用12根蹑控制60余片综，从而简化了操作工序，降低了劳动强度，提高了生产效率。

马钧发明的两蹑合控一综的"组合提综法"，其法不用综框，而用线各别牵吊经纱，然后按提经需要另外用线串起来。拉线使牵吊起相应的一组经纱，形成一个织口。这样，经纱便可以分为几百组到上千组，由几百到千余条线来控制。这些线便构成"花本"，用现代术语讲就是开口的程序。这时织工只管引经打纬，另由一挽花工坐在机顶按既定顺序依次拉线提经。花纹就可织得很大。用这种方法织出的花绫，花纹图案奇特，配置变化多样，织物表面具有立体感，景物生动逼真，光泽明暗相间，层次变化无穷。马钧的创造使当时魏国所产丝织物能与成都的蜀锦媲美。

时有扶风马钧，巧思绝世，傅玄序之曰：马先生，天下之名巧也。

——《三国志·方技传·杜夔传》

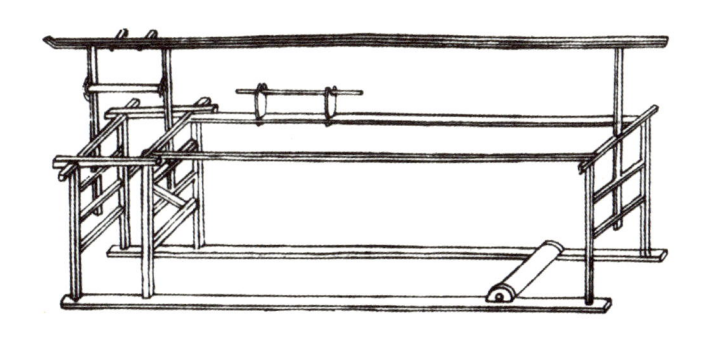

提花织机

发明水车和水转百戏

水转百戏与农田灌溉的翻车有密切的联系。关于翻车，几乎与马钧同时代的人毕岚在汉献帝中平三年（186）制造过，不过是用于取河水洒路面。史书说，时官至掖庭令的毕岚，制造翻车，施于桥西，为南北郊路面洒水之用。这种机械洒水工具的使用减轻了老百姓挑水洒道的辛苦。当然，这种翻车与马钧制造的名为龙骨水车的翻车是否是同一回事，我们不得而知，但至少马钧的水车也是运用了"链"传动的原理，把低处的水提升运转到高处，且使用于农田灌溉。所以可以说，马钧的龙骨水车是继毕岚之后的一项机械制造，更是用于灌溉农田的一项重大创新，对农业田间管理、生产发展有巨大作用。

马钧在洛阳为给事中时，辟城内园地，为汲水灌溉，制造了翻车。清代人麟庆所著的《河工器具图说》记载了翻车的构造：车身

宋代《农事图》中展示了人力抽水翻车和畜力抽水翻车

用三块板拼成矩形长槽，槽两端各架一链轮，以龙骨叶板作链条，穿过长槽。车身斜置在水边，下链轮和长槽的一部分浸入水中，在岸上的链轮为主动轮；主动轮的轴较长，两端各带拐木四根。人靠在架上，踏动拐木，驱动上链轮，叶板沿槽刮水上升，到槽端将水排出，再沿长槽上方返回水中。如此循环，连续把水送到岸上。

马钧所制的翻车，轻快省力，灌水自覆，更入更出，能连续不断地提水，也可让儿童运转，比当时其他提水工具强好多倍，也十分省力。因此，受到社会上的欢迎，被广泛应用。直到20世纪，中国有些地区仍使用翻车提水。

马钧制造翻车后，魏明帝十分高兴，对马钧也更赏识。于是召见马钧，给马钧看了一种"百戏"模型。这种模型造型精美，但不能连动。明帝问马钧，能否使它活动起来，变得更精巧？马钧回答说可以。于是，马钧又奉诏改进百戏模型。马钧拣选木材，制成水轮，以水力驱动旋转，通过传动构造，使木偶女乐表演歌乐舞蹈，木偶人击鼓吹箫。使木偶人在山岳模型间跳丸掷剑，攀绳倒立，出入自在。还有百官行署，舂磨斗鸡，动作复杂，灵活多变。马钧利用水利机械转动制造的百戏模型，构思十分巧妙，很受魏明帝喜爱。"水转百戏"也再次展示了马钧在机械传动设计与制造方面的才能，被誉为"天下名巧"。

马钧还把机械装置的原理用于兵器的改造，改进了攻城用的发石车。三国时官渡之战，曹操曾使用"发石车"攻击袁绍的阵地，但只能单发，效率不高。马钧担心敌方在城楼上挂起湿牛皮，就能挡住发石车抛出的石头于是打算制造一种大轮，轮上系着数十块大石头，以机械驱动大轮急速旋转，然后切断系石的绳索，石头便连续飞击城楼，使敌方来不及防御。马钧曾在车轮上系数十块砖，进行试验，结果砖可飞数百步，证明自己的设计可行。只是后来并没有被魏国采用，也没有用于军事作战的记载。

马钧对诸葛亮发明的连弩也进行了改进。马钧不愧是中国古代利用木材制造机械的伟大发明家。

中国数学大家

刘徽 Liu Hui

魏晋数学家（生卒年不详）

刘徽是魏晋时期数学家，古典数学理论的奠基者之一。刘徽生卒年不祥，身世履历历史书缺载。据有人研究，认为可能是山东淄乡（今山东邹平）一带人。刘徽一生未入仕途，全身心投入数学的王国，给后世留下了宝贵的财富，为世界科学文化作出了卓越的贡献。

创立古代数学理论体系

刘徽的数学著作有《九章算术注》九卷、《重差》一卷（至唐代改名为《海岛算经》）和《九章重差图》一卷，后者已失传，仅有只言片语保留在其他书籍中。《九章算术注》是刘徽为《九章算术》所作的注，完全体现了刘徽的数学理论体系。

《九章算术》成书约在公元1世纪，是西汉以来许多数学家研究的结晶。全书共分9章，介绍了246个数学问题的解法，是世界上较早提出一些数学问题解法的专著。不过，由于解法比较复杂和原始，又缺乏必要的证明，该书并不容易流传和被民众接受。刘徽利用自己的聪明才智和缜密的逻辑思维能力，对九章算术的数学问题做了较为详细的补充证明和阐释，提出了"析理以辞，解体用图"

的要求，并创立了对许多问题行之有效的图验法和检验法，成为中国传统数学理论的奠基者和代表人物。

据今人研究，刘徽的数学理论思想从以下几方面显示出来：

> 数系理论方面，刘徽用数的同类与异类阐述了通分、约分、正负数的概念、加减运算以及繁分数化简等的运算法则。在开方术的注释中，刘徽从开方不尽的意义出发，论述了无理方根的存在，并引进了新数，创造了用十进小数来表示无理数立方根的方法，成为世界上最早提出十进小数概念的人。
>
> 等式演算理论方面，刘徽首先给"率"以比较明确的定义，又以遍乘、通约、齐同等三种基本运算为基础，建立了数与式运算的统一的理论基础。刘徽还用"率"来定义方程，即相当于现代数学中线性方程组的增广矩阵，刘徽认为举率以相减，创立新术，改进了线性方程组的解法。
>
> 勾股理论方面，刘徽详细论证了有关勾股定理与解勾股形的计算原理，建立了相似勾股形理论，发展了勾股测量术。通过对勾中容横与股中容直等典型图形的论析，形成了极具有特征的相似理论。
>
> 在几何方面，刘徽用出入相补、以盈补虚的原理，以及割圆术的极限方法，提出了刘徽原理。解决了多面体体积计算问题，完满地证明了阳马（四棱锥）与鳖臑（三棱锥）的体积之比为2:1，从而由堑堵（楔形）体积公式推导出阳马体积的正确公式。创立了弧田术，也即求弓形面积公式。

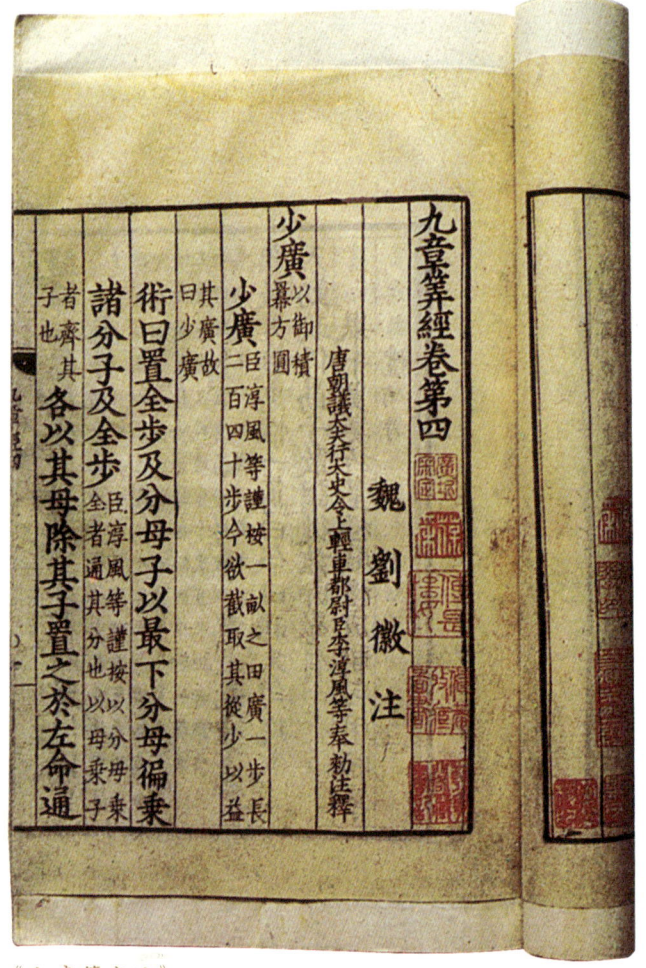

《九章算术注》

刘徽《九章算术注》中也精心选编了九个测量问题，每一个问题的创造性、复杂性和代表性，与上述数学理论体系，都具有当时世界尖端水平，对后世影响极大。

建立极限概念

刘徽的极限概念在"割圆术""阳马术"和"求微数法""弧田术"等注中得以充分体现，在中国古代数学史上占有非常重要的地位。其中求微数法、弧田术注是刘徽极限思想在近似计算中的应用，是有限过程的无限思想，而割圆术和阳马术注则充分体现了无限过程中的极限思想，尤以割圆术广为人们所熟知。

> 半之弥少，其余弥细，至细曰微，微则无形，由是言之，安取余哉？
> ——刘徽

所谓割圆术，是将圆周用内接正多边形穷竭的一种求圆面积和圆周长的方法。当刘徽用这一方法证明《九章算术》的"半周、半径相乘得积步"的圆面积公式时，从内接正六边形开始割圆，依次得到内接正12边形、正24边形，直至正N边形。这就是著称于后世的所谓"割之弥细，所失弥少，割之又割以至于不可割，则与圆合体而无所失矣！"的数学极限概念。认为割圆到最后得到一个和圆重合的正无穷多边形，再把这个和圆重合的多边形分割成无限多个小三角形。又由于每个三角形的面积是其底边与圆半径乘积的一半，于是，刘徽就可以合并求和而得到这个正无穷多边形的面积公式，从而也就得到了圆的面积公式。

求微数法是刘徽提出的一种更为精确的表示方根近似值的方法，与极限和无穷小分割的思想紧密联系在一起。刘徽认为开方根数只是一个约数，一直求下去被丢弃的数就会越来越小，求出来的方根就会越来越接近真实值。这种求微数法虽然可以无限地进行下去，但刘徽只进行到能达到所需精度的有限步就停了下来。因为刘徽也并不认为求微数法是完全精确的方法，也就不可能是有限逼近方根。和求微数法相同的弧田术注中的分割过程也属于刘徽极限思想在近似计算中的应用，是把一个可以无限进行的程序只进行到有限步骤就停了下来。同样，刘徽可以无限地进行下去，但没有那么做，因为无限分割下去，不仅计算没法完结，而且结果恐怕不知有什么用了。这和割圆术大不一样，按照割圆术的思想，刘徽把无限过程进行到底然后分割合并，可以得到简明的公式，而把弧田术注的分割无限进行到底，没法得到简化的公式。

刘徽的这些思想具有深刻的数学内涵，成为解析几何、微积分等现代数学方法的基础，都是具有前瞻性、创见性的突出贡献。

鳖臑　　　　　　　　阳马　　　　　　　　堑堵

牟合方盖

数学新创建与刘徽

刘徽在数学计算方面最重要的新创建是科学地求证出了至今我们仍在使用的圆周率的精确值。我们知道，圆周率是对圆形和球体进行数学分析时不可缺少的一个常数，各国古代科学家均将圆周率作为一个重要课题。中国最早采用的圆周率数值为3，即所谓径一周三。但这个数据不能满足精确计算的要求。汉代的一些数学家们就发现了数值不精确的问题，在实际运用时采用多种圆周率数值，3.1547就是刘歆所采用的数值，即所谓的"刘歆率"。

圆周率计算的突破，有赖于有效方法的诞生。刘徽利用割圆术证明了圆面积的精确公式，并给出了计算圆周率的科学方法。首先从圆内接六边形开始割圆，每次边数倍增，算到圆内接正96边形边长和正192边形的面积，得到 $\pi = 157/50 = 3.14$，当继续割到圆内接正3072边形的面积时，就得到 $\pi = 3927/1250 = 3.1416$ 的数值，科学地求出了圆周率 π，被称为"徽率"，现在仍在使用。

还提出了关于多面体体积计算的刘徽原理。在开立圆术注中，刘徽指出了《九章算术》中球体积公式 $v = \frac{9}{16} d^3$（d 为球直径）的不精确性，针对正方体的两个轴互相垂直的内切圆柱体的相交部分，引入了著名的几何模型"牟合方盖"。所谓牟合方盖指每个底半径相同的圆柱垂直相交，其公共部分。刘徽精确地指出球与牟合方盖的体积之比是 $\pi : 4$，把球体积问题的研究推进了一大步。

重差术是刘徽在《九章算术注》中提出的采用重表、连索和累矩等测高、测远的方法，而且运用类推衍化的方法，使重差术由两次测望发展为三次测望、四次测望。这比印度的两次测望早约500年，欧洲在15～16世纪才开始研究两次测望的问题。

刘徽的卓越成就，不仅对中国古代的数学发展产生了深远影响，而且在世界数学史上也确立了崇高的地位，不少书上尊称其为"中国数学史上的牛顿"。

中医针灸学之祖

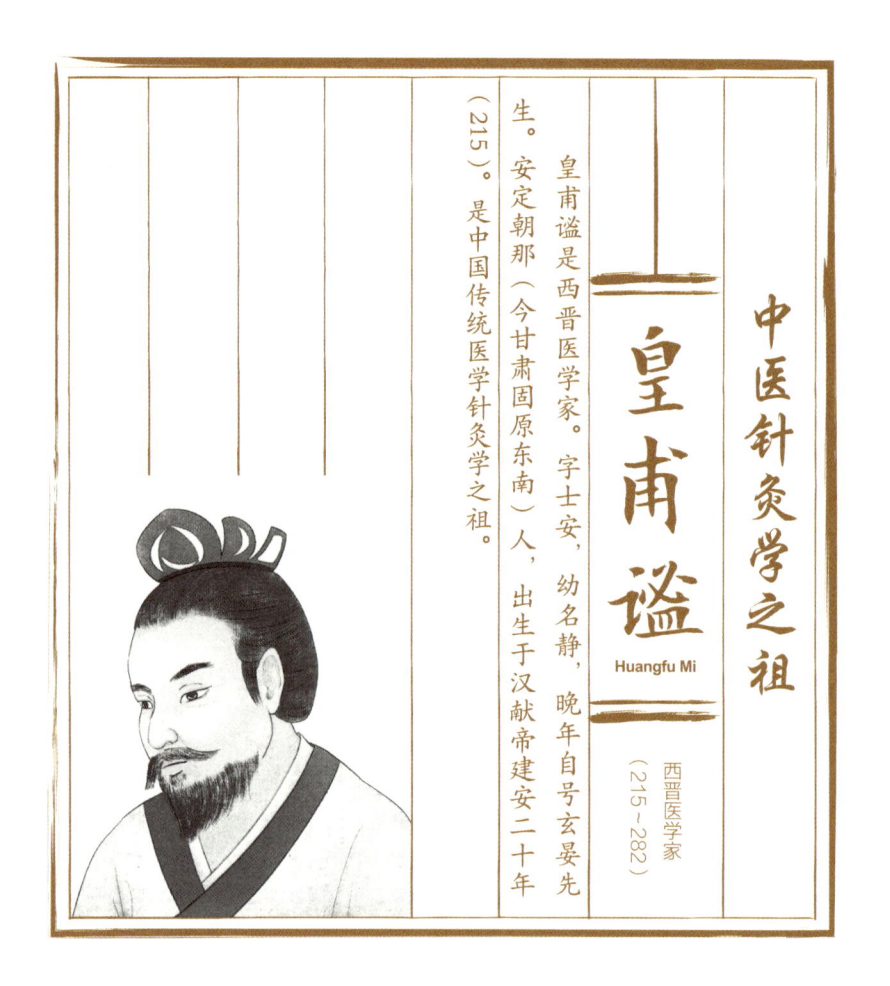

皇甫谧 Huangfu Mi

西晋医学家（215~282）

皇甫谧是西晋医学家。字士安，幼名静，晚年自号玄晏先生。安定朝那（今甘肃固原东南）人，出生于汉献帝建安二十年（215）。是中国传统医学针灸学之祖。

大器晚成

史书记载，皇甫谧出生后过继给叔父，迁居新安（今河南渑池县）地方，很受叔母疼爱。但年少时的皇甫谧并不好学，终日东游西逛，到17岁时，还不通书史。叔母恨铁不成钢，常常为皇甫谧的前途忧虑。一天，叔母为了教训皇甫谧，将皇甫谧赶出家门。谁知皇甫谧在外边弄来香瓜、甜果等，洋洋自得地呈给叔母，想让叔母息怒。叔母更加气愤，接过瓜果，狠狠地摔在地上，流着泪说：你快20岁了，还是志不存教、心不入道，你要真心孝顺父母，就得修身笃学。皇甫谧十分震惊，方才醒悟过来，噙着泪花发誓要悔过自新，改弦更张，矢志苦学。从此皇甫谧发奋学习，虚心求教，一天也不懈怠，就是下地劳动、患病卧床，也手不释书。

皇甫谧变得性情沉静，潜心于学问，以著述为务，不仅在医学方面获得了卓越的成就，著有《黄帝三部针灸甲乙经》等，还博综典籍及百家之言，著有《帝王世纪》《高士传》《逸士传》《列女传》《玄晏春秋》等史学著作，成为当时著名经学大师。晋时名臣、文学家挚虞等皆出自其门下。

皇甫谧到不惑之年时，不幸患了风痹病，肢体不遂，十分痛苦，但是仍然不辍学习之志，勤奋刻苦。皇甫谧这种身抱重病还潜心学问的态度，有人十分不理解，于是向他说道：病魔缠身，安心治疗，就不要再钻研学问了。可皇甫谧听后却回答道：朝闻道，夕死可也。换句话来说，就是如果早上能够明白一个道理，就算晚上便死去，也是值得的。这件事情传到晋武帝那里，晋武帝很敬重皇甫谧的高尚品格，赏识他渊博的学识，诏请皇甫谧出来为官。皇甫谧不仅婉言谢绝，还向皇帝借了一车的书，更加认真研读，也算得上是一桩美谈了！

潜心医学

皇甫谧在患病期间，致力钻研医学，尤以针灸方面取得的成就最大。针灸是中国古代中医学的重要治疗手段，关于这方面的经验，早在2000多年前，就有中医学者进行过系统总结。从湖南长沙马王堆汉墓考古发现知道，早在周代的时候，就编写了许多医书，其中在针灸方面的就有《足臂十一脉灸经》和《阴阳十一脉灸经》。战国时代撰成的《黄帝内经》中，也有许多论述针灸的内容。东汉初期的《针经》，就是名医涪翁在针灸方面的专述。这些都是晋代以前，涉及中医医学针灸方面的成就。当然，上述的医书在论述和流传等方面也存在一些缺憾，在皇甫谧看来，针灸医书"其文深奥"，"文多重复，错互非一"，尤其是当时用竹木简刻书，被视为秘宝，普通人不易得到。皇甫谧要想在中医针灸方面有所成就，就得克服许多常人不能想象的困难。

> 欲温温而和畅，不欲察察而明切也。
> ——《晋书·皇甫谧传》

皇甫谧四处搜求医书医典，经穷搜博采，获得了大量的资料，尤其对晋以前的《素问》《针经》和《明堂孔穴针灸治要》3部医学著作中有关针灸的重要内容认真钻研苦读，综合比较，删其浮辞，除其重复，论其精要，加以总结。并结合自己的临证经验，终于写出了一部针灸学巨著，即《黄帝三部针灸甲乙经》，也称《针灸甲乙经》或《甲乙经》，这是中国现存的最早的针灸学专著。

编撰《黄帝三部针灸甲乙经》

《黄帝三部针灸甲乙经》是皇甫谧在曹魏甘露年间（256～259）编撰成的。全书12卷，128篇，包括脏腑、经络、腧穴、病机、诊断、治疗等。在研究撰述中，皇甫谧亲自实践，把针灸治疗和中医医学的人体脏腑经络的生理、病理紧密结合起来，对腧穴的部位、总数和针灸操作方法、临证治疗等方面都作了较系统的论述，对汉晋以前的针灸穴位加以鉴别和校正，校正了当时的腧穴总数的穴位654个，其中包括单穴48个，另外则为双穴，分布于全身14个经脉线上，称为经穴。后世所发现者，则称之为经外奇穴。在《黄帝三部针灸甲乙经》中，皇甫谧把各种适应证按照临证需要排列出来，还记述了各部穴位的适应证和禁忌证，说明了各种针灸的操作方法。很切实用，易于掌握。

针灸铜人

《黄帝三部针灸甲乙经》问世后，很受欢迎，晋以后的许多针灸学专著，大都是在参考此书的基础上加以发挥而写出来的，没有能够超出它的范围和模式。唐代医家王焘评价说，这部书是医人之秘宝，后之学者，宜遵用之。至唐代时，医署开始设立针灸科，并把《黄帝三部针灸甲乙经》作为行医者必修的教材。皇甫谧被人们称作中医针灸学之祖，著作也被列为学医必读的古典医书之一。直至现在，我国的针灸疗法，虽然在穴名上略有变动，而在原则上依旧以此为准则。《黄帝三部针灸甲乙经》为针灸医者提供了临床治疗的具体指导和理论根据。

《黄帝三部针灸甲乙经》早已流传国外，受到各国特别是日本和朝鲜的重视。在日本法令《大宝律令》中明确规定《黄帝三部针灸甲乙经》为必读的参考书之一。《黄帝三部针灸甲乙经》被翻译成多种文字，在世界上有深远的影响。

晋武帝太康三年（282）皇甫谧病逝。他留下的《黄帝三部针灸甲乙经》确立了中国中医针灸学完整的理论体系，并为针灸学成为临床的独立学科奠定了基础。

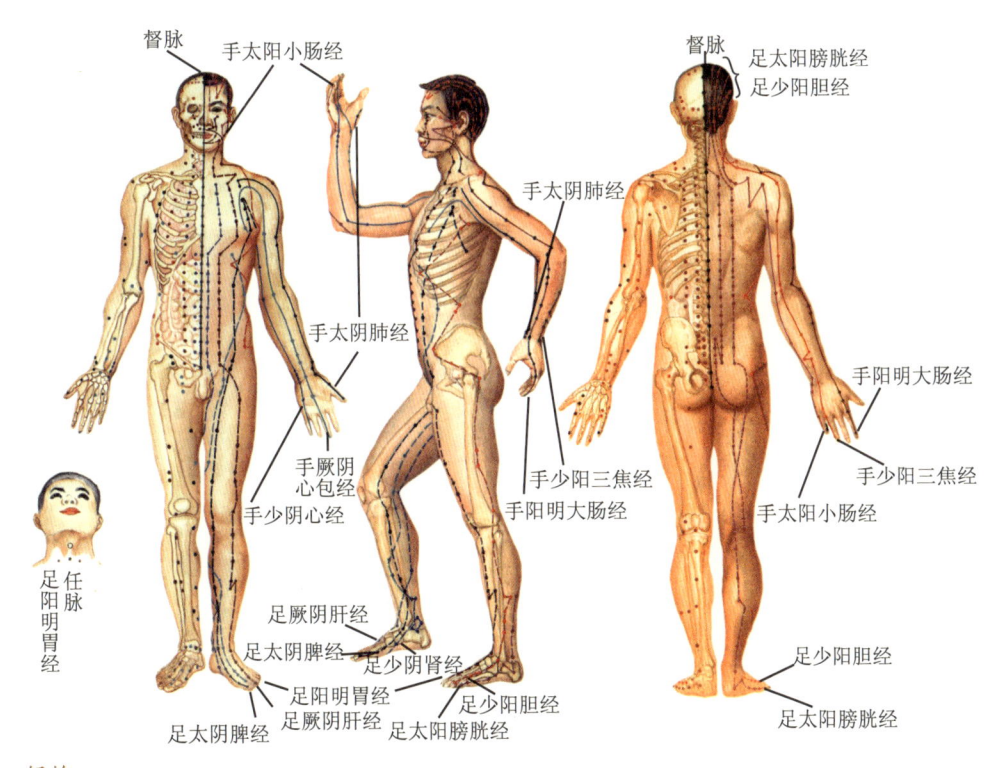

经络

知识渊博的"杜武库"

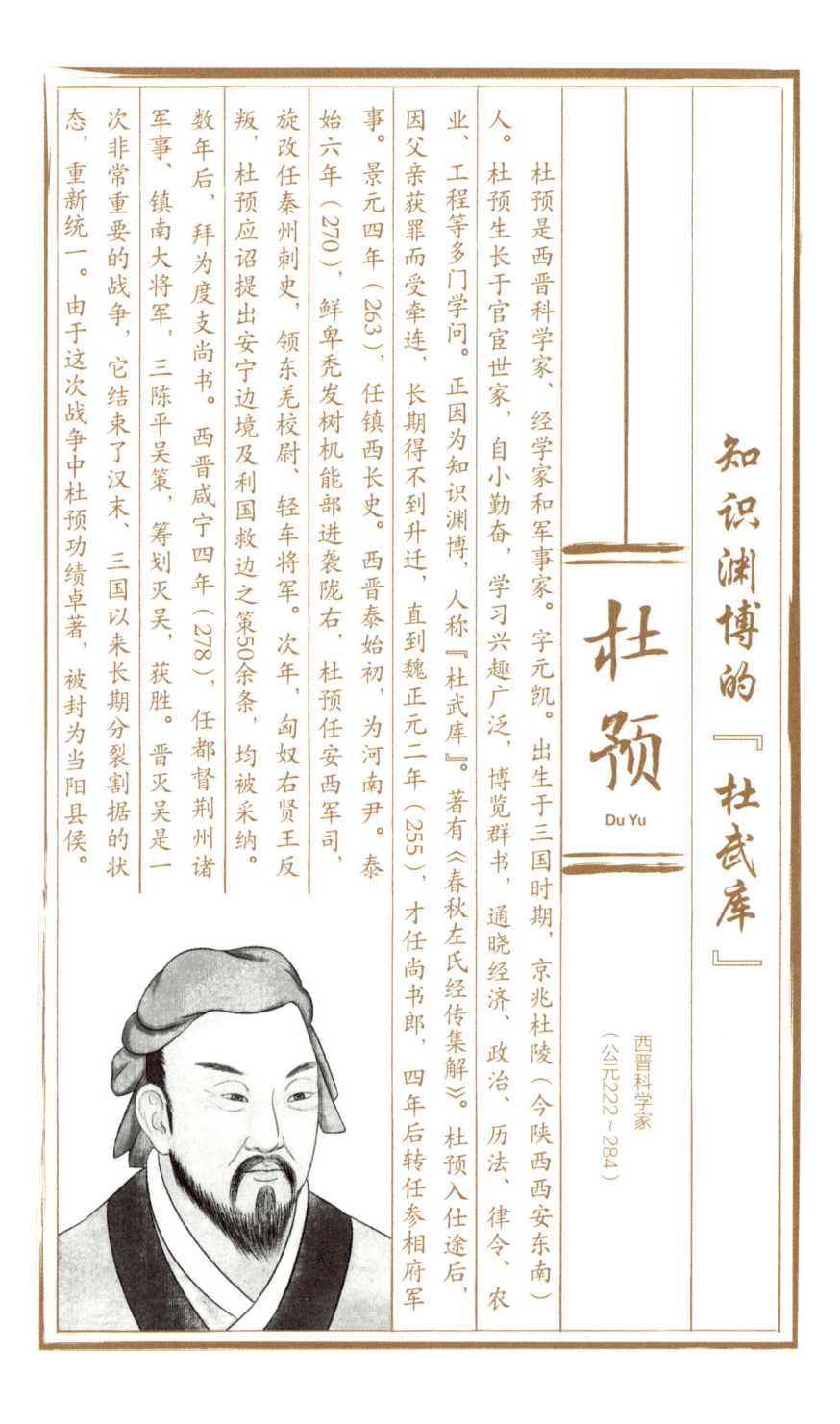

杜预
Du Yu
西晋科学家（公元222～284）

杜预是西晋科学家、经学家和军事家。字元凯。出生于三国时期，京兆杜陵（今陕西西安东南）人。杜预生长于官宦世家，自小勤奋，学习兴趣广泛，博览群书，通晓经济、政治、历法、律令、农业、工程等多门学问。正因为知识渊博，人称『杜武库』。著有《春秋左氏经传集解》。杜预入仕途后，因父亲获罪而受牵连，长期得不到升迁，直到魏正元二年（255）才任尚书郎，四年后转任参相府军事。景元四年（263），任镇西长史。西晋泰始初，为河南尹。泰始六年（270），鲜卑秃发树机能部进袭陇右，杜预任安西军司，旋改任秦州刺史，领东羌校尉、轻车将军。次年，匈奴右贤王反叛，杜预应诏提出安宁边境及利国救边之策50余条，均被采纳。数年后，拜为度支尚书。西晋咸宁四年（278）任都督荆州诸军事，镇南大将军，三陈平吴策，筹划灭吴，获胜。晋灭吴是一次非常重要的战争，它结束了汉末、三国以来长期分裂割据的状态，重新统一。由于这次战争中杜预功绩卓著，被封为当阳县侯。

决陂渲泻

晋武帝时期，水旱灾害频发。兖、豫等7州农业歉收，民无居所。晋武帝下诏求计。杜预仔细考察灾情后，上《陈农要疏》，论述了水灾频发的原因，提出了相应对策。杜预认为陂塘众多和年久失修是造成洪涝灾害、农业歉收的根本原因，是水资源系统恶化的表现。这是古代首次综合考虑农田水利工程的蓄水与排涝问题。

事实上，自春秋战国以来，历代十分重视东南地区水利工程，到魏晋时期达到鼎盛。据《水经注》记载，在淮泗流域诸水系建有陂塘工程二三十个，可见两淮地区农田水利建设之盛。三国时，魏国也大兴屯田，兴建陂塘。至西晋，仍旧在淮泗地区广田积谷，过量滥用水资源，结果导致淮河流域陂塘建设泛滥，农业水资源环境系统恶化。

诚然，水利是农业经济发展的命脉，发展农业需要修建水利工程，但过度修建不仅对农业有害，而且直接影响到水资源生态系统，影响人类生存家园。两淮地区属于平原地带，地势平坦，河道本来排水不畅，众多陂塘的建立打乱了原有的排泄体系，使汛期洪峰难以顺利入海，造成涝灾严重，出现大片盐碱沼泽。所以杜预说道，众多的陂塘，所积之水多为无用之水，以至于造成水潦瓮溢，大为灾害。同时，由于陂塘占去了大量可耕地，随着社会经济的发展，国家人口不断增加，人地矛盾会逐渐凸显出来。由此可见陂塘的增多、规模的扩大，对预防水灾没有起到什么作用，只是徒增灾害。加上年久失修，造成了陂塘岁决，导致良田遍生蒲苇，人居沮泽之际。水陆失宜，迫使人们不得不放弃农业耕种，从事放牧，导致森林树木枯萎，生态环境遭到破坏，一遇天降暴雨，水土流失严重，辄复横流，延及陆田，农业不收，家园也毁。可见，由于陂塘经常被冲毁，破坏了自然生态环境，而且使原先的农田变成瘠土，抗水能力大为减弱。

《周礼》有史官，掌邦国四方之事，达四方之志。诸侯亦各有国史。大事书之于策，小事简牍而已。
——杜预

杜预不仅提出了打破决陂的办法，还实施了整治办法，对水灾原因的分析和提出的应对策略是前所未有的一种新的观点，标志着中国在魏晋南北朝时期的水利工程兴建已着手考虑利弊得失，进行统筹规划。杜预主张以决陂来解决

水灾和农业生产的思想，是中国农业史上第一次综合考虑农田水利工程的蓄水和排涝问题，是对农田水利工程与生态环境关系认识的深化。认识到自然灾害并非仅仅是由于自然的原因，其中很大程度上是人为对自然的破坏所造成的，这可以说是杜预在农业生产乃至人地关系方面的一个突出贡献。

杜预在淮泗地区决陂防治水患、发展农业生产的同时，还率领民众整修了钳卢陂、六门堰等水利工程。钳卢陂、六门堰是汉元帝时南阳太守召信臣兴办的水利工程。据史料记载：起水门提阏凡数十处，以广灌溉，岁岁增加，多至三万顷，民得其利，蓄积有余。当时召信臣还制订了"均水约束"的灌溉用水制度。后来灌溉面积减少至五千顷。东汉建武七年（31）南阳太守杜诗又加以修缮。到杜预时因年久失修，灌溉湮废。为了恢复这些水利工程的重要作用，杜预引湍水、淯水灌田，使一万余顷农田受益，并制定了分疆刊石，形成了定分的分水制度。杜预还组织民力开凿了从扬口到巴陵的运河，使夏水和沅、湘两水直接连通，既解决了长江的排洪问题，又改善了荆州南北间的漕运。杜预的政绩受到了当地人民的赞扬，被老百姓称为"杜父"。

云南出土陂塘模型

制作连机碓

杜预十分重视农业发展，不仅重视农田水利建设，对发明农业机械、提高农业生产效率也十分在行。据傅畅《晋诸公赞》记载：征南杜预作连机碓，说的就是杜预在农业机械方面发明有连机碓。元代王祯《王氏农书》、明代著名农学家徐光启《农政全书》、明董斯张《广博物志》均记载有杜预作连机碓。

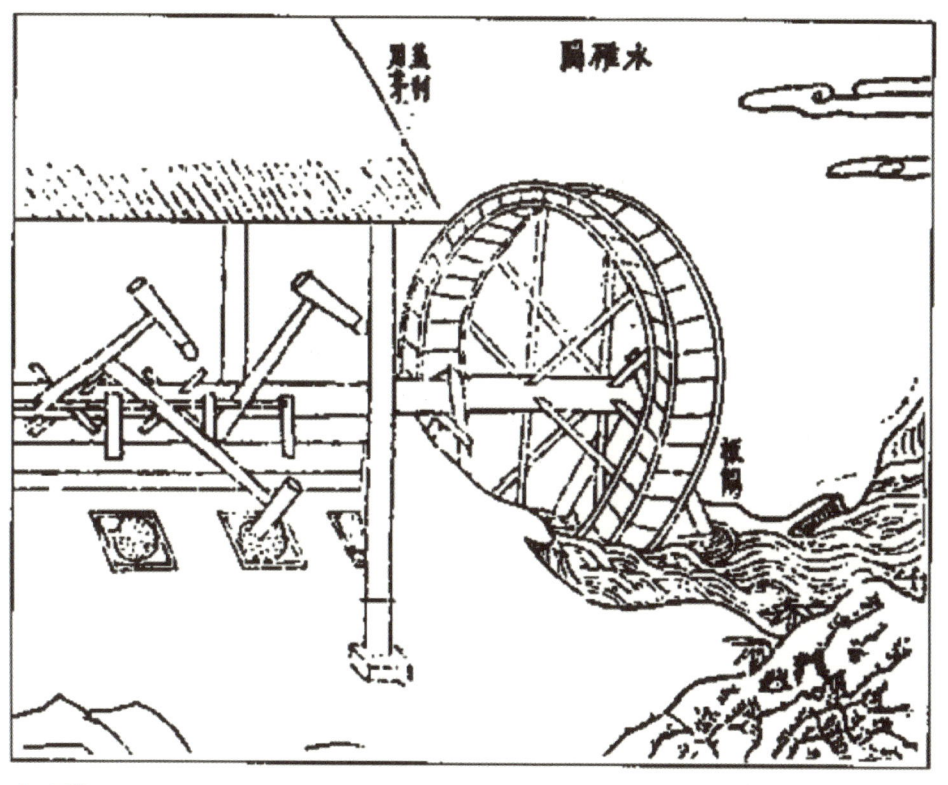

水碓图

据后人研究认为，连机碓是古代用水轮驱动的多碓式舂米机械。《晋书》记载：今人造作水轮，轮轴长可数尺，列贯横木，相交如枪之制。水激轮转，则轴间横木，间打所排碓梢，一起一落舂之，即连机碓也。连机碓的原动轮是一个大型卧式水轮，轮轴上装有一排互相错开的拨板，用以拨动碓杆，十几个碓头相继舂米。一个连机碓能带动好几个石杵一起一落地舂米，从而提高了谷物加工的效率。洛阳一带，由于使用了连机碓来加工谷物，生产效率大大提高，使这一地区的米价下跌。连机碓不仅用于粮食加工，还用于舂碎香料、陶土等。到东晋时，连机水碓已经被广为应用，一直到20世纪20年代后才逐渐为柴油机碾米机所替代。显然，杜预发明连机碓对中国古代乃至近代的谷物加工作出了重要贡献。

杜预墓

　　太康五年（284）闰十二月，杜预被征调朝廷任司隶校尉，途经邓县，突然病故，终年63岁。

　　杜预留给后人还有许多科学发明，如制造人排新器，并复制出久已失传的欹器，即一种灌溉用的汲水罐器。为了解决洛阳的交通问题，力排众议，主持修建了富平津大桥。杜预在天文学方面的成就是发现当时通行的历法不合晷度，经过计算纠正了其中的差舛，修订出《二元乾度历》。历经验证，终于取代时历，通行于世。另外，杜预还兴建常平仓，调整谷价，管理盐运，制定税赋和建置边防，指挥造桥，兴修水利等，在军事、经济、历法、机械制造、地理学等方面都有成就，对法律也有见解，是一位难得的科学全才。

擅长医道的西晋太医令

王叔和
Wang Shuhe
（西晋医学家，生卒年不详）

王叔和是西晋医学家。名熙。生活于约公元3世纪，高平（今山西高平）人。一说山东巨野（今山东济宁）人。也有记载说，在高平王寺村地方，至今保存有王叔和的药碾、碌碡、舂药的石臼。石臼上有晋泰始三年（267）题记，认为是王叔和制药石室的史迹。

史书记载，王叔和自小性情沉静，喜爱博览群书。及至成人，已经贯通经史百家，尤其擅长医道，精通诊切，洞识养生之道，深晓疗病之说。清代有学者还认为，王叔和是张仲景之亲授弟子。

太医令

王叔和侨居荆州时，开始对中医学产生兴趣。张仲景有一名弟子，名叫卫汛，也在荆州，医术高明，王叔和与卫汛十分要好，为此，对医学发生兴趣，并深受其熏染，立志钻研医道。之后王叔和潜心研读历代名医著作，虚心向有经验的名医求教，博采众长，医术日精，名噪一时。王叔和后又担任过王府侍医、皇室御医等职，最高职务是晋武帝时的太医令。

在做太医令期间，王叔和十分重视医药事业，潜心研究中医学，在提高自己医术的同时，整理和搜集了前人在医学事业上的伟大成就，王叔和以自己严谨的治学态度，以及长期积累的临床体会和见解，对古代中医学事业的发展作出了卓越的贡献，终于著成了脉学专著《脉经》，整理研究了前代医学文献名著《伤寒杂病论》。

撰《脉经》

望、闻、问、切是中国中医诊断学的四诊。切，也就是号脉，是四诊中的重要组成部分，是中医学的独特诊断方法，脉象在诊断中占有非常重要的参考意义。史书记载，脉学在中国起源很早，扁鹊就常用切脉方法诊断疾病。但直到晋代，切脉并不被医家所重视，常常导致临床诊断不明，不利于治疗。对这一现象，张仲景在《伤寒论》自序中也有过批评。对此，王叔和十分重视，为了解决一些医者缺乏脉学知识，在治疗过程中正确应用切脉诊断病情，立志写一步关于脉学的专著。

王叔和首先认真搜集和整理了前代医学家们关于切脉的经验与论述，集扁鹊、淳于意、张仲景、华佗等人的脉学论述，如《内经》《难经》等，加以吸收研究，并加上自己的临床体会和见解，终于写出了著名脉学专书 ——《脉经》。

内关（手厥阴）→ 通阴维 ┐
公孙（足太阴）→ 通冲脉 ┘ 合于心、胸、胃

后溪（手太阳）→ 通督脉 ┐ 合于目内眦、颈
申脉（足太阳）→ 通阳跷 ┘ 项、耳、肩胛

列缺（手太阴）→ 通任脉 ┐ 合于胸、肺、膈、
照海（足少阴）→ 通阴跷 ┘ 喉

外关（手少阳）→ 通阳维 ┐ 合于目外眦、颊、
临泣（足少阳）→ 通带脉 ┘ 颈、耳后、肩

《脉经》

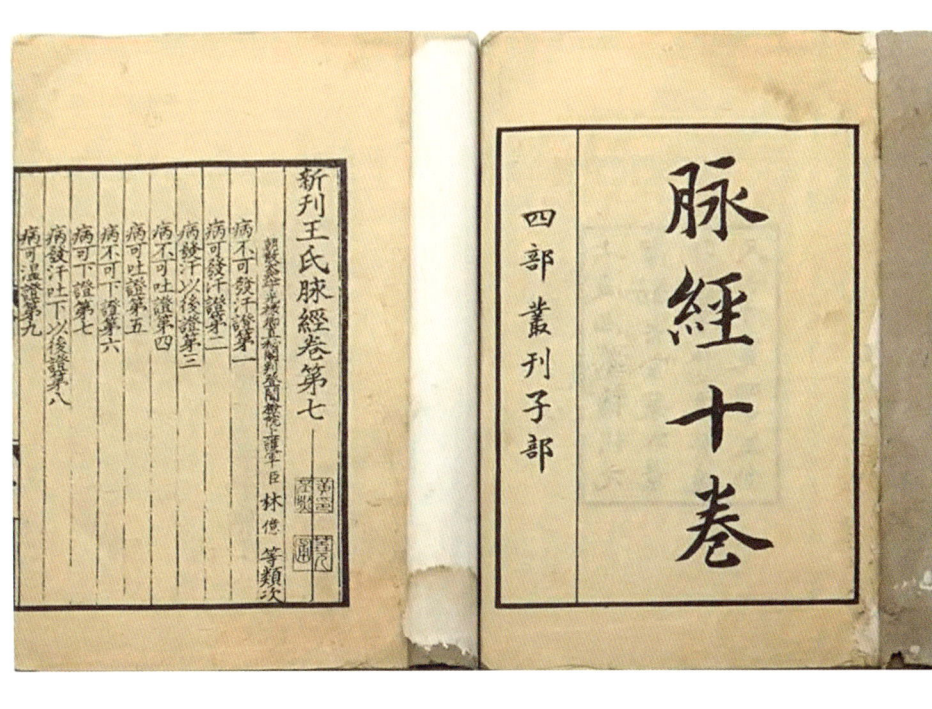

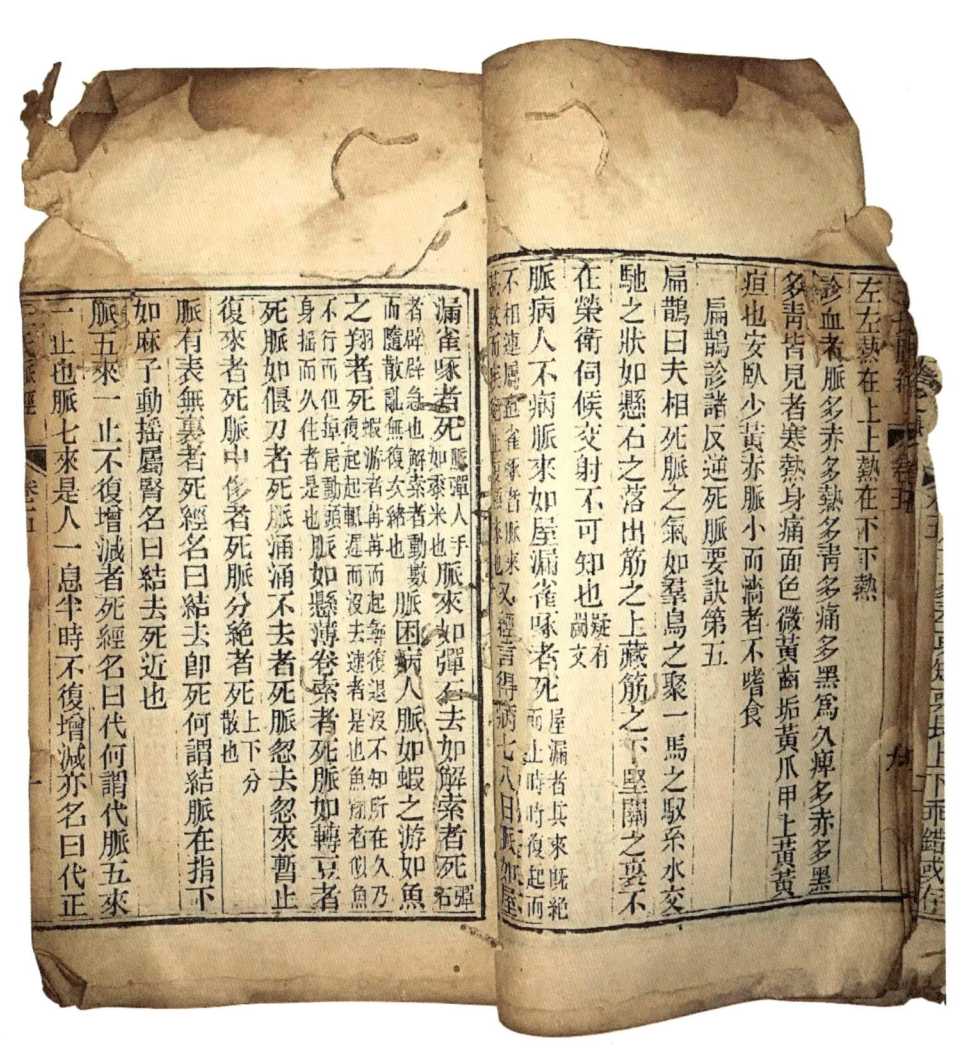

在《脉经》中，王叔和对脉学的相关问题进行了细致的描述和深刻阐释，将脉象分为24种，其中对于每一种脉在医家指尖下的特点、代表病症等，都描述得十分贴切，语言生动准确，非常实用。他把正常人的平脉脉象和病人的脉象做了比较和区别，列举了八项相类的脉象，成为切脉分辨的依据。还对各种疾病脉证、妇人脉证以及小儿脉证都加以阐释论述。

王叔和系统论述了脉学理论知识和切脉诊断的部位和方法。王叔和之前的号脉，分三部九候，三部指的是人迎（气管双侧的颈动脉）、寸口（手臂外桡侧动脉）、跌阳（足背动脉）。每一部三候脉，共九候。号脉过程烦琐，尤其是还要求患者解衣脱袜，不太方便。对此，王叔和将诊脉法归纳整理，又大胆创新，总结出切脉时仅仅用察看双侧的寸口脉，便可以准确地诊断病人的整体状况。这种切脉被称为"独取寸口"的寸口脉诊断法。

寸口脉诊断法，不是简单的号脉部位的改变，它需要丰厚的医学知识和大量的临证经验，需要有对医理深刻的推衍经验和临床实践。王叔和创制的寸口脉诊断法一直沿用至今，得到几千年的实践检验，这样的卓越贡献证明王叔和不仅具有超常的天赋，而且付出了常人不能做到的努力。

王叔和强调诊脉时要注重患者的年龄、性别、身高、体型、性格等不同因素，根据具体病例诊断。指出在心易了，指下难明，成了千百年来医家教授和学习脉学时的"警世之言"。

《脉经》不但推动了中医学的发展和进步，对世界医学的发展也有过重要的影响，《脉经》在6世纪时已传到朝鲜、日本。10世纪前后，中国和阿拉伯是世界的两大医学强国，但阿拉伯医学中的脉学内容，有不少是直接引进的中国脉学而丰富和发展起来的。17世纪后，《脉经》还被译成多种文字流传欧洲。

修《伤寒杂病论》

王叔和在任太医令时，十分关注对前代医学经验的继承与医学文献的整理、传承，尤其希冀将与自己时代相距最近的张仲景的医学成就发扬光大。

而当时的现实是由于战乱和不注意保存医学资料，就连问世不久的张仲景的《伤寒杂病论》，已经或散落佚失，或残缺不全，更别说较前的医学著述了。王叔和深知《伤寒杂病论》在医学方面的伟大价值，开始不遗余力在各地搜集张仲景的医学旧论和原版的《伤寒杂病论》，加以整理研究和编排，分为《伤寒论》和《金匮要略》两部分。《伤寒论》的内容基本以传染性疾病的辨证论治为主，而《金匮要略》则记述一般杂病之脉因证治。前者保存较为完整，基本保存下来了，就是我们今天所能看到的《伤寒论》，而后者保存留传十分不易。

关于专述杂病部分的《金匮要略》，直到唐代的时候，才被人发现，其中的一部分内容正与《伤寒论》相同，另外还有一些内容，是论述杂病的体例，虽尚未见诸于世，但其写法却与《伤寒论》极为相似。从形式上来看，这本小册子是一种摘抄本，并非完整的内容。于是人们将伤寒部分的内容删去，将杂病部分整理归纳，取名《金匮要略》。虽然只是不完整的内容，但这部分关于杂病的论述，为后世医家处理许多棘手的医学问题提供了极大的帮助，而王叔和对《伤寒杂病论》的整理使得该书能够流传至今，为后世留下了宝贵的文献资料，否则我们今天也许就很难知道张仲景在医学上的成就。

王叔和卒于湖北新州，墓至今还保存着，称为"药王墓"，并有"药王庙"供奉其塑像。

古代化学医学家

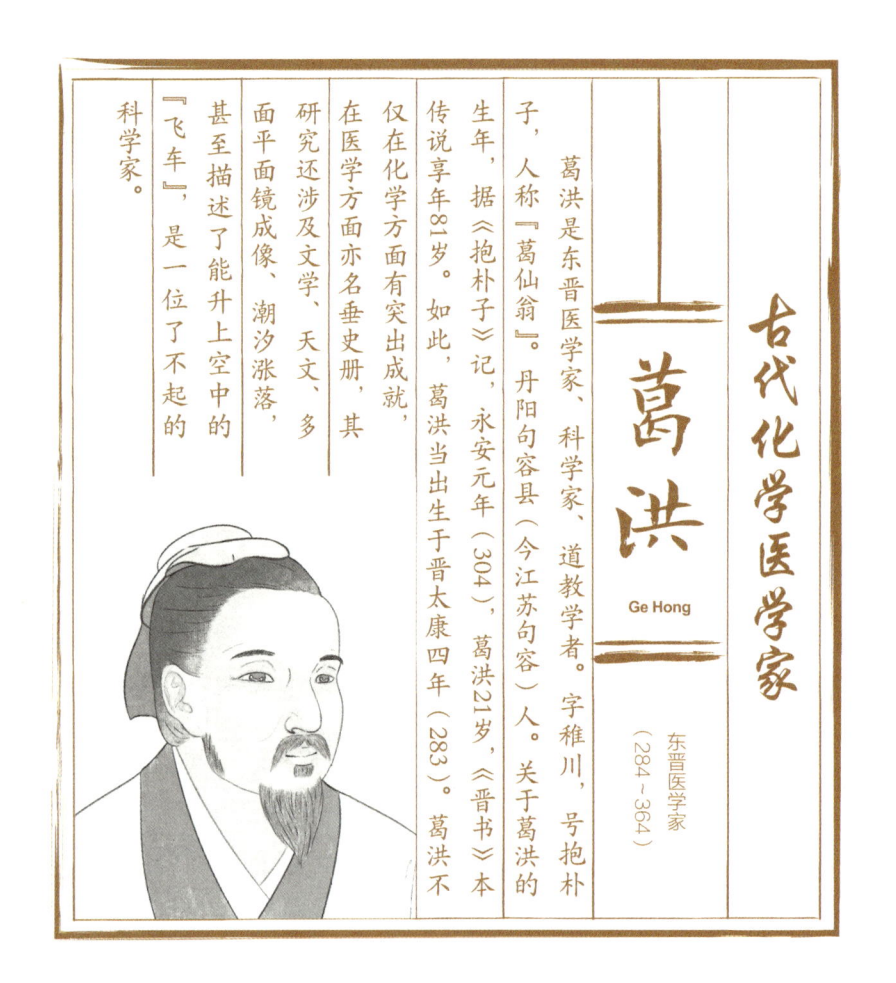

葛洪
Ge Hong

东晋医学家
（284~364）

葛洪是东晋医学家、科学家、道教学者。字稚川，号抱朴子，人称"葛仙翁"。丹阳句容县（今江苏句容）人。关于葛洪的生年，据《抱朴子》记，永安元年（304），葛洪21岁，《晋书》本传说享年81岁。如此，葛洪当出生于晋太康四年（283）。葛洪不仅在化学方面有突出成就，在医学方面亦名垂史册，其研究还涉及文学、天文、多面平面镜成像、潮汐涨落，甚至描述了能升上空中的"飞车"，是一位了不起的科学家。

喜神仙导养

史书记载，葛洪自幼喜读儒家经典，博览群书。因父亲去世早，家道中落，经常靠贩樵换取笔墨。太安二年（303），任将兵都尉，后迁伏波将军。后应广州刺史嵇含之邀，前往担任参军、先遣。嵇含被杀后，葛洪滞留广州多年。建兴四年（316），还归桑梓。东晋开国，赐爵关内侯，食句容之邑二百户。咸和初，被东汉丞相王导招为主簿，升为司徒掾、谘议参军等职。后干宝推荐葛洪为散骑常侍等，被葛洪婉言谢绝。葛洪心系炼丹，无意仕途。听说交趾地方出产丹砂，上书请封为句漏（今广西北流）令，率子侄同行。行到广州，被刺史邓岳挽留，于是就在罗浮山隐居下来，从事炼丹。

葛洪十分喜爱神仙导养之法，仰慕名师。为此，不怕险远，不耻下问。曾拜葛玄的弟子郑隐为师，颇受器重。据说，郑隐有弟子50余人，唯传授给葛洪炼丹之术，以及秘籍《三皇内文》和《枕中五行记》，受到道教思想的深刻影响。

葛洪在广州期间，因深感世间荣誉、地位和利益犹如寄客，有若春华，须臾凋落。得之不喜，失之安悲？于是绝弃世务，锐意于松乔之道，服食养性，修习玄静。其间，拜于南海太守鲍靓门下，修习道术，深得鲍靓器重。鲍靓精于医药和炼丹，见葛洪年轻有为，虚心好学，不但把技术毫无保留地传授给葛洪，并且把精于医学、擅长针灸之术的女儿鲍姑也嫁给了葛洪。从此葛洪在罗浮山炼丹，优游闲养，著书立说不辍。罗浮山为道教"第七洞天"所在地，现尚存葛洪炼丹时所用的洗药池等胜迹。

《肘后备急方》

葛洪治学严谨，几十年如一日，自经史百家到短杂文章，读书近万卷。把自己炼丹的实践体会和前人的经验，在批判继承的同时给予发扬光大。葛洪在撰述医学名著《肘后备急方》时，就孜孜不倦地阅读了张仲景、华佗等名家的医书和百家杂方近千卷。按照葛洪自己的话来说，收拾奇异，捃拾遗逸，选而集之。《肘后方》3卷，是《肘后备急方》的简称，又名《肘后救卒方》，被称为中国最早的"医疗救急手册"。

葛洪以其敏锐的观察力，在《肘后方》中记载了对各种病症长期观察的结果，其中有许多是医学文献中最早的记录。从中可以找到葛洪临床观察的病例。例如，对沙虱病即恙虫病的记载：山水间多有沙虱，甚细，略不可见。人入水浴，及以水澡浴，此虫在水中著人身，及阴天雨行草中，亦著人，便钻入皮里。这类病例的临床反应是：初得之皮上正赤，如小豆黍米粟粒，以手摩赤上，痛如刺。三日之后，令百节强，疼痛寒热，赤上发疮。此虫渐入至骨，则杀人。

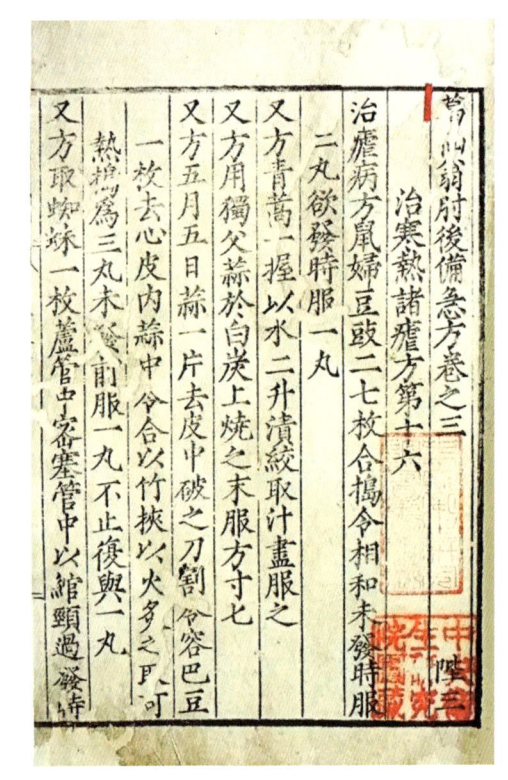

《肘后备急方》

> 不学而求知，犹愿鱼而无网焉；心虽勤而无获矣！——葛洪

约20世纪20年代，沙虱病的病原在国外才逐渐发现，是一种比细菌小得多的"立克次氏体"，并弄清了携带病原的小红蜘蛛的生活史。而葛洪在约1700年前，在没有显微镜的情况下，就指出沙虱病是由一种形似小红蜘蛛的恙虫的幼虫（恙螨）做媒介而传播的急性传染病，流行于东南亚、东南沿海各省及台湾。把沙虱病的病原、病状、发病的地点、感染的途径、预后和预防，研究得十分清楚，与今天临床所见竟无二致，这不能不说是了不起的事。

《肘后方》中还记载了一种叫瘐犬咬人引起的病症。得这种病的人非常痛苦，只要受到一点刺激，听到一点声音，就会抽搐痉挛，甚至听到倒水的响声也会抽风，因此有人把这种病叫作"恐水病"。葛洪经过仔细观察和实践，创造性地应用狂犬的脑敷贴在被咬伤的创口上，治疗病症。直到19世纪80年代，法国微生物学家巴斯德从狂犬脑中提取含有病原的提取液，反复减毒后用于治疗狂犬病患者，证明了狂犬脑提取物可用于制造抗狂犬病疫苗。

《肘后方》中对天花症状、结核病等的记载，都是医学文献中最早的记录。葛洪不仅明确记载了病状和发病过程，而且还明确无误地指出它们的传染性。

著《抱朴子》

葛洪不仅在文学、医学、道学上有卓越的贡献，在制药化学上有许多重要的发现和创造。在其等身的著作中，《抱朴子》是流传至今的重要的一部综合性的著作。

《抱朴子》分内篇20卷和外篇50卷。总体思想主要是继承并改造了早期道教的神仙理论，以神仙养生为内，儒术应世为外，一面把道家术语附会到金丹、神仙的教理，一面坚持儒家的纲常名教思想，并对魏晋以来玄学清谈风气提出了自己的看法，主张文章、德行并重，立言当有助于教化。内篇中的《金丹》和《黄白》在中国古代科学史上占有重要的地位。

葛洪在罗浮山炼丹实践中，日夜厮守丹炉，进行了许多反复实验，认识了物质的某些特征及其化学反应。同时把炼丹术具体化、系统化，系统地总结了晋以前的炼丹成就，具体地介绍了一些炼丹方法，记载了大量的古代丹经和丹法，勾画了中国古代炼丹的历史梗概，也为我们提供了原始实验化学的珍贵资料。

葛洪做过汞与丹砂还原变化的实验，在书中写道：丹砂烧之成水银，积变又还成丹砂。我们知道，丹砂，又叫朱砂，就是红色的硫化汞。这种物质加热后，就会分解出汞，也就是俗称的水银。汞再与硫化合，又生成红色硫化汞。葛洪记述的硫化汞这种化合反应物质，可能是人类最早用化学合成法制成的产品之一，是炼丹术在化学上的一大成就。

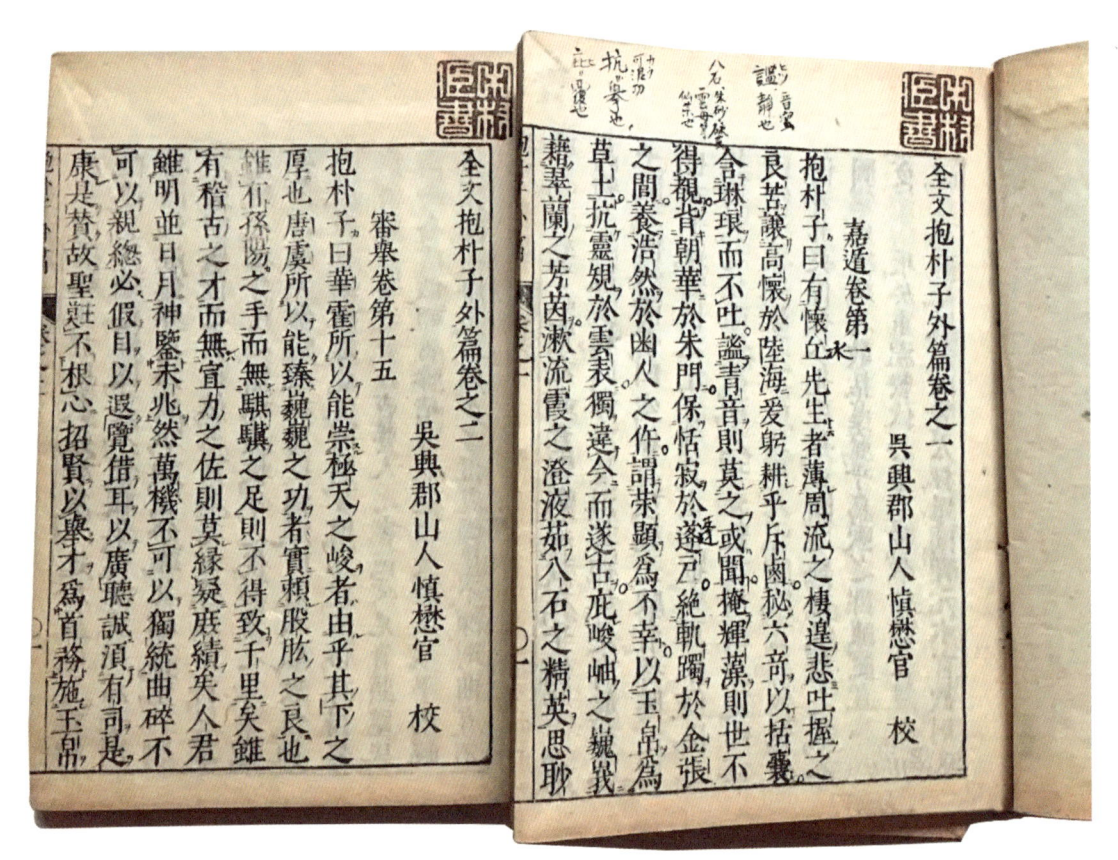

康熙三十八年和刻本，葛洪《抱朴子》

葛洪还在实验中发现了多种有医疗价值的化合物或矿物药。至今中医外科普遍使用的"升丹""降丹"等，正是葛洪在化学实验中发现的药物。葛洪的炼丹术，后来传到了西欧，也成了制药化学发展的基石。

葛洪一生孜孜实践，勤奋著作，约有成果530卷。他对苦读常常流露出得意之情，说：孜孜而勤之，夙夜以勉之，命尽日中而不释，饥寒危困而不废，岂以有求于世哉，诚乐之自然也。为后人树立了追求事业的乐观豁达精神。

搜练古今的科学家

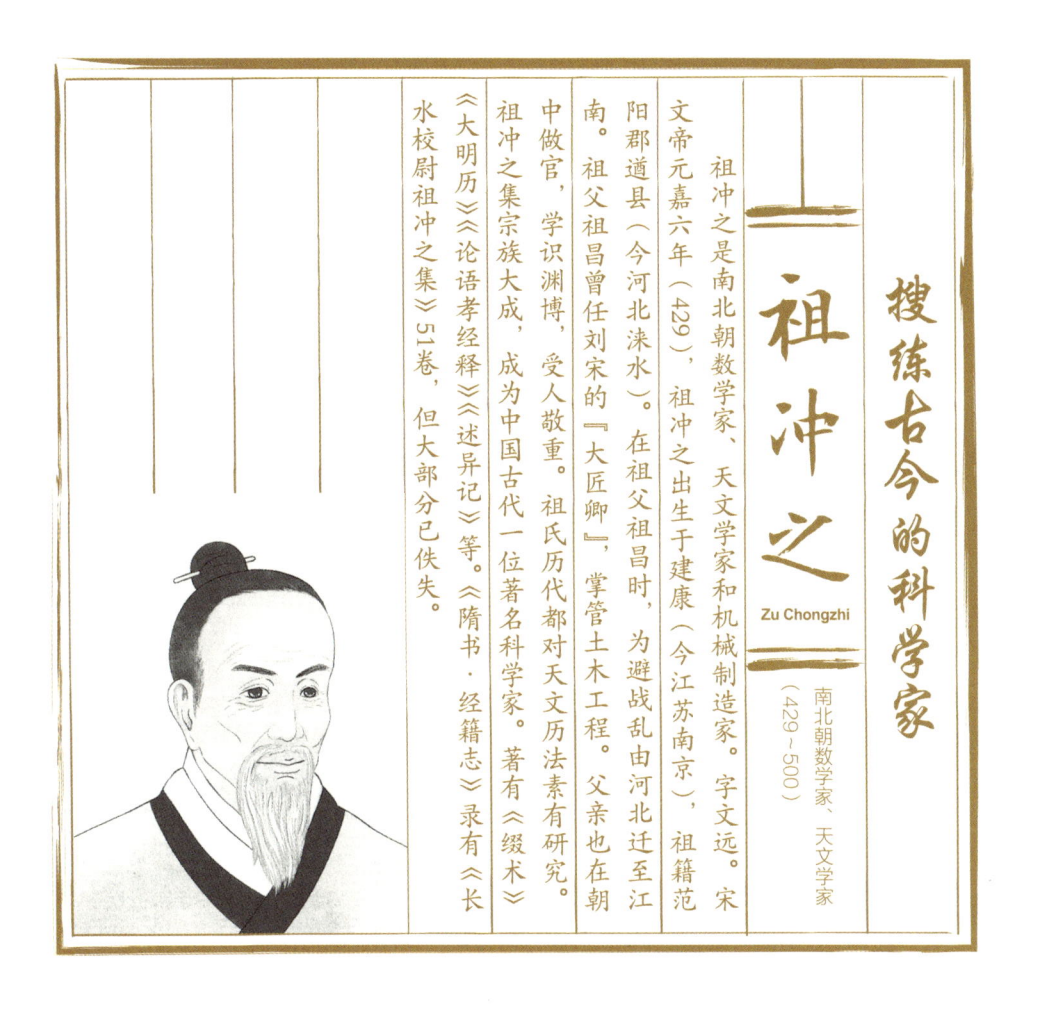

祖冲之

Zu Chongzhi

(429~500)

南北朝数学家、天文学家

祖冲之是南北朝数学家、天文学家和机械制造家。字文远。宋文帝元嘉六年（429），祖冲之出生于建康（今江苏南京），祖籍范阳郡遒县（今河北涞水）。在祖父祖昌时，为避战乱由河北迁至江南。祖父祖昌曾任刘宋的"大匠卿"，掌管土木工程。父亲也在朝中做官，学识渊博，受人敬重。祖氏历代都对天文历法素有研究，祖冲之集宗族大成，成为中国古代一位著名科学家。著有《缀术》《大明历》《论语孝经释》《述异记》等。《隋书·经籍志》录有《长水校尉祖冲之集》51卷，但大部分已佚失。

博学多才

生活在书香世家的祖冲之自幼接触天文、数学知识，博学多才，名声显赫，尤其擅长数学，但对古人的研究成果并不迷信，亲于实践，敢于创新。按祖冲之自己的话来说："臣少锐愚一尚专攻数术，搜练古今，博采沈奥。唐篇夏典，莫不揆量，周正汉朔，咸加该验。……此臣以俯信偏识，不虚推古人者也。"当宋孝武帝听说祖冲之的才能后，诏令到"华林学省"从事天文数学等的研究，使得祖冲之的科学技术知识得以发挥。

祖冲之不仅在古代科学技术知识方面有卓越的贡献，还是一名称职的官员。刘宋大明五年（461），祖冲之先后任南徐州（今江苏镇江）刺史府从事参军，三年后任娄县（今江苏昆山东北）令。刘宋末年，祖冲之回到建康任谒者仆射。南朝齐建立后，担任长水校尉。面对战乱不休的社会局面，关心国事的祖冲之撰写《安边论》，建议朝廷开垦荒地，发展农业，安定民生。祖冲之著述很多，但大多都已失传。祖冲之是一位中国古代少有的博学多才的人物。

祖冲之与修《大明历》

祖冲之在天文历法方面的成就，大都包含在所编制的《大明历》及为《大明历》所写的《驳议》中。祖冲之以前，由于忽略了岁差，所以使用的历法并不准确，后人一再加以改进。而岁差的发现为历法的改进和进一步精确提供了前提条件。岁差是东晋一个叫虞喜的人发现的。虞喜之前的天文学家还没有发现"天周"和"岁周"的区别，以为太阳运行一周也称天周，就是岁周。而虞喜观察到太阳从头年冬至运行到次年冬至，并没有回到原来的冬至点上，而是每50年向西移动1度，这种天周与岁周的差就叫岁差。这与现今科技测量的太阳每71年8个月向西移动1度虽然差别很大，但在当时已经是很了不起的成就。

《大明历》是第一部将岁差引入历法的创新历法。祖冲之为了证明岁差理论，提出了用圭表测量正午太阳影长以定冬至时刻的方法。亲自用圭尺测量、观察，真可谓：目尽毫厘，心穷筹测。经过无数次的观测，测得岁差为45年11月差1度，证实了岁差的存在，并首次运用到天文历算当中，对古代历法进行了一次重大改革。于宋孝武帝大明六年（462）制定了中国历法史上著名的新历——《大明历》。

在《大明历》中，祖冲之区分了回归年和恒星年，根据计算，确定一个回归年为365.24281481天。祖冲之所测回归年与近代科学测量的天数相差不到50秒，直到南宋宁宗庆元五年（1199）启用《统天历》以前，它一直是最精确的数据。祖冲之对闰法做了新

《大明历》

《隋书》中关于《大明历》的记载

的调整，采用391年置144闰的新闰周，比以往历法采用的19年置7闰的闰周更加精密。

祖冲之还定交点月日数为27.21223日，而今天所测为27.21222日。交点月日数的精确测得使得准确的日月食预报成为可能。祖冲之还用《大明历》推算了从元嘉十三年（436）到大明三年（459）的23年间发生的4次月食时间，结果与实际完全相符。

祖冲之得出木星每84年超辰一次的结论，即定木星公转周期为11.858年，与今天的实测11.862年十分接近。祖冲之还给出了更精确的五星会合周期，其中水星和木星的会合周期也接近现代的数值。

不过《大明历》在祖冲之生前始终没能采用，直到梁武帝天监九年（510）才正式颁布施行。《大明历》的使用开辟了历法史的新纪元。

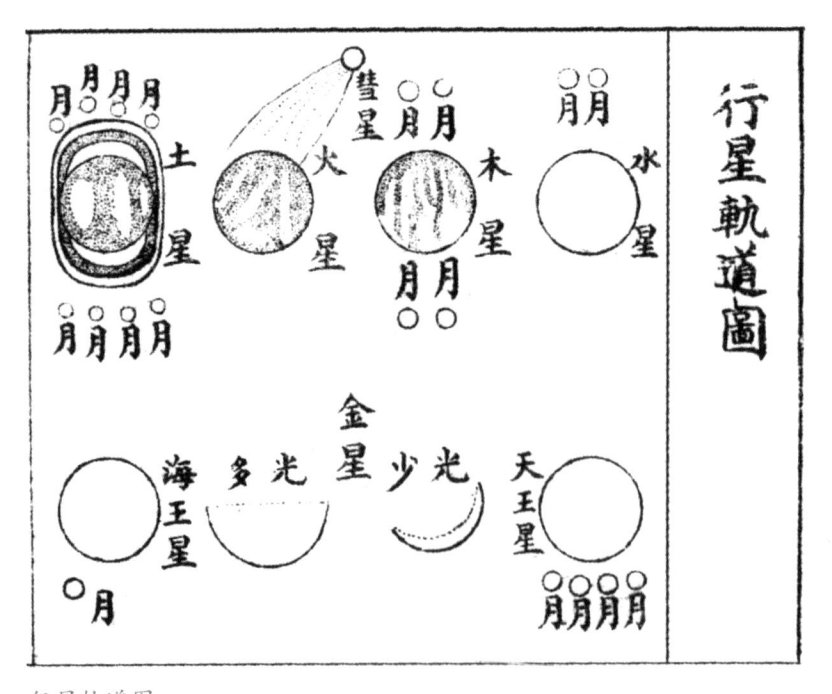

行星轨道图

求圆周率

祖冲之在数学上的杰出成就是关于圆周率的计算。秦汉以前，人们以"径一周三"作为圆周率，后来发现这种圆周率的误差太大。应是"圆径一而周三有余"，但究竟余多少，意见不一。汉代，人们都使用自认为精确的圆周率。直到三国时期，刘徽提出了计算圆周率的科学方法——割圆术，用圆内接正多边形的周长来计算圆周长，才有了比较统一的圆周率。刘徽计算求得 $\pi=3.14$，人称"徽率"，刘徽知道，内接正多边形的边数越多，所求得的 π 值就越精确，为3.1416。

在前人成就的基础上，祖冲之经过刻苦钻研，反复演算，求出 π 在3.1415926与3.1415927之间，是世界上第一个把圆周率准确数值推算到小数点后7位的人。祖冲之还用约率和密率这两个分数来表示圆周率，密率为355/113，约率为22/7。密率是分子分母都在1000以内的分数形式的最接近 π 值的分数，是当时最高成就，比德国的奥托早1000多年。为了纪念祖冲之的杰出贡献，人们把密率称为"祖率"。

祖冲之还与儿子祖暅一起，用巧妙的方法进行了球体体积的计算。他们当时采用的一条原理是：幂势不同，则积不容异。意思就是说，位于两平行平面之间的两个立体，被任一平行于这两平面的平面所截，如果两个截面的面积恒相等，则这两个立体的体积相等。这一原理在西方被称为"卡瓦列利原理"，是在祖氏以后一千多年才由意大利数学家卡瓦列利发现的。为了纪念祖氏父子发现这一原理的重大贡献，大家也称这原理为"祖暅原理"。这一原理是后来创立微积分学不可缺少的一步。

祖暅原理公式：

$$V_Q = \frac{\pi}{4} V_M = \frac{\pi}{4} \times \frac{2}{3} d^3 = \frac{\pi}{6} d^3$$

北京古观象台

　　祖冲之在机械方面也有很大贡献。在水利机械动力的运用方面，祖冲之继承和发扬前人的功绩，创造了水转连碓磨，把水碓和水磨结合起来，提高了工作效率。除此外，祖冲之还发明有以机械为动力的能够日行百里的"千里船"和计时仪器漏壶、欹器等，还改造了诸葛亮发明的木牛流马，创造了一架不因风水、施机自运、不劳人力的运输机械。

　　南齐永元二年（500），祖冲之去世。为了纪念祖冲之的功绩，1967年，国际天文学家联合会将月球背面的一座环形山命名为"祖冲之环形山"，将小行星1888命名为"祖冲之星"。

山中宰相陶神医

陶弘景

Tao Hongjing

(456~536)

南北朝医学家

陶弘景是南北朝医学家。字通明，号华阳隐居。出生于刘宋孝建三年（456），丹阳秣陵（今江苏江宁东南）人。史书记载，陶弘景自幼好学，四五岁的时候，就以芦管代笔学习写字。大概10岁左右，读了葛洪著的《神仙传》，深深被其中思想所折服，昼夜研寻，爱不释手，为以后学道养生打下基础。15岁时，完成了《寻山志》，倾慕隐逸生活。陶弘景一生好思想著述，对于阴阳五行，风角星算，山川地理，方图产物，医术本草，尤有研讨。治政也有独见，有"山中宰相"之誉。

隐居山中

陶弘景喜爱读书，达万余卷，也擅长琴棋书法。一事不知，以为深耻，不到20岁时，已很有学问，与江斅、褚炫、刘俣合称为升明四友。刘宋末年，萧道成任相时，引荐陶弘景为诸王侍读，兼管诸王室牒疏章奏等文书事务。陶弘景有为官之机遇，无为官之志向。别人把为王子做侍读看成是求官腾达的好机会，而陶弘景却无心混迹于仕途，仅以读书、教书为根本任务。不久，陶弘景以家境贫寒为理由，请求改做县令，没有被批准。

齐武帝永明十年（492），陶弘景干脆上表辞官，脱朝服，奏准入句容茅山（又称句曲山）修道。齐武帝赐给布帛等物，又敕命所在州县，每月发给茯苓五斤、白蜜两升。从此，陶弘景隐居句曲山中，自号"华阳陶隐居"。约永明初年，跟随东阳道士孙游岳学符图、经法，后又广搜道经，遂为上清经的重要传人，撰写了大量重要的道教著作，而且还遍历名山寻访仙药，漫游于山水间，吟咏盘桓，流连忘归。不过，陶弘景还是身系国家大事。因与萧衍故交，在萧衍起兵过程中，派弟子前往协助。

天监元年（502），萧衍称帝后，曾多次礼聘陶弘景出山仕官，然而却屡召不至。陶弘景虽依旧隐居山中，但与萧衍间的书信来往不断，萧衍也常前往山中咨询讨教。时人因而称陶弘景为"山中宰相"。天监十三年（514），梁武帝诏敕于茅山为陶弘景建了朱阳馆。天监十五年（516），又为其建太清玄坛，以宣明法教。

陶弘景隐居后更侧重于医药学研究和炼丹、导引养生等。在科学技术方面作出了突出成绩。不过陶弘景隐居前也并非碌碌无为，而且倾心于古书诠释和天文、地理、历算。

句容茅山

炼丹求仙药

服饵炼丹是道教的重要修炼方术。陶弘景隐居山中期间，为求得长生不老仙药，经常潜心研制仙丹。从天监四年（505）至普通六年（525），进行了长达20年的炼丹实践。当时梁武帝也追求长生不老，为支持陶弘景炼丹求仙药，赠给他炼丹的各种原料，如黄金、朱砂、曾青、雄黄等。陶弘景将御赐的原料加以研制，炼出长生不老飞丹，再敬献给梁武帝。时值不惑之年的陶弘景，为了炼丹，还经常外出采药，不避严寒酷暑。为采到给皇后炼丹的"仙药"，不顾严寒登高山野岭，不怕酷暑赴热带雨林，终于炼成"女贞丹"。

陶弘景在获得丰富炼丹经验的基础上，撰写了一批炼丹服饵著作，如《太清诸丹集要》《合丹药诸法式节度》《服饵方》《服云母诸石药消化三十六水法》《炼化杂术》《集金丹黄白方》等。为充实和丰富中国本草学、推动原始化学的进展起到积极作用，是继魏伯阳、葛洪之后又一著名炼丹家。

积德道成，谓之大器，非日可就，故曰晚成。　　　　——陶弘景

值得一提的是，以陶弘景为代表的道士阶层，在炼丹过程中，客观上为中国古代科学技术的发明创造，起到了间接的重要作用。据今人研究，古代道士们在炼丹的过程中，要采用包括铅、石英在内的一些物质作为原料进行烧炼，这些混合物在一定的温度下便会熔融成玻璃状物质。这种技术被使用在制造铅釉陶的过程中。人们把铅与砂、黏土、灰等含二氧化硅的物质混合，经高温化学反应，逐渐掌握其生成铅玻璃物质的形成规律及其特性，发明了铅釉。

在陶弘景的著述中，还保留了大量古代科学技术发明创造的资料。据陶弘景《刀剑录》云：吴王孙权黄武四年（225），采武昌山铁，作千口剑、万口刀，各长三尺九寸，刀头方，皆是南钢越炭作之。这就保留了钢的制造和手工

业发展水平的资料。再如油漆工艺的发明，也多少与炼丹家有关系，人们为了颜色浅淡鲜明的描绘，在天然生漆中掺入荏油。这一重要的信息就是陶弘景记载下来的。

陶弘景在研究阴阳、星算、冶炼、地理、医药诸学过程中，对古代科技多有贡献。

《本草经集注》

陶弘景尽管入道为仙，但对医学和其他多种学问颇有研究。陶弘景生平著述甚富，其中医学类就有《本草经集注》《养性延命录》（今存《道藏》本）、《效验方》《太清草木集要》《太清玉石丹药要集》《药总诀》《肘后备急方》（增补葛洪）、《肘后百一方》等，虽然大都散佚不传，或仅存残篇，但主要内容被收入《证类本草》，得以保存至今。现有日本森立之所辑的《重辑神农本草经集注》7卷、尚志钧辑《本草经集注》版本传世。

陶弘景纂修的《本草经集注》七卷，以世间流传的《神农本草经》为基础，补入魏晋年间诸名医增添的《名医别录》内容，注释整理而成。全书共收药物730种，其中《神农本草经》收录365种，《名医别录》有365种。陶弘景采用统一体例整理各药条文，成为早期经典本草的范本。所有药物按玉石、草木、虫兽、果、菜、米食六大类分别排列，基原不明的或已经不用之药则归入"有名未用"类。陶弘景的这种以药物自然属性分类的特点，比《神农本草经》的三品分类法更具有科学性。同时，陶弘景把自己长期采集仙药过程中的亲历尝试和实践经验付诸注文当中，补充大量有关药物形态、鉴别、产地、效用等内容，补充众多药物制剂、炮炙、采收、剂量等资料，对确定药材品种，保证用药安全均有重要意义。陶弘景在《本草经集注》的序录中设"解百药及金石等毒例"，此为最早之中药解毒专篇。

陶弘景作为一名中医学家，在修道过程中，十分重视道教养生学的研究，主张道士的修炼应从养神、炼形入手。为总结道教在养神、炼形方面的修炼经验，撰写了《养性延命录》一书。强调养神应当少思寡欲，游心虚静，息虑无为，调节喜怒哀乐等情绪，防止劳神伤心；炼形则要饮食有节，起居有度，避免过度辛劳和放纵淫乐，辅以导引、行气之术，方能延年益寿，长生久视。书后附录的华佗五禽戏，是现存最早的五禽戏动作要领的文献。另外在《登真隐诀》中，继承和总结了东晋以来上清派思神内视及导引、按摩等内修养生之术。是专论上清派养生登仙之术的重要著作。这些内容至今仍是强身健体和防止老年病的重要方面。

陶弘景在茅山隐居达45年之久，享年81岁。梁武帝诏赠中散大夫，谥号贞白先生。

《本草经集注》

农业科学家

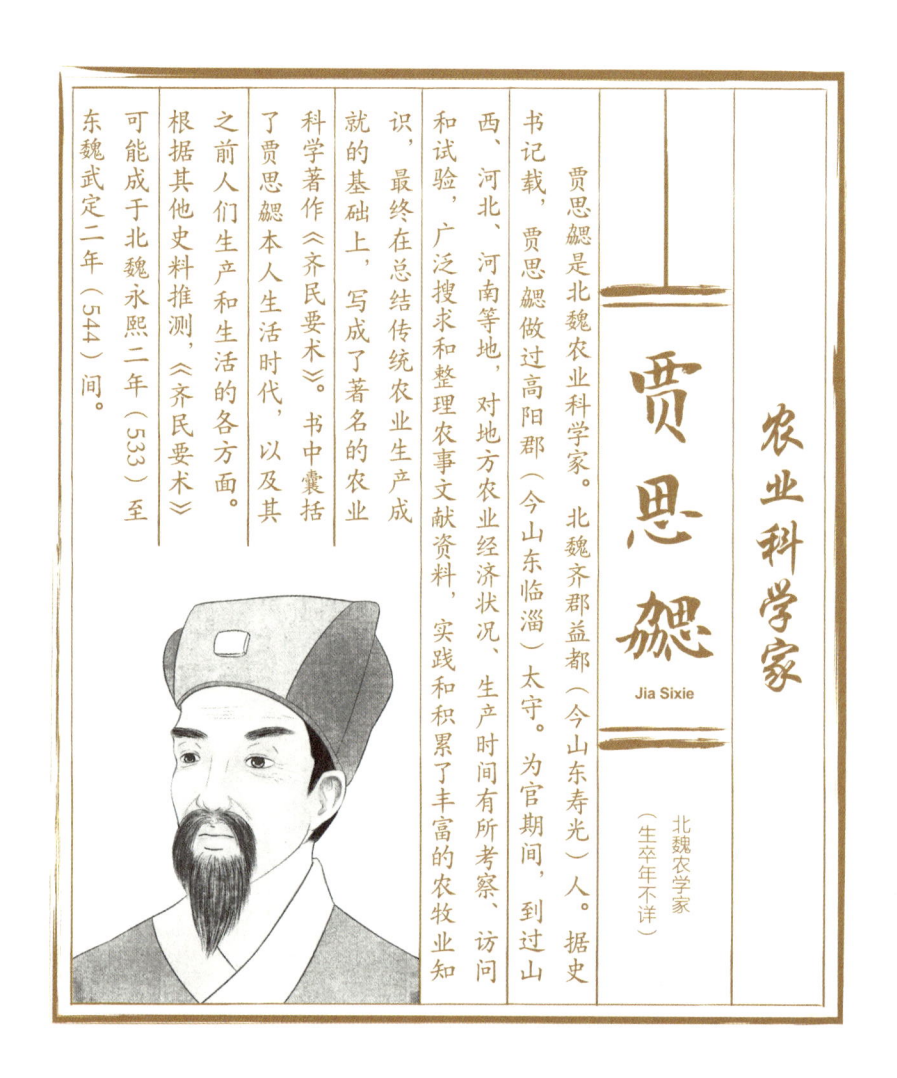

贾思勰
Jia Sixie

（北魏农学家，生卒年不详）

贾思勰是北魏农业科学家。北魏齐郡益都（今山东寿光）人。据史书记载，贾思勰做过高阳郡（今山东临淄）太守。为官期间，到过山西、河北、河南等地，对地方农业经济状况、生产时间有所考察、访问和试验，广泛搜求和整理农事文献资料，实践和积累了丰富的农牧业知识，最终在总结传统农业生产成就的基础上，写成了著名的农业科学著作《齐民要术》。书中囊括了贾思勰本人生活时代，以及其之前人们生产和生活的各方面。

根据其他史料推测，《齐民要术》可能成于北魏永熙二年（533）至东魏武定二年（544）间。

纂成《齐民要术》

《齐民要术》共92篇，分成10卷，正文大约7万字，注释4万多字，共11万多字。还有《自序》和《杂说》各一篇。《齐民要术》引用前人著述150多种，记载农谚30多条。全书包括农作物的栽培，经济林木的生产，野生植物的利用，家畜、家禽、鱼、蚕的饲养和疾病的防治，以及农、副、畜产品的加工、酿造和食品加工以及农具、用品的生产等，几乎所有农业生产活动都作了比较详细的论述，系统地总结了黄河中下游北魏统治区，以及北魏以前农业生产技术的成就，初步建立了农业科学体系，同时还保存了大量珍贵的农事史料。《齐民要术》是一部有很高科学价值的农业百科全

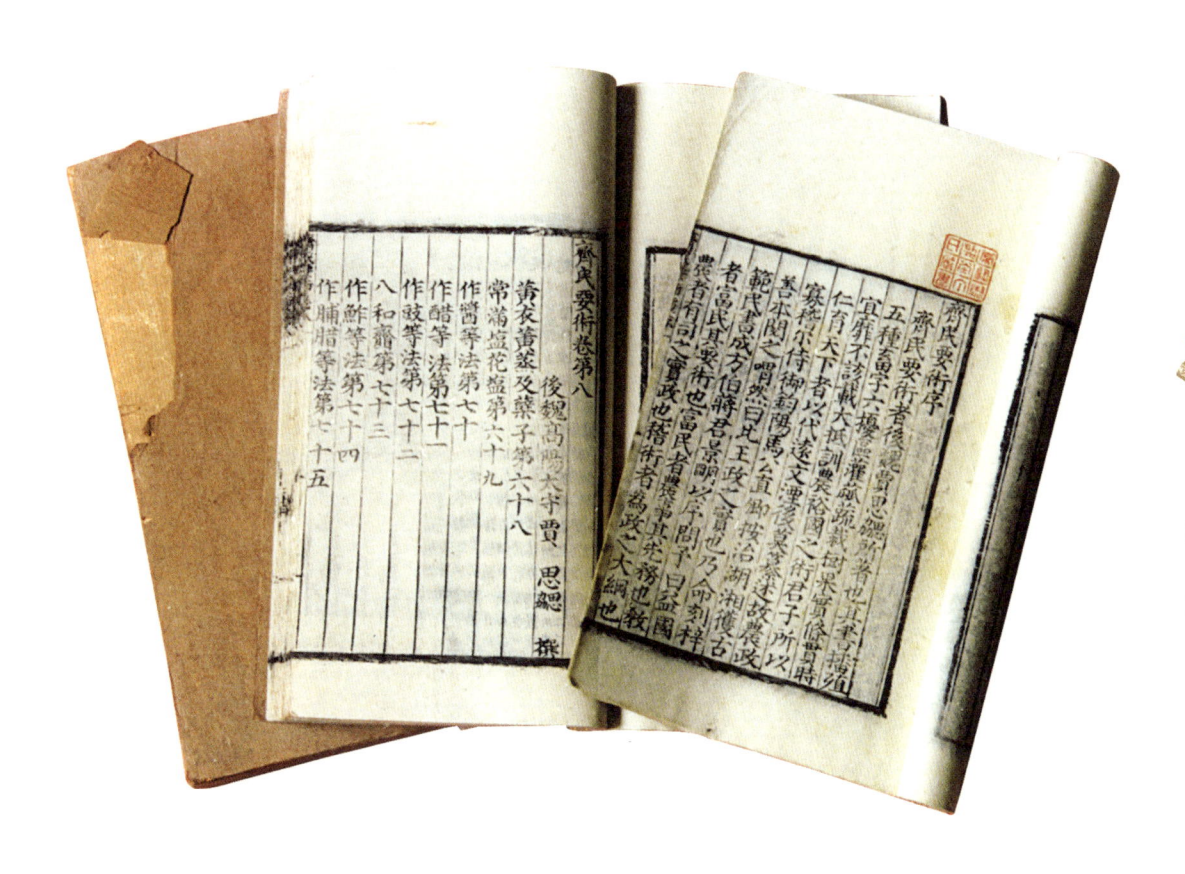

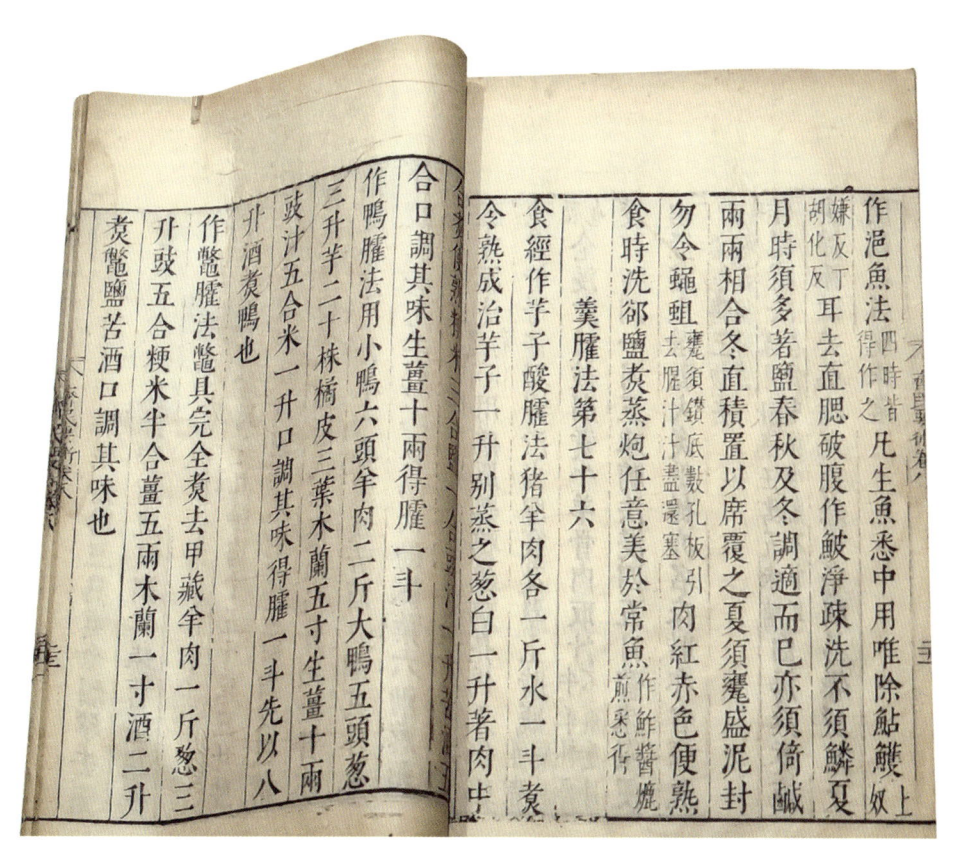

《齐民要术》 北魏、东魏

齊民要術卷第一　　後魏高陽太守賈思勰撰

耕田第一
收種第二
種穀第三

耕田第一

周書曰神農之時天雨粟神農遂耕而種之作
陶冶斤斧爲耒耜鉏耨以墾草莽然後五穀興
助百果藏實世本曰倕作耒耜倕神農之臣也

《齊民要術》 北魏、東魏

齊民要術序終

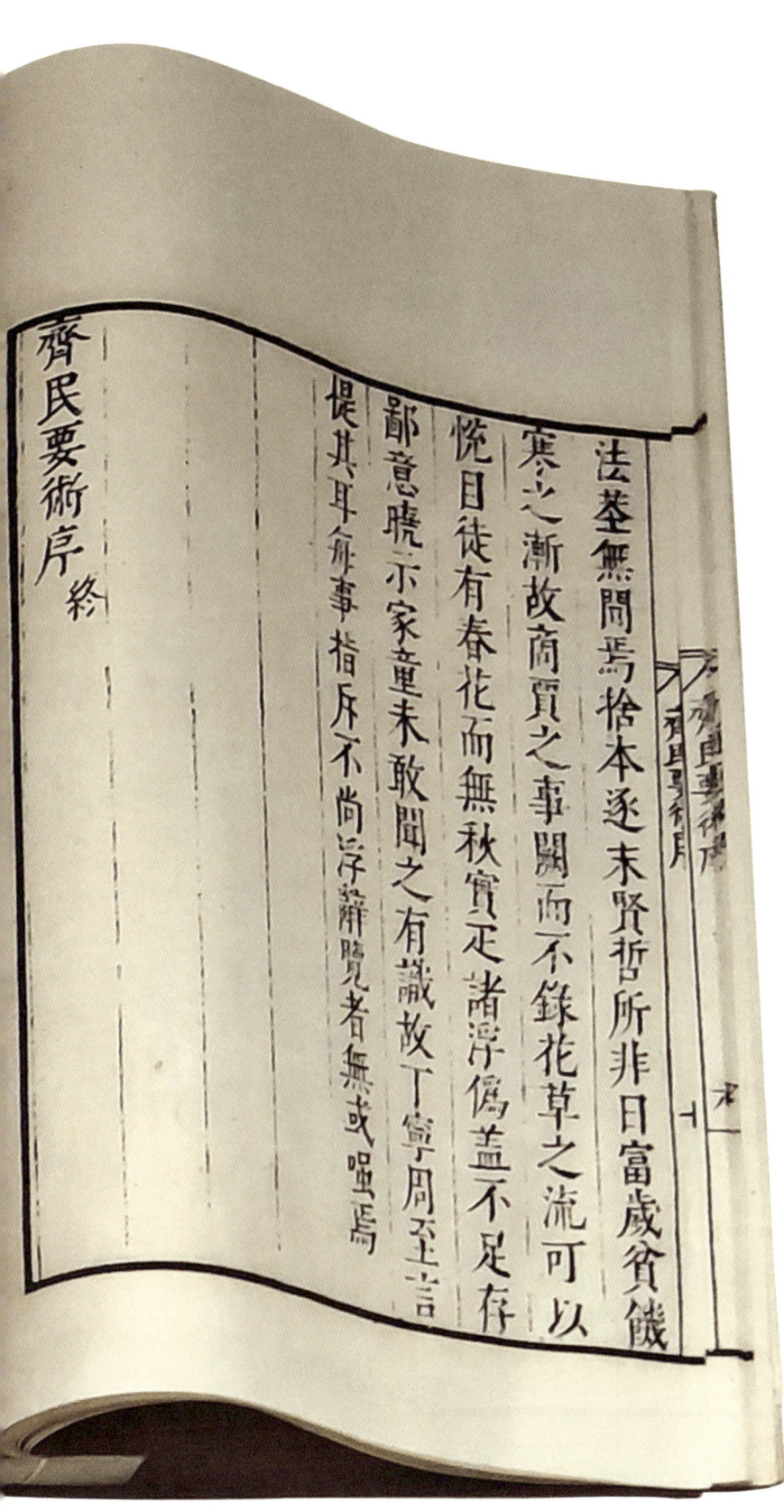

法莖無間焉拾本逐末賢哲所非日富歲貧饑
寒之漸故商賈之事闕而不錄花草之流可以
恍目徒有春花而無秋實定諸浮偽蓋不足存
鄙意曉示家童未敢聞之有識故丁寧周至言
提其耳每事指斥不尚浮辭覽者無或嗤焉

书，也是中国乃至世界上保存下来的最早的一部农业科学著作，在农学方面具有重大意义。

《齐民要术》中渗透了贾思勰济世救民的抱负，认为后人之所以要学习古圣先贤的教导，其根本目的，就是"在安民，富而教之"，要让百姓有安定的生活，使其富足和得到教养。在贾思勰看来，前人在长期的农事活动中积累的丰富经验知识，是益国利民的不朽之术，值得继承和发扬光大。

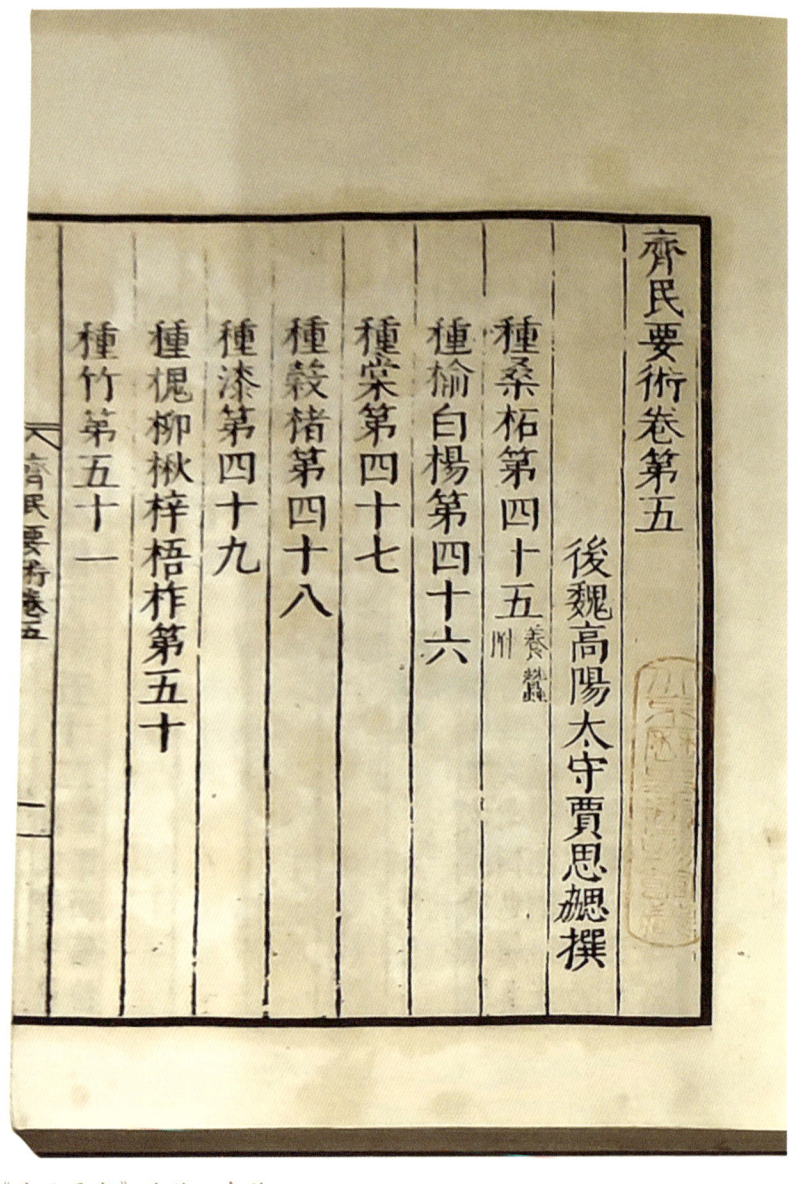

《齐民要术》北魏、东魏

贾思勰不仅十分注重实践经验的归纳与提炼，也很强调农事活动一定要顺天时，量地利。这样就可以达到事半功倍的效果。如果不能遵循客观规律，任情返道，就会劳而无获。在人与自然的关系中，人们对自然资源的利用要适度，一切生产活动都要顺从自然之性，不能违背。所说的"入泉求鱼，登山伐木，手必虚；迎风散水，逆坂走丸，其势难"，就是劝诫人们遵循客观规律、与自然和谐行事的不朽名句。

贾思勰十分重视劳动的作用，尊重劳动的人们，把所纂写的农书就以从事各种生产活动的人们来命名。"齐民"，就是指平民，"要术"，就是指从事生产生活重要事项的技术，《齐民要术》就是齐民生产生活经验的归结。齐民要术就是"起自耕农，终于醯醢，资生之业，靡不毕书"。

建立完整农学体系

贾思勰在《齐民要术》中建立了较为完整的农学体系，对农学类目作了合理的划分，对农事活动有一个完整的交代。从农田开荒到耕种，从农事生产前的各项准备到生产后的农产品加工、附属于农业生产的各种农业手工业、酿造与农产品的利用，从种植业、林业到畜禽饲养业、水产养殖业，论述详细完整，脉络清楚。

顺天时，量地利，则用力少而成功多。任情返道，劳而无获。

——贾思勰

在类目划分上，基本依据每个项目在当时农业生产、民众生活中所占的比例和轻重位置来安排顺序。把土地耕种与种子选留列于首位，记叙了对种子的管理办法，包括种子单选、单收、单藏，以及单种种子田等。强调了选育良种对于提高农畜产品的产量和质量的重要作用。对黄河流域种植的谷种搜集了80多个品种，并且按成熟期、植株高度、产量质量、抗逆性等特性作了比较

科学的分类。还叙述了播种前怎样进行选种、晒种、浸种和用药物或者肥料拌种等种子处理方法，其中不少措施非常巧妙、合理，到今天一直在用。

贾思勰对农田主要禾谷类作物作了重点叙述。豆类、瓜类、蔬菜、果树、药用染料作物、竹木以及檀桑等也给予应有的重视。对北魏疆域以外地区的植物栽培，也予以注释说明，缺乏资料的植物，只保留名目。

贾思勰还初步揭示了生物物种和生态环境的相互联系，描述了生物遗传和变异的关系问题。介绍了许多改变旧的遗传性、创造新品种的经验，涉及人工选择、人工杂交和定向培育等育种原理。在饲养动物方面，贾思勰先介绍马、牛等大牲畜动物，接着叙述羊、猪、禽等家畜类，各类动物都是按相法、饲养、繁衍、疾病医治等项记述。还搜集记载了兽医处方48例，涉及外科、内科、传染病、寄生虫病等方面，如直肠掏结术和疥癣病的治疗方法，现在仍然沿用。也记载了水产养殖情况。

贾思勰对农业技术内容也分篇叙述，而且重点突出，详略适宜。关注了种植、养畜、林、水产、手工加工业间的密切联系，叙述了不同地域农产的结构体系，在中国农业科学技术史上具有首创的意义。以后的《农桑辑要》《农政全书》等大型农书都以其为模式，所载的许多种植、养殖技术原理原则，至今仍有重要的参考借鉴价值。

传播制酒方法

贾思勰在记载和传播以往经验中，十分重视实际调查和实践检验，始终遵循一条基本原则，这就是：采捃经传，爰及歌谣，询之老成，验之行事。所载内容完整可靠，出之有据。《齐民要术》记载了大量的贾思勰亲自从实践中得到的知识，养羊第五十七，记述了自己家中养羊的经验教训。作酢法第七十一中，讲的酿醋方法，也是自己尝试过的事情。

贾思勰记载了农产品手工业加工办法。比如汉魏以来的酿酒方法，为秦汉时期经验的孑遗与总结。其中讲到8种黄酒小麦曲的制作方法及造酒法，其造神麴并酒有5种，造笨麴并酒有2种，造白醪麴并酒有1种。从其记载可知，各种麴的酿酒效率，神麴最高，笨麴最低。还针对低温季节易于降低室温不利发酵的特点，总结了6项保温措施，已含有了微生物学的概念。

在酒的发酵过程中，温度过高，又会使酒过早酸败，所以采取分批投放原料的办法，且将投放的原料想法变冷，采用所谓的"舒使极冷，然后纳之"，使过高的发酵温度降下来。酿酒也有收水法：河水第一好，远河者，取极甘井水，水碱则不佳。明确指出了中性水好，并说取河水时间选在水清洁低温季节。《齐民要术》中，还记载用毛袋漉酒的方法。

贾思勰还记述了高酒度的酎酒。酎酒早在先秦时就已经出现，但由于酒度较低，饮多无妨。可东汉末年以后的酎酒，非常醇厚，竟可以达到"醉死人"的程度。"能饮好酒一斗者，唯禁得半升，"甚至有"三升不浇必死"的记录，即是说，喝过了酎酒不及时解酒是要死人的。

总之，后人在从事农产品加工、酿造、烹调、果蔬贮藏的技术工作时，都可以从《齐民要术》中找到古老的配方与技法。北宋天圣年间被官方刊刻颁发给劝农使者，以指导农业生产。而早在唐末时，《齐民要术》已传入日本。现今世界上已有多种译本出版，并有不少研究此书的著作。

治学严谨的天文学家

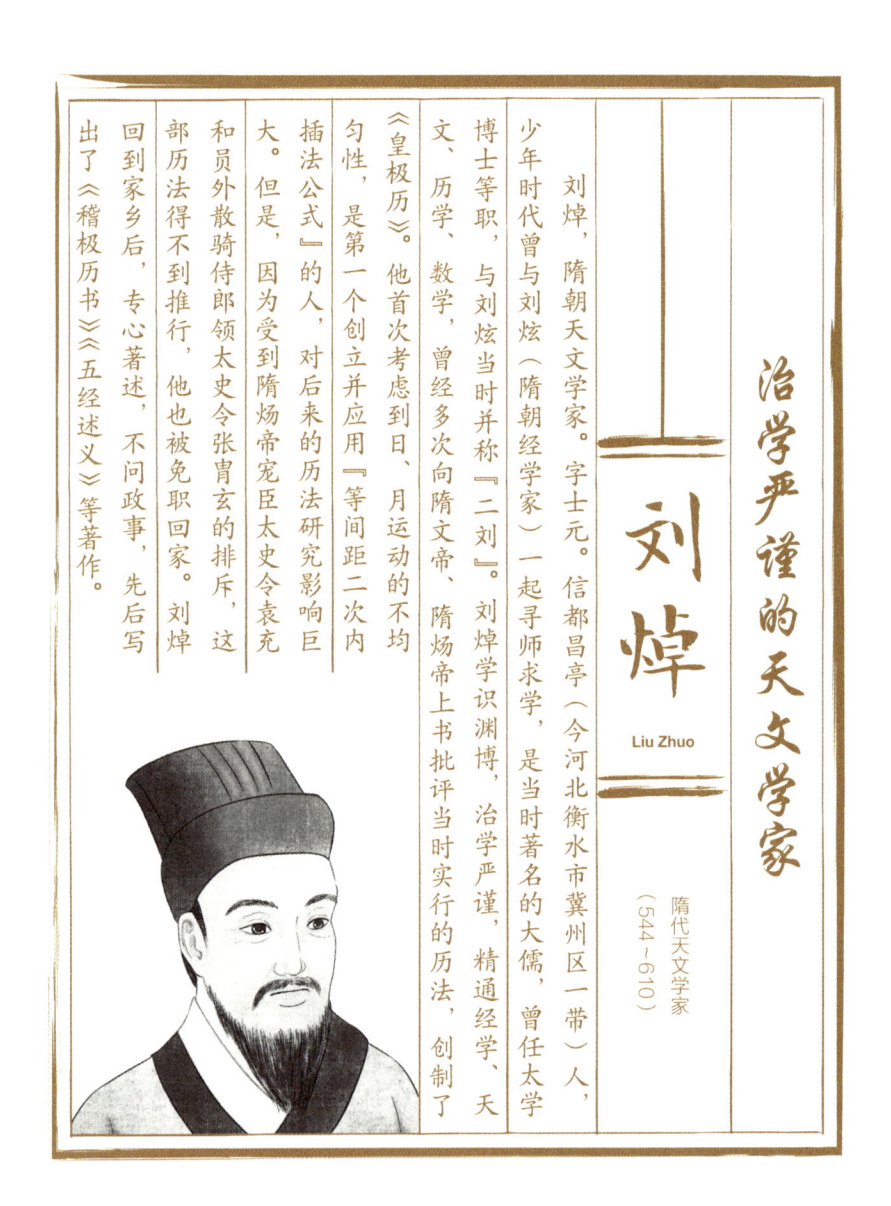

刘焯

隋代天文学家（544～610）

刘焯，隋朝天文学家。字士元。信都昌亭（今河北衡水市冀州区一带）人，少年时代曾与刘炫（隋朝经学家）一起寻师求学，是当时著名的大儒，曾任太学博士等职，与刘炫当时并称"二刘"。刘焯学识渊博，治学严谨，精通经学、天文、历学、数学，曾经多次向隋文帝、隋炀帝上书批评当时实行的历法，创制了《皇极历》。他首次考虑到日、月运动的不均匀性，是第一个创立并应用"等间距二次内插法公式"的人，对后来的历法研究影响巨大。但是，因为受到隋炀帝宠臣太史令袁充和员外散骑侍郎领太史令张胄玄的排斥，这部历法得不到推行，他也被免职回家。刘焯回到家乡后，专心著述，不问政事，先后写出了《稽极历书》《五经述义》等著作。

天文历算无所不通

刘焯天资聪敏，勤奋好学。少年时与河间景城（今河北献县）的刘炫是很好的朋友，两人都出身贫寒，潜心好学，曾经一起先后拜刘轨思、郭懋当、熊安生等名儒为师，学习《诗经》《左传》《周礼》等儒家经典。据史书记载，刘焯听说武强（今河北武强）的刘智海家珍藏有大量古籍，就与刘炫结伴到刘智海家求学，闭门读书，寒窗十载，成为当时著名的经学家，当时并称"二刘"，唐代名臣魏徵称赞刘焯说，他在儒学方面造诣之深是罕见的，数百年间无人能够超越。

隋文帝开皇初年，冀州刺史赵炬，拜刘焯为员外将军，受命与著作郎王劭一起修定国史，议定律历。这时刘焯已经年近四十，虽然官小位卑，但还是积极参加了对历法的讨论。开皇四年（584），隋文帝决定颁行张宾所献的经由何承天《元嘉历》略加修改而成的《开皇历》。但是，刘焯和曾经担任过北齐历官的刘孝孙都反对使用《开皇历》，并且指出了《开皇历》存在的一系列问题，如《开皇历》并没有吸取《元嘉历》的成果，运用"岁差法"和"定朔法"，其历法的精确程度也明显地落后于当时天文历法的发展水平。

早在南朝时，祖冲之创制的《大明历》就已经把"岁差"引进了历法，区分了回归年（从地球上看，太阳绕天球的黄道一周的时间，即太阳中心从春分点到春分点所经历的时间，又称为太阳年。一回归年=365.24220日=365日5小时48分45.5秒）和恒星年（恒星年是指地球公转一周360度所需要的时间，一恒星年=365.2564日=365日6小时9分钟10秒），大大提高了历法的精确性；南朝元嘉年间何承天所创的《元嘉历》首次提出使用定朔法，而不是平朔法排历谱，使月食必定发生在朔望。

可是张宾的《开皇历》对这些成果并未加以吸收，所用数据也极为粗疏简陋，推算很不准确，刘焯和刘孝孙据理力争，许多批评都切中要害，表现出很高的天文学素养。但是张宾不但不接受批评，反而攻击刘焯和刘孝孙毁谤天历，任意胡为，迷惑世人。由于隋文帝信任张宾，对刘孝孙、刘焯的建议不予理睬，刘焯在这次历法之争中彻底失败了，不久被调到了门下省，以备皇帝顾问，随后又被授予员外将军之职。

焯犀额龟背，望高视远，聪敏沈深，弱不好弄。

——《隋书·列传四十》

除名为民成《皇极历》

开皇六年（586），洛阳石经被运送到长安，由于几百年的风吹日晒，石经的文字多有磨损，极难辨认，于是朝廷召集刘焯、刘炫等名儒负责考证、校定。刘焯对儒家经典研究颇深，一一辨清、增补了残缺的文字。此后，刘焯又在国子监与左仆射杨素、吏部尚书牛弘、国子祭酒苏威、博士萧该、太学博士房晖远、晋王文学苏夔等儒士一起讨论经籍中前贤不能做出确切解释的文字。每次只要他一落座，辩论诘问之声四起，然而没一个人能把他驳倒，众人都惊叹于他的渊博学识。然而这也给他带来了祸患，在国子监举行的一次祭礼时，刘焯和刘炫就一些经学问题与群儒辩难，刘焯生性耿直，舌战群儒，引起了一些人的忌恨和诽谤，遭到流言蜚语的中伤，被勒令革职还乡。

刘焯罢官回乡后，在家专心研究和教学。在这期间，他悉心研读了贾逵、马融、郑玄等古文经学家所著的典籍，写下了《五经述义》十三卷、《尚书义疏》三十卷，广泛流传，受到赞赏。同时，刘焯还着力研习了《九章算术》《周髀算经》《七曜历书》等十余部天文历算方面的经典，著成《稽极》《历书》等著作。其中，《稽极》一书分析比较了前代历学家的异同；《历书》的主体内容就是后来刘焯上呈给皇帝的《皇极历》，这些著作都把天文历算的研究进一步推向了深入。许多年轻的学者都不远千里来向刘焯当面求教，后来闻名于世的经学大师孔颖达和盖文达都是他的得意门生。

刘焯虽然身居乡里，但对于朝中历法的实施情况仍然十分关注，并多次参与改革历法的争论。开皇二十年（600），刘焯纠正了张胄玄历法中的许多错误，献上了自己创制的《皇极历》。在《皇极历》中，刘焯首次同时考虑到太阳、月亮视运动的不均匀性，提出用"等间距二次内插法公式"来计算日、月、五星的运行速度，推出日、月食的多少及出现的地点和时间。在此基础上，刘焯又提出改革推算二十四节气的方法，废除传统的"平气法"（指将一年等分为二十四节气），使用他创立的"定气法"（指按太阳的黄经分为二十四等分），而这些主张，直到清朝《时宪历》才被一一实践，由此可见刘焯在天文历法方面的远见卓识。

此外，《皇极历》提供的天文数据也相当精确。例如，回归年长度为365.24454日，朔望月长度为29.530596日，刘焯还较为精确的计算出了岁差（假定太阳视运动的出发点是春分点，一年后太阳并不能回到原来的春分点，而是差一小段距离，春分点逐渐西移的现象叫岁差），确定了春分点每75年在黄道上西移一度，也就是75年差一度，与现行数值已经十分接近。可是，由于刘焯的很多观点都与当时太史令张胄玄的看法不同，所以他呕心沥血写成的《皇极历》一书遭到排斥，不得施行。他在天文学方面的许多创见和论断虽然在当时未被采纳，其研究成果却被后来的人们吸收和改进，唐高宗时李淳风就是依据《皇极历》造出了《麟德历》，被推为古代名历之一。

> 刘焯罢归乡里后不久，隋文帝下敕令命刘焯到蜀王府中做事，刘焯不肯去，一再拖延行程，蜀王得知后大怒，将他发配到成都充军。直到蜀王封号被废除后，刘焯才重新得到起用，返回京师，在朝中做云骑尉，并继续参与修订礼律。为官期间，他经常抨击时政，并继续坚持必须改革历法的主张，多次上书皇帝，终为朝廷所不容，再次被罢职回乡。隋炀帝即位后，刘焯才又得到重新起用，被任命为太学博士，不久称病辞职，于大业六年（610）去世。

药王

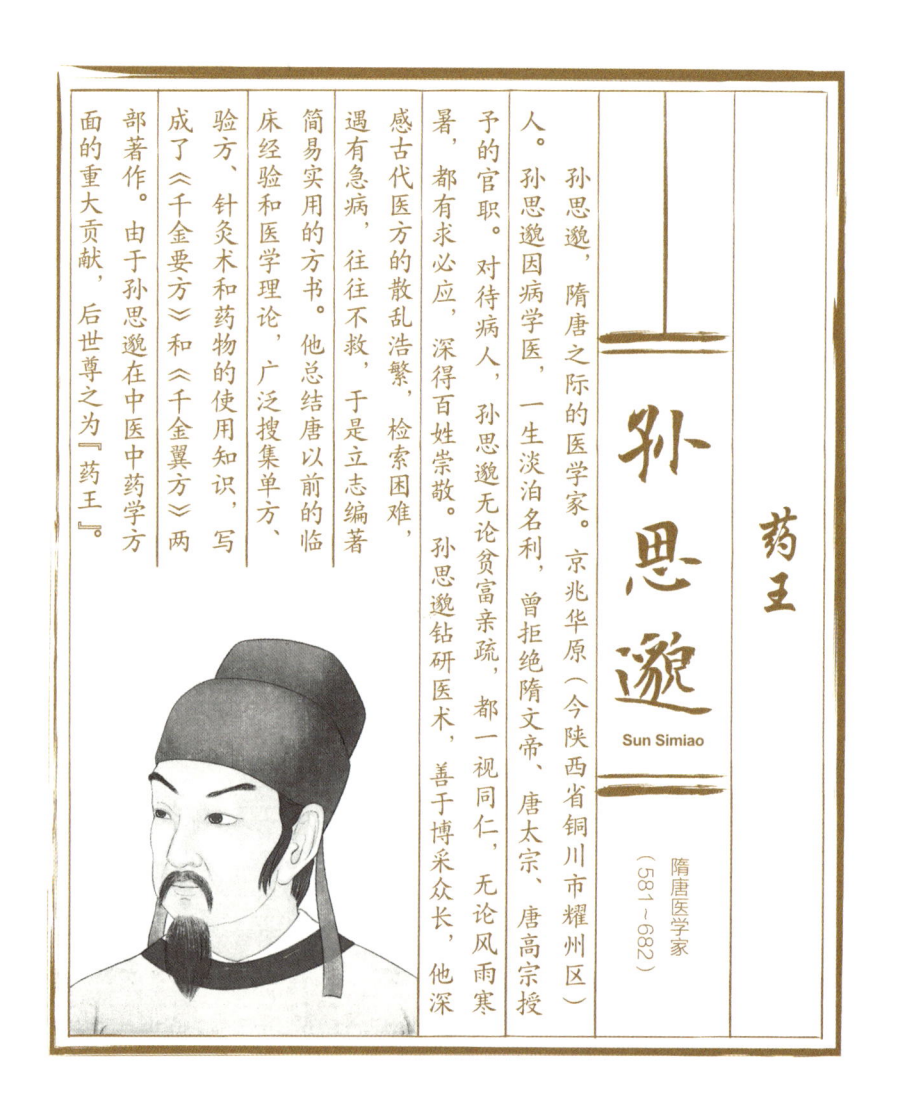

孙思邈 Sun Simiao

隋唐医学家（581~682）

孙思邈，隋唐之际的医学家。京兆华原（今陕西省铜川市耀州区）人。孙思邈因病学医，一生淡泊名利，曾拒绝隋文帝、唐太宗、唐高宗授予的官职。对待病人，孙思邈无论贫富亲疏，都一视同仁，无论风雨寒暑，都有求必应，深得百姓崇敬。孙思邈钻研医术，善于博采众长，他深感古代医方的散乱浩繁，检索困难，遇有急病，往往不救，于是立志编著简易实用的方书。他总结唐以前的临床经验和医学理论，广泛搜集单方、验方、针灸术和药物的使用知识，写成了《千金要方》和《千金翼方》两部著作。由于孙思邈在中医中药学方面的重大贡献，后世尊之为"药王"。

淡泊名利　专心医学

孙思邈自幼体弱多病，经常请医生诊治，为筹汤药费用几乎荡尽家财，也使他从小就萌生了对医学的兴趣。据说，孙思邈7岁时每天就能背诵上千字的文章，人们都叫他"圣童"。孙思邈二十多岁时就对老庄之学和佛家经典十分精通，并阅读了《内经》《伤寒杂病论》《神农本草经》等古人的医书，积累了丰富的医学知识。

孙思邈立志行医救人，隐居山中一边行医，一边撰写医学著作，多次谢绝朝廷的封赐。隋文帝曾召孙思邈做国子监博士，他称

孙思邈画像

病推辞，唐太宗即位后想授予孙思邈爵位，也被拒绝。孙思邈归隐的时候，唐高宗几次请他出仕为官，还赐他良驹和已故鄱阳公主的宅邸，孙思邈始终推辞而没有接受。当时的知名人士宋令文、孟诜、卢照邻等人，都十分尊敬他，以对待师长的礼数来侍奉他。

在不断实践的过程中，孙思邈在医药学领域有许多创新之处。例如，他最早提出妇科应从内科中分离出来而单独设科，这一主张以后在宋代得以实现；他对"消渴病"（即糖尿病）有着深刻的认识，指出消渴病人的尿是甜的，这在临床诊断上很有价值；他对于麻风病、甲状腺肿的描述和治疗等也都颇有创见。

在对疾病的认识上，孙思邈最早描述了下颌骨脱臼的复位方法，其步骤和要领一直沿用到现在。他还倡行了葱管导尿术、食道异物剔除术，以及自家血、脓接种以防治疗病的免疫法等。这些都是在医学史上具有开创意义的成就。

起死回生　医德高尚

孙思邈不仅医术高超，而且有高尚的医德。他主张行医不应有贪求财物的私念，对患者要有同情爱护之心，不论贫富、贵贱、亲疏，一视同仁。他经常义务给穷人看病，亲自煎药给病人喝，无论三更半夜还是狂风暴雨，只要有人上门看病，他从不推辞。

孙思邈之所以能在医药学上取得卓越的成就，从根本上来说，是因为他把救死扶伤、治病救人看成是自己最重要的使命。正是在民间行医的实践中，他积累起丰富的临床经验。孙思邈的家乡盛产药材，他经常身背药篓，翻山越岭，进山采药，亲自将药晒干、加工，有时还亲自试用。

人命至重，贵于千金。　　　　——孙思邈《千金要方·序》

据说，有一天，孙思邈翻山越岭到长安一带行医，途中突然看到4个人抬着一口棺材往墓地走，鲜红的血液顺着棺材缝隙滴出来，他见此情景，赶忙追上去询问哭得很伤心的老妈妈。老妈妈告诉他说，她的女儿因为生孩子难产，已经死去了大半天。孙思邈仔细察看了棺材缝里流出的鲜血，认为如果产妇真的已经死了，经过半天的时间，不可能再流出这样鲜红的血液。于是，孙思邈推测这个产妇只是由于难产窒息暂时昏厥了过去，立刻让人打开棺盖。孙思邈仔细摸脉搏，发觉还有微弱的跳动，就赶紧选好穴位，扎下一根金针，又把随身带的草药给产妇喂下。不久，产妇苏醒过来，并生下一个小孩。大家看见孙思邈把已经死去的人从棺木中救活，都称他是起死回生的神医。

还有记载说，当时山区有些人白天视力都很正常，可到了晚上就什么都看不到，大家请孙思邈诊治。经过调查，孙思邈发现患这种病的都是穷苦百姓，常常食不果腹。他想到医书中有"肝开窍于目"的说法，又想到山区的飞禽和野羊、野猪很多，便让病人捕获动物，吃它们的肝脏。病人吃上一段时间，夜盲症便慢慢地好转了。就在同时，当地有几家富人身上浮肿，肌肉疼痛，浑身没劲，孙思邈诊断为脚气病。孙思邈推测夜盲症和脚气病都可能跟饮食有关，他比较了穷人和富人的食物，发现富人多吃精米白面、鸡鸭鱼肉，而穷人多吃五谷杂粮，而且粗粮里夹杂着不少米糠麸子，精米白面却把这类东西全去掉了。由此，孙思邈推测，脚气病可能是因为缺少米糠和麸子引起的。于是，他试着用米糠和麦麸来治疗脚气病，果然很灵验，不到半年，周围几家富人的脚气病都陆续治好了。

医家宝典《千金方》

在长期的行医实践中，孙思邈深切感到过去的方药医书内容庞杂，分类很混乱，遇到有急症想要查询的时候，常常找不到合适的方案。因此他决定编写一本简易实用的医书。他一方面博采群经，详细总结了唐以前的医学理论和临床经验；一方面广泛搜集民间的方药和针灸术，先后撰写成《千金要方》(《备急千金要方》)和《千金翼方》两书。

在《千金要方》的开篇，孙思邈以"大医习业"和"大医精诚"为题，论述了作为一名医生必须具有的医疗水平和道德修养。全书共30卷，232门，内容十分丰富，包括"脏腑之论""针灸之法""伤寒""食治之宜"各个方面。在《千金要方》中，孙思邈分析了女性与男性、小孩与成人生理特征的不同，提出应

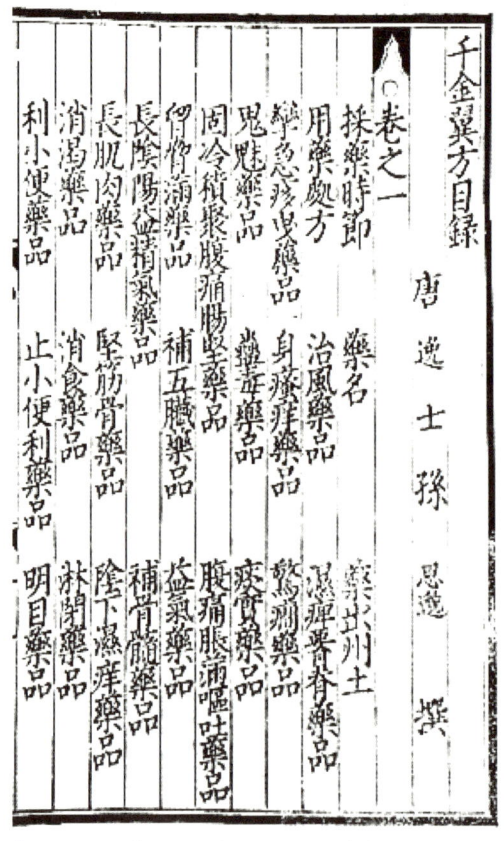

《千金翼方》目录（影刻元大德本）

该区别妇女病、小儿病的特点，独立设科，并且首次论述了脚气病的治疗和预防。书中不仅记载了大量流传于民间的方药经验，还保留了许多古代的医学文献。更为可贵的是，书中还搜集了不少中国少数民族常用的单方、验方，是继张仲景的《伤寒杂病论》之后，对中国医学成就的又一次系统总结。

孙思邈于晚年完成的《千金翼方》一书内容涉及本草、伤寒、中风、杂病、疮痈等多个方面，是对《千金要方》的全面补充。书中共收载了当时所用的药物八百多种，对许多药物的采集和炮制做了详细的记述。孙思邈还在书中全文收录了当时在一些地区已经失散了的《伤寒杂病论》，并结合自己的经验，对它进行了整理。《千金药方》和《千金翼方》这两部医书，堪称中国最早的临床医学百科全书，孙思邈更以他对医学的巨大贡献，受到历代医家和百姓的尊崇和爱戴，被人们奉为"药王"。

能工巧匠

李春
Li Chun

隋代造桥技术专家
（605~618）

李春，隋代工匠。对他的生平、籍贯以及生卒年月，史书都没有记载，只有唐中书令张士贞在《安济桥铭》中简略地提到，赵州洨河的石桥是隋代匠人李春所建，造型奇特，以至于人们都不知道是怎样建成的，因此后人对李春的了解大都来自传说故事。

赵州桥的传说

赵州桥本名安济桥，因赵县古称赵州，所以又名"赵州桥"。赵州桥建于隋大业（605~618）年间，桥全长52米多，桥孔净跨径37米，是现存年代最久、保存最完好、跨度最大的单孔敞肩型石拱桥。关于赵州桥的建造者，文献有简单的记载，是隋代工匠李春。但是民间流传的故事却说桥是历史上最巧的工匠鲁班造的。民间小调《小放牛》中有这样的唱词："赵州石桥鲁班爷爷修，玉石的栏杆圣人留，张果老骑驴桥上走，柴王爷推车轧了一道沟。"

相传，鲁班和他的妹妹周游天下，走到赵州时，看到洨河上没有修桥，百姓来往非常不方便。二人决心要为来往的行人修两座桥，他修大的，妹妹修小的，兄妹比赛看谁修得快，修得好。兄妹分头准备，约定天黑动工，鸡叫收工。妹妹是急性子，三更没过，就把小石桥修好了。她悄悄地跑到哥哥修桥的地方打探情况，却发现河上连个桥影儿也没有，鲁班也不在河边。她很得意，心想哥哥是输定了。可是不一会儿，西边山上走下来一个人，还赶着一群绵羊。等走近了一看，原来那就是鲁班，赶的也不是羊群，而是一块块雪白的石头。这些石头到了河边，立刻又变成了加工好的各种石料，上面都雕刻着美丽的花纹，鲁班用这些石料迅速地建起桥来。妹妹一看，比自己造的那个好得太多了，心里不服，眼看鲁班快把桥造好了，只差安放桥头上最后的一根望柱。她怕哥哥赢了自己没面子，就闪身躲在一棵树后，捏着嗓子学了一声公鸡叫。这一叫不要紧，引得附近村里的鸡都叫了起来。鲁班听见鸡叫，慌忙把最后一根望柱往桥上一安，桥也算修成了。

赵州一夜修起了两座桥，轰动了附近的十里八乡。甚至连蓬莱岛的神仙张果老也被惊动了。他不相信凡人哪来这么大的本领！便邀请柴王爷一起去看个究竟。张果老骑着一头小黑毛驴，柴王爷推着一个独轮小推车，两人来到桥边，正好鲁班站在桥头上，望着自己的杰作笑呢。张果老就问鲁班："这桥是你修的吗？"鲁班得意地说："是呀。"张果老指了指自己的小黑驴和柴王爷的独轮小推车说："我们要是过桥，它经得住吗？"鲁班觉得又可笑又可气，白了他俩一眼，说："大骡子大马都过得去，你们这小驴破车还过不去吗？"张果老一听，觉得他口气太大了，想给他一个教训，便施了法术招来了太阳和月亮，分别放在驴背上的褡裢两头。柴王爷也施了法术，聚来五岳名山，装在了车上。两人推车赶驴上桥，果然这

赵州桥龙纹石栏板

凡间的桥经不住神仙的力,眼瞅着大桥一晃。鲁班也不含糊,急忙跳到桥下,一手托住了桥身,保住了大桥,张果老和柴王爷都十分佩服。现在,赵州石桥桥面上还留着一些痕迹,人们都说是张果老骑驴踩的蹄印和柴王推车轧的一道沟。据说原来桥下面还有鲁班托桥的一只大手印,但是现在看不清了。

代久堤维固,年深砌不隳。工镌起花叶,模写跃蛟螭。

——崔恂《石桥咏》

巧夺天工

人们把赵州桥说成是鲁班造的,并且说他借助了神力,正说明李春造桥技术之高超,远远超于人们的想象。

中国古代传统的建桥方法,大都采取多孔形式。这样,每孔之间跨度小,坡度平缓,便于施工。可是这样的多孔桥,因为桥墩很多,会妨碍泄洪,而且不利于船只通行;天长日久桥墩被水流侵蚀,也很容易坍塌。李春吸取这一经验,在设计赵州桥时采取了单孔长跨度的大石拱形式,石拱跨度长达37米多,河心不立桥墩,在当时是一个前所未有的尝试。

在拱的样式上,李春也改变了过去大石桥多是半圆拱形的传统,而是创造性地采用了圆弧拱形,大大降低了石拱的高度。这样就避免了因为拱顶过高造成桥高坡陡、车马行人过桥不便的弊端,使得桥面过渡十分平稳,还大大节省了施工用料,使桥身更为坚固。

每逢夏秋汛期山洪暴发时,洨河的水势都很大,为了增强桥的泄洪能力,李春对拱肩进行了重大改进,发明了"敞肩型"的造型。他在大拱的两肩各设两个小拱,分担了部分洪流,减轻了洪水对桥身的冲击力,也提高了桥梁的承载力和稳定性。大拱之上加两对小拱,均衡、对称,使得赵州桥更加壮丽多

赵州桥

姿，达到了建筑和艺术的完美统一。这种"敞肩式"的新式桥型不仅是中国桥梁技术上的一个重要成就，在世界桥梁史上也是首创。

在石拱的堆砌方法上，李春也别出心裁，选用了附近州县出产的青灰色砂石作为材料，采用纵向堆砌的方法，将整个大桥沿宽度方向用28道各自独立的拱券并列组合起来。李春还运用当时的冶铁技术，在各道拱券之间的相邻石块中嵌入"腰铁"，把拱石连锁起来。而且每块拱石的侧面都凿有细密斜纹，以增大摩擦力，加强各券横向联系。再用铁拉杆横贯拱背，使28道拱券的拱石铆合成为统一的整体。这样，一方面节省了材料，一方面方便了石桥的维护，一道拱券的石块损坏了，只要嵌入新石，进行局部修整就可以了，不必对整座桥进行调整。

赵州桥不仅堪称建筑史上的伟大杰作，也是一件精妙绝伦的艺术珍品。它横跨洨河，宛如长虹飞架，气势宏伟，奇巧多姿，给人一种美的享受。桥的望柱、栏板上刻有花卉和兽头的图案，形象逼真，雕刻细腻，堪称隋唐时期雕刻艺术的佳作。图案的设计巧具匠心，各式蛟龙、兽面、花饰、竹节等，形态各异，栩栩如生。在漫长的岁月里，赵州桥历经洪水冲击、地震摇撼、风化腐蚀等考验，至今仍然比较完整地保持着桥基、桥身原来的结构，这在世界桥梁建筑史上不能不说是一个奇迹。

精通天文地理的高僧

一行

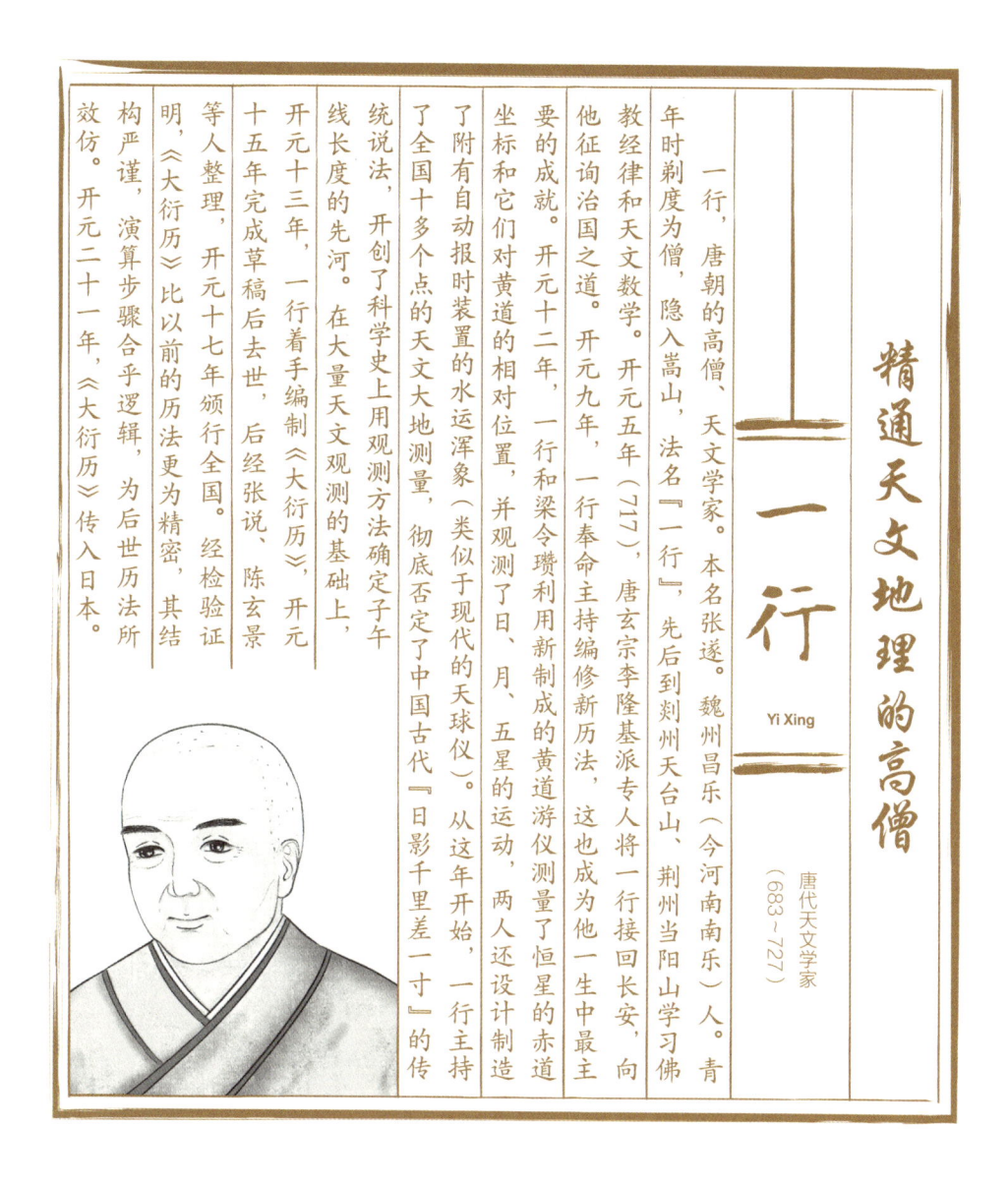

Yi Xing

唐代天文学家

(683~727)

一行，唐朝的高僧、天文学家。本名张遂。魏州昌乐（今河南南乐）人。青年时剃度为僧，隐入嵩山，法名"一行"，先后到荆州天台山、荆州当阳山学习佛教经律和天文数学。开元五年（717），唐玄宗李隆基派专人将一行接回长安，向他征询治国之道。开元九年，一行奉命主持编修新历法，这也成为他一生中最主要的成就。开元十二年，一行和梁令瓒利用新制成的黄道游仪测量了恒星的赤道坐标和它们对黄道的相对位置，并观测了日、月、五星的运动，两人还设计制造了附有自动报时装置的水运浑象（类似于现代的天球仪）。从这年开始，一行主持了全国十多个点的天文大地测量，彻底否定了中国古代"日影千里差一寸"的传统说法，开创了科学史上用观测方法确定子午线长度的先河。在大量天文观测的基础上，开元十三年，一行着手编制《大衍历》，开元十五年完成草稿后去世，后经张说、陈玄景等人整理，开元十七年颁行全国。经检验证明，《大衍历》比以前的历法更为精密，其结构严谨，演算步骤合乎逻辑，为后世历法所效仿。开元二十一年，《大衍历》传入日本。

读万卷书，成得道高僧

一行生于唐高宗弘道元年（683），本姓张，名遂，是唐贞观年间名臣张公谨的曾孙。据《旧唐书·一行传》记载，张遂自幼天资聪颖，刻苦好学，尤其精通历象、阴阳、五行之学。20岁左右，张遂来到长安拜师求学，遇到了一位学识渊博的道士，送给他一本《太玄经》。张遂经过几天的研读，就将自己所悟之道理写成了《大衍玄图》及《义诀》各一卷，阐释晦涩难懂的《太玄经》，得到了当时著名的藏书家尹崇的赞赏，声名大振，以学识渊博闻名于长安。

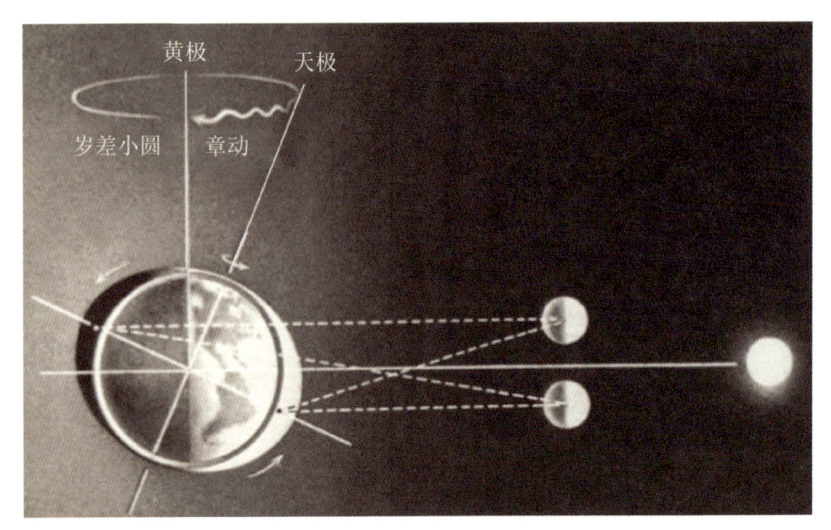

岁差和章动示意图

　　武则天称帝时期，武则天的侄子武三思耳闻张遂的盛名，想通过关系拉拢张遂为自己服务。张遂鄙视武三思的为人，为了回避他的纠缠，剃度为僧，取名一行，师从嵩山的禅宗大师普寂，学习佛法。出家之后，一行得到普寂的许可，四处游学，只身到浙江天台山国清寺跟从一位隐名的大师学习算术，加深了自己在算学方面的造诣。唐睿宗即位后，曾命东都留守韦安石以礼征聘一行，一行不重名位，称疾坚辞，徒步到湖北当阳，拜悟真律师学习佛家戒律，探讨天文。

　　唐开元五年（717），唐玄宗李隆基命礼部郎中张洽（一行的族叔），亲自到湖北武当山请一行入朝，与僧人善无畏一同翻译《大毗卢遮那成佛神变加持经》(《大日经》)。据说，一行进京入宫后，唐玄宗便问他有什么本领，一行很谦虚地回答说，自己没有什么特长，只是记性尚佳。于是，唐玄宗命人拿出一本宫女花名册给他看，一行翻看一遍后合上本对着唐玄宗把一页页的名字全部背诵了出来。唐玄宗赞叹不已，将一行留在宫中，时常向他请教治国安邦之道，一行的回答无所隐讳，切中要害，深得唐玄宗的尊敬和信任。

	节气名	立春 (正月节)	雨水 (正月中)	惊蛰 (二月节)	春分 (二月中)	清明 (三月节)	谷雨 (三月中)
春季	节气日期	2月 4日或5日	2月 19日或20日	3月 5日或6日	3月 20日或21日	4月 4日或5日	4月 20日或21日
	太阳到达黄经	315°	330°	345°	0°	15°	30°
	节气名	立夏 (四月节)	小满 (四月中)	芒种 (五月节)	夏至 (五月中)	小暑 (六月节)	大暑 (六月中)
夏季	节气日期	5月 5日或6日	5月 21日或22日	6月 5日或6日	6月 21日或22日	7月 7日或8日	7月 23日或24日
	太阳到达黄经	45°	60°	75°	90°	105°	120°
	节气名	立秋 (七月节)	处暑 (七月中)	白露 (八月节)	秋分 (八月中)	寒露 (九月节)	霜降 (九月中)
秋季	节气日期	8月 7日或8日	8月 23日或24日	9月 7日或8日	9月 23日或24日	10月 8日或9日	10月 23日或24日
	太阳到达黄经	135°	150°	165°	180°	195°	210°
	节气名	立冬 (十月节)	小雪 (十月中)	大雪 (十一月节)	冬至 (十一月中)	小寒 (十二月节)	大寒 (十二月中)
冬季	节气日期	11月 7日或8日	11月 22日或23日	12月 7日或8日	12月 21日或22日	1月 5日或6日	1月 20日或21日
	太阳到达黄经	225°	240°	255°	270°	285°	300°

二十四节气

自《太初》至《麟德》，历有二十三家，与天虽近而未密也。至一行，密矣。

——《新唐书·历志》

行万里路，修一代历法

当时，唐廷推行的是唐高宗时历学家李淳风编制的《麟德历》，这部历书主要沿袭古代的旧方法，并未经过系统的测量验证，致使它的误差越来越大，再加上当时计算时间都是统一以京都的漏刻（计时器）为准，没有考虑各地的时间差，因此经常出现计时不确以至日月蚀计算不准的现象，预报的误差也逐渐增大。为此，唐玄宗于开元九年（721）命令一行主持重编新历。一行认为编制新历的基础工作是实际测量日、月、五星的运行情况，确定黄道进退和天体的位置，必须首先准备实测的工具和仪器。

一行对梁令瓒设计制造的黄道游仪（古代浑仪中一种，用于测量天体的坐标位置）木模进行了鉴定，支持梁令瓒用铜铁铸造成器。开元十二年（724），一行用黄道游仪测量了恒星的赤道坐标和对黄道的相对位置，发现和汉代的测

《大衍历》

量结果有很大的变动。开元十三年，一行又与梁令瓒合作设计制造了水运浑天仪（类似于现代的天球仪），上面设有两个木人，用齿轮带动，每刻（古代将一昼夜分做一百刻）自动击鼓，每个时辰（合两小时）自动撞钟。可以说，这台浑天仪既是天文钟的前身，又是现代钟表的祖先。这些都为修订新历提供了充分的技术支持。

重修历法还需要规定各地不同的漏刻制度，确定各地日影长与漏刻日夜分差，从而精确计算出日月星辰的运行情况和发生日蚀时各地能看到的不同蚀相及时刻。这些，都迫切需要在全国范围内进行一次大规模的天文大地测量。

开元十二年（724）起，一行主持了有史以来第一次全国规模的天文实测，测量内容包括二分（春分、秋分）、二至（冬至、夏至）正午时分八尺之竿（表）的日影长度、北极高度（天球北极的仰角）以及昼夜的长短，等等。为了测量北极仰角，一行设计了一种叫作"复（覆）矩"的测量工具，还根据观测数据绘制了《复（覆）矩图》24幅。实测范围北起铁勒（今俄罗斯贝加尔湖附近），南到林邑（今越南中部），共13个地理点，其中以南宫说等人在东都洛阳确定所做的观测成果最佳。在确定的4个地理点，他们实测出当地的北极出地高度（地理纬度），夏至日影长度和四地间的距离。根据测量数据，一行推算出，北极高度差一度，南北两地相隔三百五十一里八十步（唐代尺度），这实质上就求出了地球子午线（即经线）上一度之长，成为世界天文史上实际测量子午线的开端。这一实测结果，再次推翻了《周髀算经》所提到的"王畿千里，影差一寸"的说法，完全否定了盖天说（中国古代的一种宇宙观，认为天是覆盖在地上的一个拱形），继而确立了浑天说（中国古代的另一种宇宙观，认为天与地之间的关系就像鸡蛋壳包着蛋黄），是天文科学的一大进步。

唐开元十三年（725），一行在大量天文观测的基础上，着手编历，开元十五年，《大衍历》的初稿终于完成，可一行却因劳累过度患重病而死，年仅45岁。张说、陈玄景等人将一行留下的文稿整编成册，《大衍历》自开元十七年（729）起颁行全国。这部新历较为准确地描述了地球围绕太阳运行中速度变化的规律，提出了正确划分二十四节气的方法，在日食计算中首次考虑了全国不同地点的见食情况，对五星运动不均匀性的计算也比以往的历法更合乎科学。《大衍历》的颁行，对科学解释天文现象、促进农业生产的发展，起到了重大作用。

博学多才的宰相

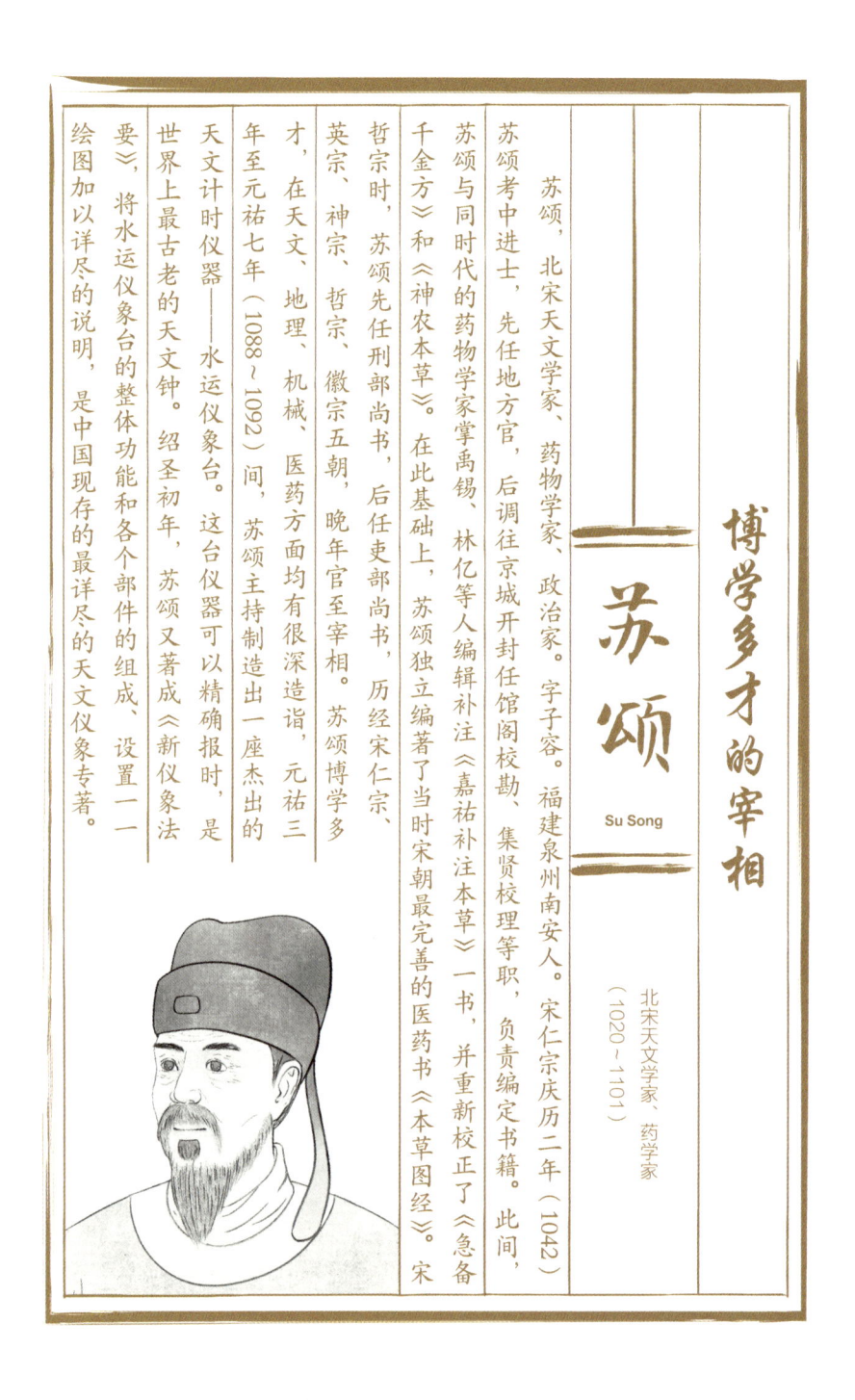

苏颂 Su Song

北宋天文学家、药学家
(1020～1101)

苏颂，北宋天文学家、药物学家、政治家。字子容。福建泉州南安人。宋仁宗庆历二年（1042）苏颂考中进士，先任地方官，后调往京城开封任馆阁校勘、集贤校理等职。此间，苏颂与同时代的药物学家掌禹锡、林亿等人编辑补注《嘉祐补注本草》一书，并重新校正了《急备千金方》和《神农本草》。在此基础上，苏颂独立编著了当时宋朝最完善的医药书《本草图经》。宋哲宗时，苏颂先任刑部尚书，后任吏部尚书，历经宋仁宗、英宗、神宗、哲宗、徽宗五朝，晚年官至宰相。苏颂博学多才，在天文、地理、机械、医药方面均有很深造诣，元祐三年至元祐七年（1088～1092）间，苏颂主持制造出一座杰出的天文计时仪器——水运仪象台。这台仪器可以精确报时，是世界上最古老的天文钟。绍圣初年，苏颂又著成《新仪象法要》，将水运仪象台的整体功能和各个部件的组成、设置一一绘图加以详尽的说明，是中国现存的最详尽的天文仪象专著。

科学严谨的《本草图经》

苏颂出身书香门第，他的祖父、父亲、伯父、两位堂叔、哥哥都是宋朝的进士。很小的时候苏颂就受到了良好的教育，遍读经史百家，学识渊博。庆历二年（1042），23岁的苏颂与王安石同榜中

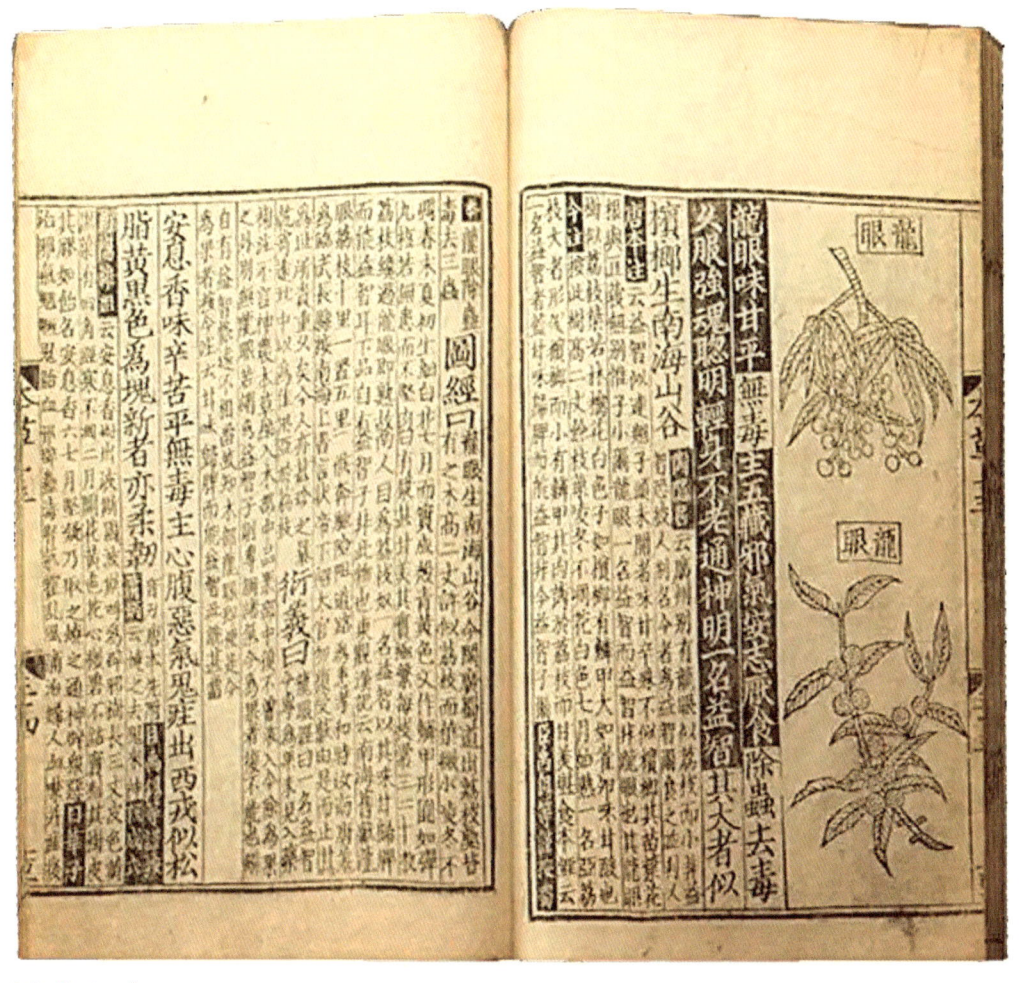

《本草图经》

了进士。起初，他出任过宿州（今安徽宿州）观察推官、江宁知县、南京留守推官等职务。由于他办事周详、严谨，深得当时任南京留守欧阳修的赏识。

皇祐五年（1053），苏颂被调往京城开封，担任馆阁校勘、集贤校理等官职，负责编定书籍，前后长达九年。此间，苏颂利用可以方便阅览秘阁藏书的机会博览群书，据说，他还坚持每天背诵两千字，回家后默写下来以保留。经过长期的努力，苏颂积累了丰富的知识，对经、史、诸子百家、图纬、阴阳、五行、星宿、算法、山经、本草等，无所不通。

在这期间，他还组织编审局校订了《神农本草》《灵枢》《太素》《针灸甲乙经》《素问》《广济》《急备千金方》《外台秘要》8部医药书籍。

嘉祐二年（1057），在苏颂的主持下，完成了对《开宝本草》一书的校注和增补工作，其成果又被称为《嘉祐补注本草》。此后不久，苏颂又独立编纂了中国古代著名的《本草图经》一书（又名《图经本草》）。在《本草图经》中，苏颂绘制了大量药材的实物图，并配以文字说明，准确介绍了各地药物的产地、形态、性质、用途、炼制方法、鉴别方法与配伍、禁忌等，具有较大的科学价值和实用价值。此外，苏颂非常重视民间实际的医疗经验，在《本草图经》中，他增加了许多在各地民间发现的有效药方。比如，"狼把草"可以治疗血痢；"紫背"可解一切蛇毒，兼治咽喉。《本草图经》后来失传，主要内容只能散见于后来的各种本草著作中。例如，李时珍的《本草纲目》引用了《图经本草》不少内容。可以说，《本草图经》是当时最完善的一部医药著作。

奇妙的水运仪象台

元祐元年（1086），苏颂奉诏检验当时太史局等使用的各架新旧浑仪，经过测试，苏颂奏请朝廷另制浑仪。得到批准后，苏颂召集了精通算学天文学的吏部令史韩公廉和太史局一批有才干的生员，协力设计制造浑仪，终于在元祐七年（1092）制造出一座杰出的天文计时仪器——水运仪象台。

这座水运仪象台将浑仪、浑象和报时三种装置结合在一起，上层是用于观测日月星辰位置的浑天仪，中层是展示天体运行的浑象仪，下层则设置了能够自动报时的司辰，整个仪器用水力推动运转。在制造过程中，苏颂在吸收了前人成果的同时，加入了许多自己的创新。例如，为了便于观测，他特别设计了可以活动的屋顶，成为今天天文台活动圆顶的鼻祖；浑象每昼夜自转一周，形象演示出天象的变化，可以说是现代天文仪器转仪钟的起源；苏颂和韩公廉创造的擒纵器，是后世钟表的关键部件，因此，又是钟表的祖先。

中华巨匠　古代卓越科技人物　苏颂

160
—
161

水运仪象台

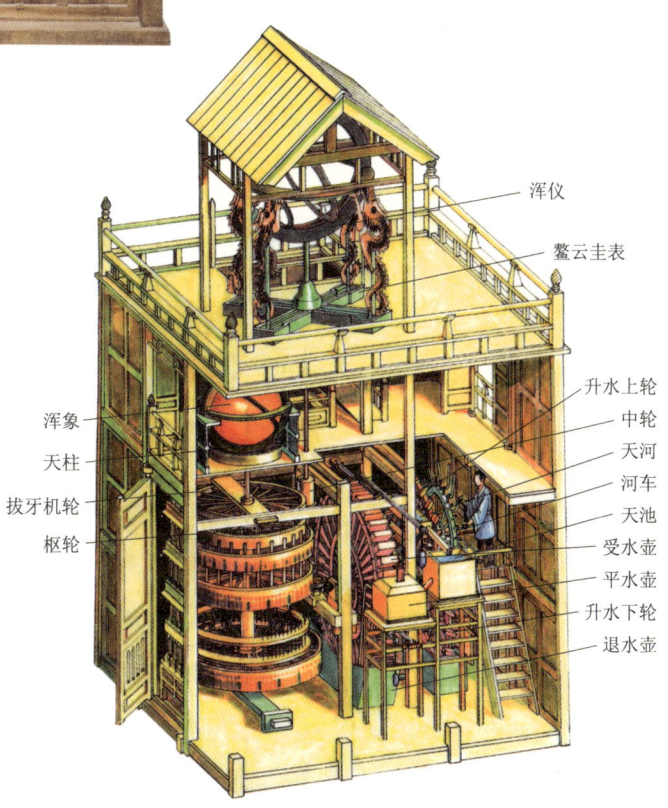

水运仪象台结构图

浑仪
鳌云圭表
浑象
升水上轮
天柱
中轮
拔牙机轮
天河
枢轮
河车
天池
受水壶
平水壶
升水下轮
退水壶

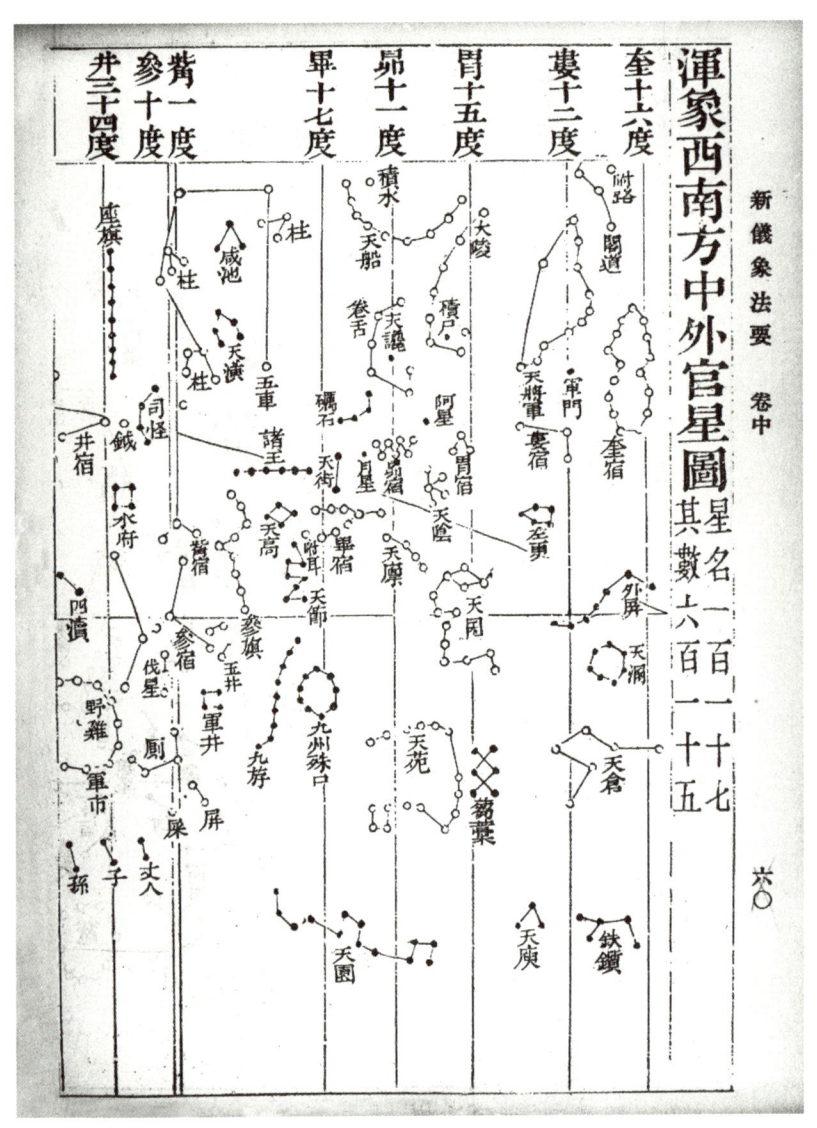

《新仪像法要》中的星图

　　为了更直观地了解星体运行规律，苏颂又主持设计了一种可以进入浑天象内部进行观测的机器——假天仪。它用竹条作为骨架，形如球状竹笼，外面糊纸，纸面上则依照天上星星的位置开凿一个一个的小孔。这样，外面的光透过小孔射入，呈现出不同的亮点，人们进入球内观看，就好像看到满天的星斗。此外，假天仪内部的转动轴上还装有座椅和手轮，人们坐着转动手轮，就可以使整个球体转动，仿佛看到星宿的东升西落，这种巧妙的构思，跟近代天象仪如出一辙。

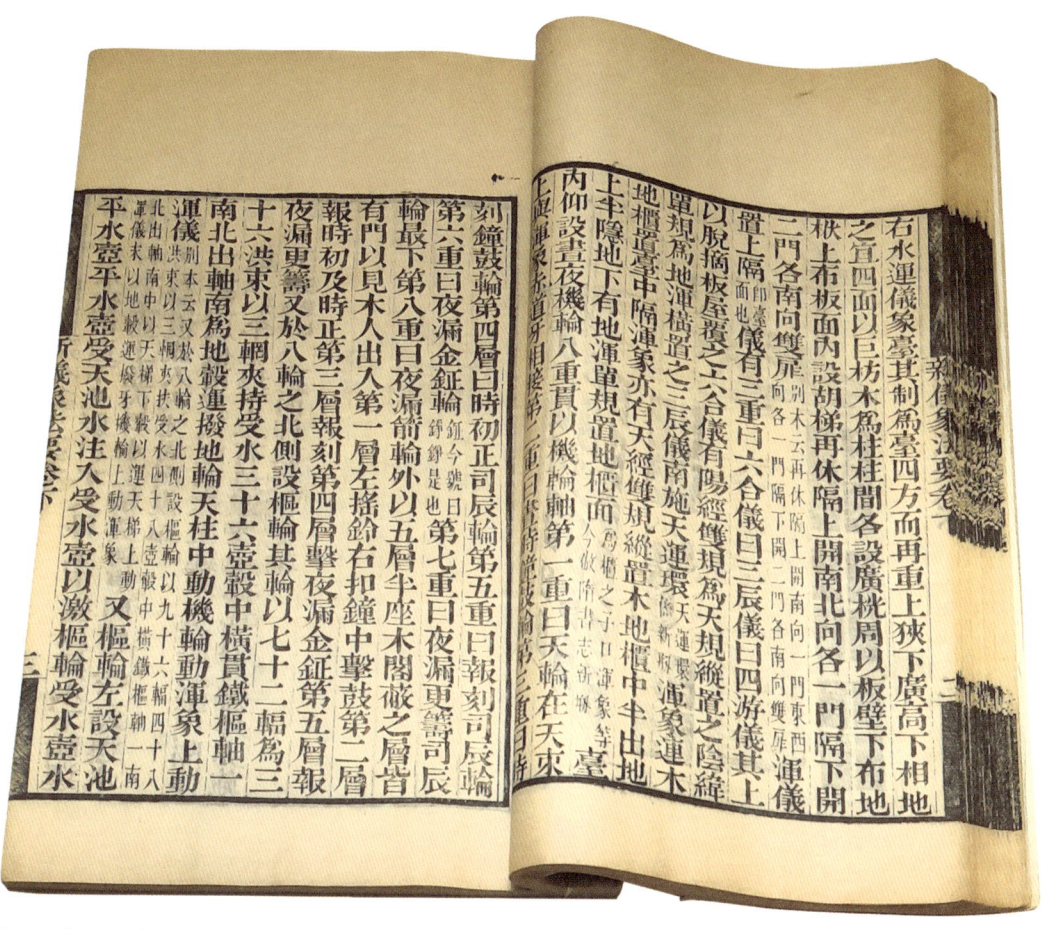

《新仪象法要》

　　水运仪象台完成后，苏颂于绍圣初年又编写了《新仪象法要》一书，全书分为三卷，上卷介绍浑仪，中卷介绍浑象，下卷则介绍水运仪象台的整体和水运、报时的机构。全书采用了先图后文的方法，详尽说明了仪器的总体情况和各个部件的构造以及运转方法。尤其重要的是，这部书还绘制了仪象台总图和各个仪器的分图、详图共六十多幅，它不仅是我国现存最为详尽的天文仪象专著之一，而且是我国遗存最早的机械图纸，可以说是中国科技史上一笔非常宝贵的遗产。

　　建中靖国元年（1101），苏颂在丹阳去世，享年82岁，死后赠司空、上柱国，晋封魏国公。苏颂一生从政五十余年，历仕仁宗、英宗、神宗、哲宗、徽宗五朝，不仅是一位政治家，而且在天文、历学、医学等多方面都作出了杰出的贡献。

科学通才

沈括

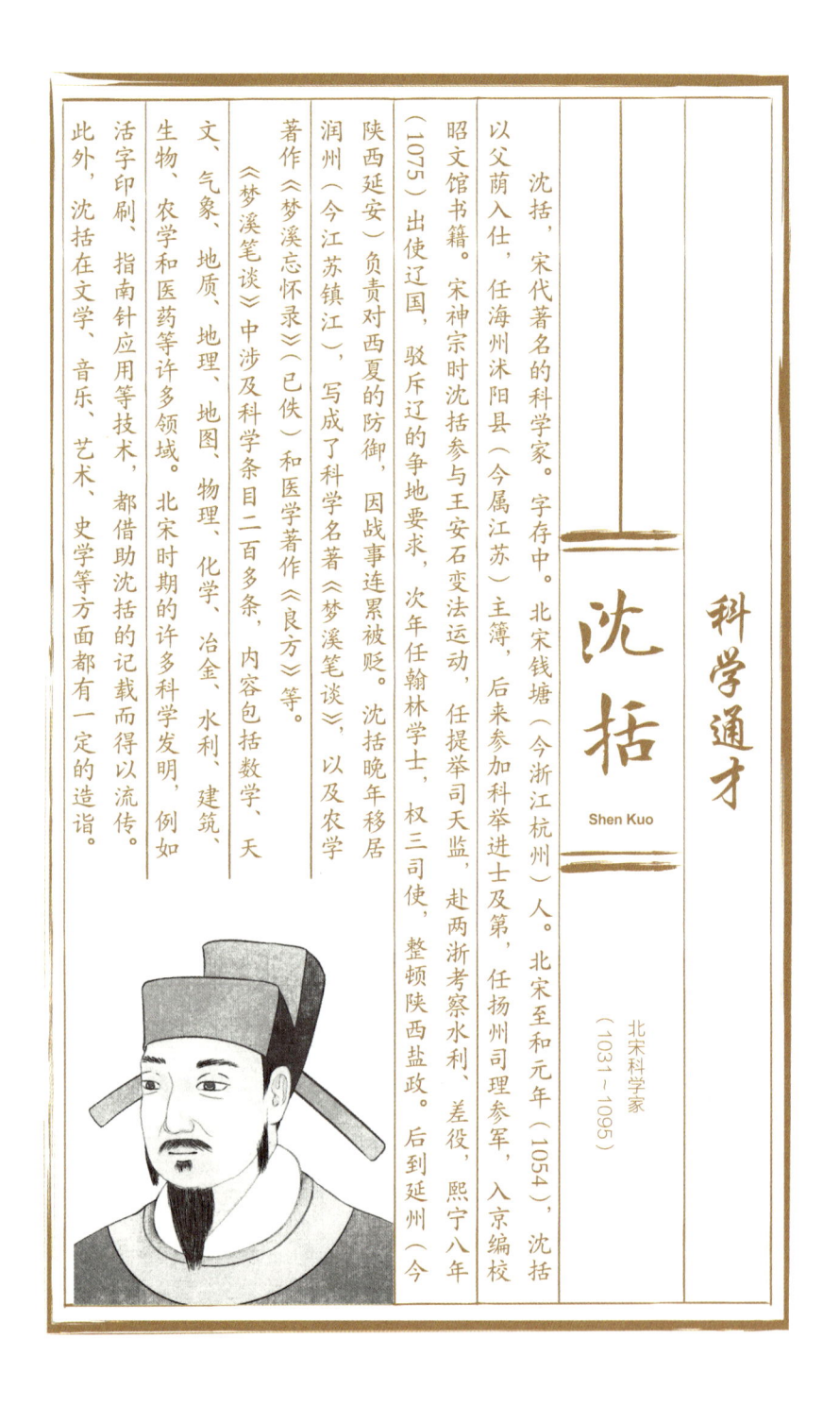

Shen Kuo

北宋科学家（1031~1095）

沈括，宋代著名的科学家。字存中。北宋钱塘（今浙江杭州）人。北宋至和元年（1054），沈括以父荫入仕，任海州沭阳县（今属江苏）主簿，后来参加科举进士及第，任扬州司理参军，入京编校昭文馆书籍。宋神宗时沈括参与王安石变法运动，任提举司天监，赴两浙考察水利，差役，熙宁八年（1075）出使辽国，驳斥辽的争地要求，次年任翰林学士，权三司使，整顿陕西盐政。后到延州（今陕西延安）负责对西夏的防御，因战事连累被贬。沈括晚年移居润州（今江苏镇江），写成了科学名著《梦溪笔谈》，以及农学著作《梦溪忘怀录》（已佚）和医学著作《良方》等。《梦溪笔谈》中涉及科学条目二百多条，内容包括数学、天文、气象、地质、地理、物理、化学、冶金、水利、建筑、生物、农学和医药等许多领域。北宋时期的许多科学发明，例如活字印刷、指南针应用等技术，都借助沈括的记载而得以流传。此外，沈括在文学、音乐、艺术、史学等方面都有一定的造诣。

坎坷仕途

沈括自幼勤奋好学，14岁时就读遍家里藏书。至和元年（1054），沈括任海州沭阳县主簿，修筑渠堰，开发农田，颇有政绩。嘉祐六年（1061），沈括任安徽宁国县令，倡导并发起了修筑

北宋水浮法指南针（根据《梦溪笔谈》和《本草衍义》按1∶1比例复制）

芜湖地区万春圩的工程，开辟出能排能灌、旱涝保收的良田，同时还写了《圩田五说》《万春圩图书》等关于圩田方面的著作。嘉祐八年中进士，任扬州司理参军，治平三年（1066），入京编校昭文馆书籍。

熙宁年间（1068～1077），宋神宗用王安石为相，锐意改革，沈括也参与了当时的许多活动。熙宁五年（1072）九月，沈括奉命督浚汴河水道，亲自测量汴河下游从开封到泗州淮河岸共八百四十多里河段的地势。他采用"分层筑堰法"，测得开封和泗州之间地势高度相差十九丈四尺八寸六分，这在世界水利史上是一个创举。他在仅仅四五年时间里，就取得引水淤田一万七千多顷的显著成绩。

熙宁八年（1075）夏，辽人意欲侵占宋朝河东路沿边土地，沈括以翰林侍读学士的身份奉使交涉。谈判中，他据理力争，先后六次辩论，辽人都无法辩倒他。在出使途中，沈括绘记了辽国山川险阻及风俗人情，写成《使虏图抄》，献给朝廷。熙宁十年（1077）七月，沈括受劾贬官，以集贤院学士出任宣州（今安徽宣城）知州。元丰三年（1080）六月，沈括再次受宋廷重用，任延州知州，兼鄜延路经略安抚使，成为边防帅臣。为了遏制西夏，沈括等人提出了在横山一带修筑城堡的战略方针，被宋神宗采纳。元丰五年（1082）八月，永乐城（今陕西米脂西北）遭西夏围攻，全军覆没。沈括因此被贬至随州（今湖北随州）安置，自此结束了他的政治生涯。

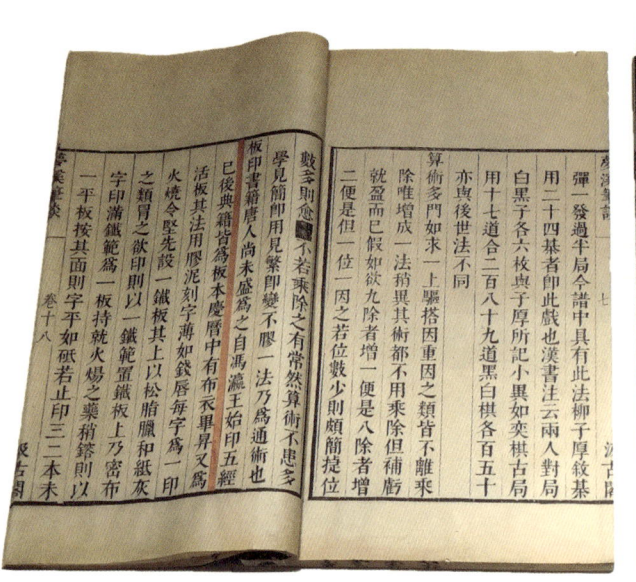

《梦溪笔谈》

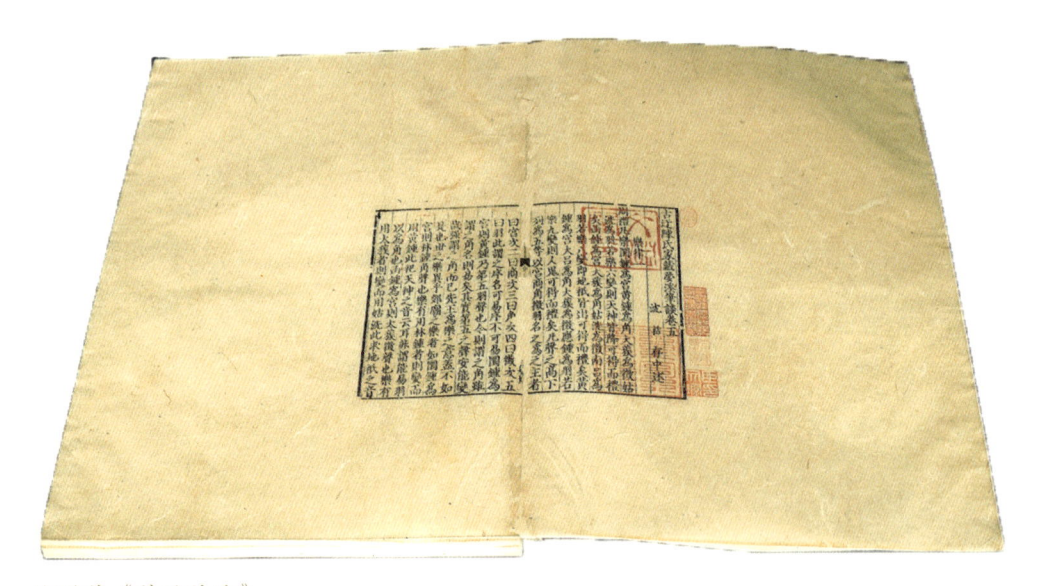

蝴蝶装《梦溪笔谈》

　　元丰八年（1085），宋哲宗即位大赦，沈括改授秀州（今浙江嘉兴）团练副使。在完成《守令图》后，朝廷给了沈括一个虚衔，并准许他自己选择居所。于是，沈括便移居润州，将他此前购置的田地起名为"梦溪园"，在此隐居八年后去世，其间写成了《梦溪笔谈》一书。

杰出的天文学家

　　熙宁五年（1072），在负责汴河水建设时，沈括兼领导司天监。任职期间，他先后罢免了6名不学无术的历官，破格推荐精通天文历算的盲人卫朴进入司天监，主持修订新历。沈括治学态度认真，对以前的历官凭借演算凑数的修历方法非常不满，主张从观测天象入手，以实测结果作为修订历法的依据。为提高仪器的精度，沈括研究并改革了浑仪、浮漏和影表等旧式的天文观测仪器；他还撰写了《浑仪议》《浮漏议》和《景表议》，详细记录了仪器的形制和研究心得；亲自观测天象，绘制测定北极星位置的图二百多张；并曾连续几年坚持观测表影和漏壶的运行，对一年中太阳运动不均匀致使一天长短不一的现象进行了验证。此外，沈括还制造了测日影的圭表，而且改进了测影方法，这些在中国天文学史上都具有重要的影响。

沈括

> 楼台两岸水相连，江北江南镜里天。芦管玉箫齐送夜，一声飞断月如烟。　　——沈括《夜登金山》

　　沈括和卫朴的一系列革新活动遭到守旧势力的排挤。在沈括和卫朴的坚决斗争下，卫朴主持修订的奉元历终于在熙宁八年（1075）修成颁行。但由于守旧势力阻挠，奉元历只实行了18年就被废止了。沈括晚年又提出用"十二气历"代替原来历法的主张。我国原来的历法都是阴阳合历，而"十二气历"却是纯粹的阳历。它以十二气作为一年，一年分四季，每季分孟、仲、季三个月，并且按节气定月份，立春那天算一月一日，惊蛰算二月一日，依此类推。大月三十一天，小月三十天，大小月相间，即使有"两小相并"的情况，一年也只有一次。有"两小相

缕悬法指南针（据沈括记载复制模型）

《梦溪笔谈》关于中国石油的记载

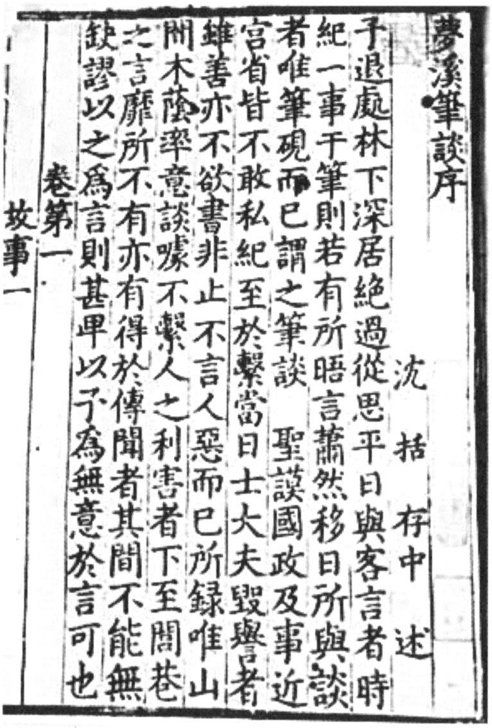

《梦溪笔谈》书影

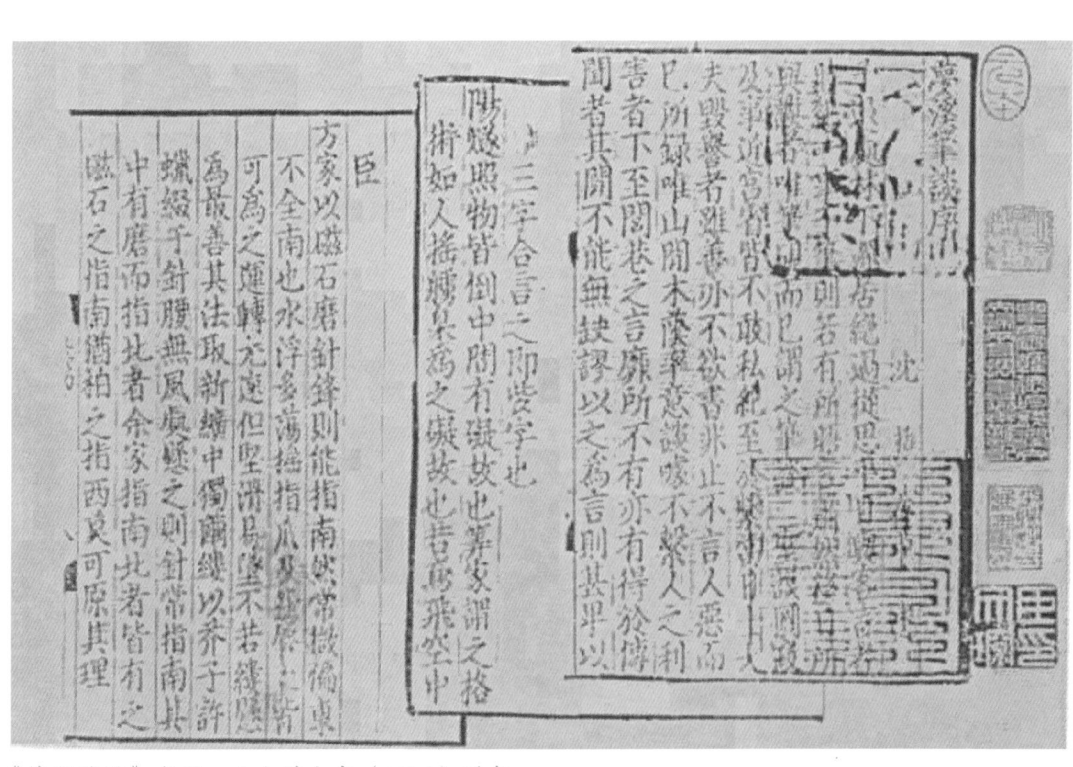

《梦溪笔谈》书页　元大德九年（1305）刻本

并"时，一年共有三百六十五天；没有时，一年共三百六十六天。这样，每年的天数都很整齐，用不着再设闰月，四季节气都是固定的日期。至于月亮的圆缺，和寒来暑往的季节无关，只要在历书上注明"朔""望"就行了。沈括提出的这个历法既符合天体运行的实际，也有利于农业活动的安排。

科学研究上的多面手

沈括对物理学研究的成果也是极其丰富而珍贵的，涉及力学、光学、磁学、声学多个领域，特别是他对磁学的研究，成就卓著。在《梦溪笔谈》中，沈括第一次明确地谈到磁针的偏角问题，记录了指南针原理及多种制作法，并发现了地磁偏角的存在；在光学方面，沈括通过亲自观察实验，对小孔成像、凹面镜成像、凹凸镜的放大和缩小作用等做了通俗生动的论述，推动了后来对"透光镜"的研究。此外，沈括还剪纸人在琴上做过实验，研究声学上的共振现象。

在化学方面，沈括也有许多新发现。在出任延州时候，他曾经考察研究鄜延境内的石油矿藏和用途，创造了用石油炭黑代替松木炭黑制造烟墨的工艺。他还注意到埋于地下的石油资源十分丰富，预测到它们将来必将为人们广泛利用，"石油"这个名称也是沈括首次使用的。在《梦溪笔谈》中，沈括还讲到了金属转化的实例，例如用硫酸铜溶液把铁变成铜的物理现象。

在数学方面，沈括通过对酒馆里堆起来的酒坛和垒起来的棋子等有空隙的堆体积的研究，提出了求它们的总数的正确方法，这就是"隙积术"，也就是二阶等差级数的求和方法。沈括还从计算田亩出发，考察了圆弓形中弧、弦和矢之间的关系，提出了中国数学史上第一个由弦和矢的长度求弧长的比较简单实用的近似公式，即"会圆术"。这不仅促进了平面几何学的发展，而且在天文计算中也起了重要的作用。

沈括在地学方面也有许多卓越的论断，他根据河北太行山山崖间有螺蚌壳和卵形砾石的带状分布，推断出这一带是远古时代的海滨，而华北平原是由黄

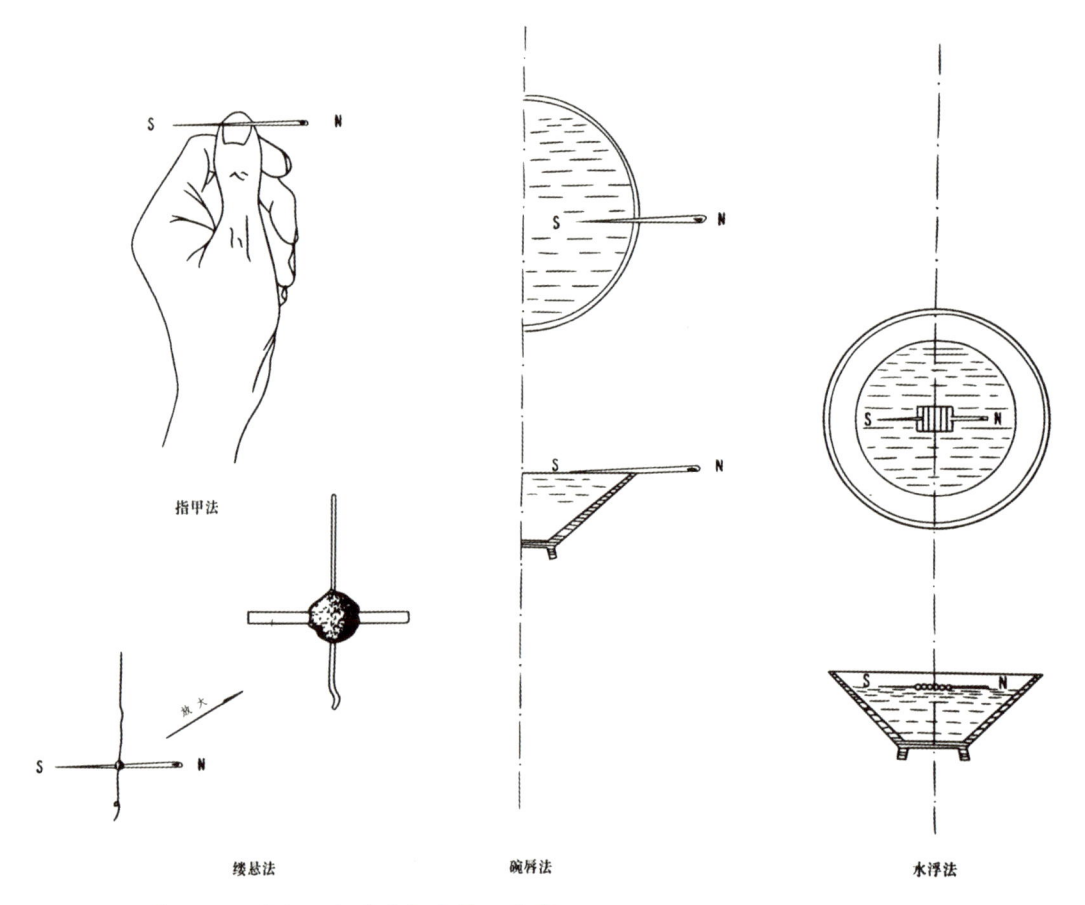

指甲法、缕悬法、碗唇法、水浮法指南针示意图

河、漳水、滹沱河、桑干河等河流携带的泥沙沉积而形成的。熙宁九年（1076），沈括奉旨编绘《天下州县图》。他查阅了大量档案文件和图书，经过近20年的不懈努力，于元祐二年（1087）制成了大型地图集《守令图》，共计20幅。其中有大图1幅，高1丈2尺，宽1丈；小图1幅；各路图18幅（按当时行政区划）。图幅之大，内容之详，前所未有。

沈括对医药学和生物学也很精通，药用植物学知识也十分广博，他纠正了古药书上的错误，提出"治病五难"（辨疾、治疾、饮药、处方、制药）的新理论，著有《良方》等三部医药学著作。

活字印刷术之父 毕昇

Bi Sheng

北宋发明家

（？～1051）

毕昇，北宋发明家。又名毕晟。北宋淮南路蕲州（今湖北英山）人。据沈括的《梦溪笔谈》记载，毕昇是一个平民，然而他发明了世界上最早的活字印刷技术。可惜的是，对于毕昇的籍贯、身世和生活经历，这本书都没有确切的记载。作为中国古代四大发明之一，毕昇发明的活字印刷术节约了大量的人力物力，极大提高了印刷的速度和质量，比先前的雕版印刷要先进得多，是印刷史上的一次大革命，并且为现代印刷业打下了基础，对人类文明的继承与传播有着深远影响。

做有心人

　　有关毕昇发明活字印刷术，流传着许多传说。据说，有一次毕昇给他的师兄弟们演示活字的制作过程，他的一个小师弟对于师兄的天才想法啧啧称奇说：一部《大藏经》五千多卷，要花好多年时间，雕刻十三万块木板才能完成，而如果用师兄的法子，几个月就可以了，师兄，你是怎么想出这么巧妙的办法的？毕昇笑着回答道：是我的两个儿子教我的。去年清明前，我带着妻儿回乡祭祖，有一天，两个孩子玩泥巴，用泥巴捏出了许多锅、碗、桌、椅、猪、人，随意地摆来摆去。于是，我就想，我何不用泥巴来刻单字印章，这样不就可以随意排列、组成文章了吗？师兄弟们闻言哈哈大笑道：泥巴谁家孩子没捏过，怎么就只有你发明了活字印刷？一直在一旁沉默不语的师父回答说：因为在你们这些师兄弟中，毕昇是最用心的，就连走路、吃饭，他都想着怎么琢磨出个新法子来，所以看到孩子玩泥巴也会想到这个好主意。另外一些

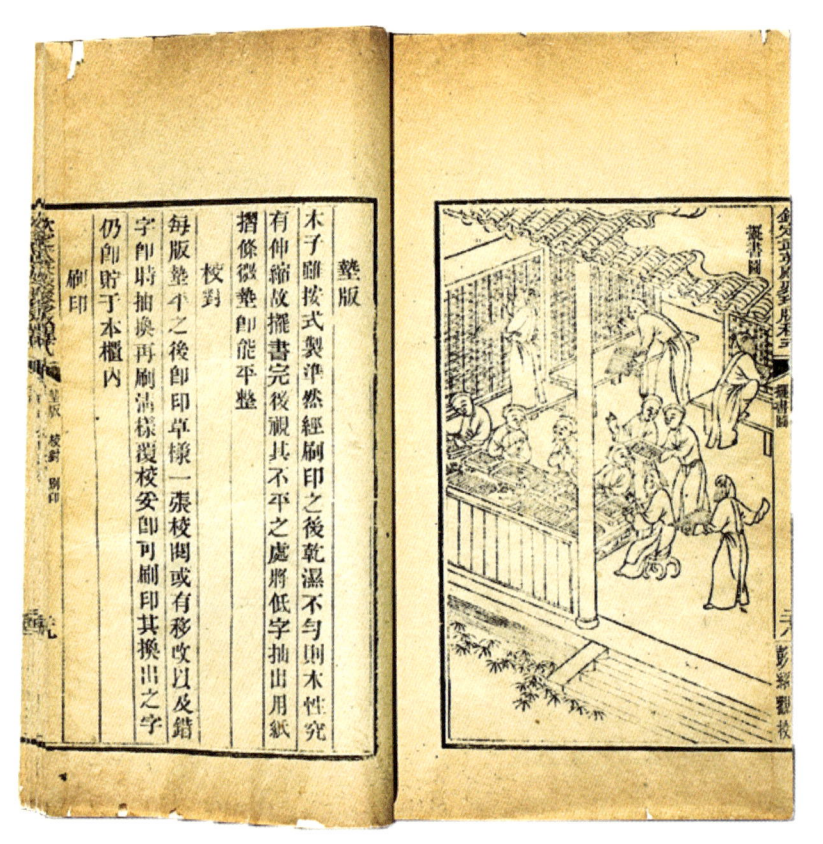

《钦定武英殿聚珍版程式》（清乾隆年版）

传说则反映出毕昇虽然有如此伟大的发明，然而他的命运却十分悲惨，最后竟遭奸人迫害投江自尽。相传毕昇写得一手好字，受到杭州"播文堂"雕版作坊主皮子龙的赏识，被聘为写字先生。在杭州期间，毕昇拜技艺高超的老雕版匠陈大亮为师，陈大亮一生雕版，积劳成疾，终因背驼眼盲而遭辞退。毕昇刻苦钻研技术，并立志将养父谢清之耗费半生心血所著的《氾胜之农书纂补》一书刊刻行世。

在活字版印刷术发明之前，主要使用的是雕版印刷，它的使用方法是，首先在一块坚实的木板上，一个字一个字地刻出需要印刷的内容，但必须是反字。刻好后涂上墨，一张一张地印刷。书印完后版也就废了。如果是一部卷帙浩繁的巨著，仅刻版就不知要耗去多少精力。

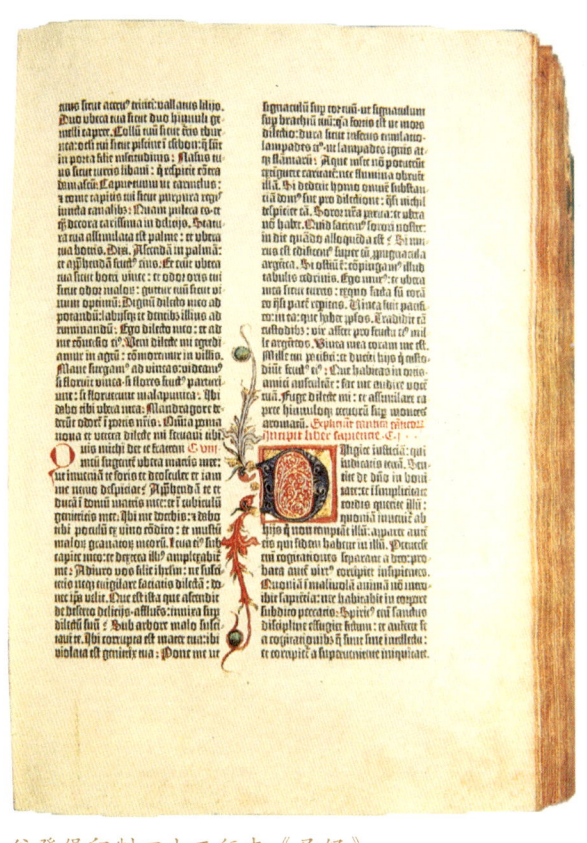

谷登堡印制四十二行本《圣经》

    毕昇深知雕版印刷的弊病所在，于是萌发了革新工艺的念头。他刻苦钻研，百折不挠。他的妻子为了使丈夫全心投入，终日操劳，不辞辛苦地在西湖上撑船养家。皇天不负有心人，在毕昇一家的同心协力下，伟大的活字印刷术终于创制成功，毕昇与其他工匠一道开办了"毕氏活字印书铺"，生意兴隆，颇受欢迎。然而，毕昇的成功却引得他的前东家皮子龙心生嫉妒。皮子龙勾结朝廷新任判官王天书，砸毁毕昇的活字印书铺，强抢活字版，并害死毕昇的岳父。毕昇含冤告状反遭毒打，《农书》的书稿亦被撕毁，他的妻子在逃跑途中负箭身亡。在命运一连串的无情打击之下，毕昇终于绝望地投江自尽。

革命性的创新

    关于毕昇的生平事迹，人们现在已经很难了解得更多，但是他发明的活字印刷术，却被沈括记载在他的《梦溪笔谈》当中，其内容十分详细，使人们可

在敦煌发现的元代回鹘文木活字

以轻易还原当初的制作过程。毕昇发明在胶泥块上刻字,每个泥块上雕刻一个阳文反字,再用火烧硬,便成了一枚活字。每枚活字按用制备,多用多制,以备同一个字在印刷中重复使用。另外,为便于拣字排版,活字必须按韵目排列在木格中。在制版时,按所印文字的字句段落,将活字放在盛有作为黏合剂的松香、蜡和纸灰的铁板上,四周围以铁框,放至火上加热来熔化黏合剂,待黏合剂稍为冷却但仍有可塑性时,用一平板在字面上加压使之平准,当黏合剂完全冷却凝固后即可印刷。拆版时,将盛有活字的铁板拿至火上烘烤,使黏合剂再度熔化,用手轻拂活字,使活字剥落,供下次排版使用。

在毕昇发明活版印刷前的数百年时间里,人们只有摹印、拓印和雕版三种印刷方式,可无论哪种方式都是费时、费力又费料,印刷效率低下,不仅存放不便,而且发生错字时又极难更正。毕昇发明的活字印刷术,包含了从造活字、排版到最后拆版的全套过程。比上述三种印刷方式的工作效率提高了许多倍,可谓革故鼎新的创

毕昇塑像

举。活字印刷术虽在工具、设备和技术条件方面无法与现代凸版铅印相比拟，但二者基本原理相通，使用方法大致相同。

活字印刷术作为古人贡献给人类文明的硕果之一，在世界范围内得到了广泛的传播。据考证，毕昇的"胶泥活字"最先传到了近邻朝鲜，被朝鲜人称为"陶活字"；而后又由朝鲜传播至日本、越南、菲律宾。大约15世纪，活字印刷术传至欧洲。德国的谷登堡以活版印刷方式印制了《谷登堡圣经》一书，是欧洲第一部活版印刷品，但比中国的活版印刷史却整整晚了400年。

此后，活字印刷术又从德国传播至其他十数个欧洲国家，促进了欧洲文艺复兴运动的到来。公元16世纪，活字印刷术传至非洲、美洲及俄国，并最终于公元19世纪传入澳洲。活字印刷术是中国古代四大发明之一，也是印刷史上的一次伟大革命，为推动世界文明的传播与发展作出了重大贡献。

大科学家

郭守敬 Guo Shoujing

元代天文学家、水利专家
(1231~1316)

郭守敬，元代天文学家和水利专家。字若思。元代顺德邢台（今河北邢台）人。自幼继承他的祖父郭荣的家学，精研天文、算学与水利。元世祖中统三年（1262），左丞兼宣抚使张文谦向元世祖推荐郭守敬，说他对于河工事务非常熟悉，而且奇思妙想，超出常人。郭守敬也向朝廷建议应当整治燕京附近的运河，开发邢台、磁州的农田水利。元世祖任命他提举诸路河渠，至元元年（1264）授都水少监，主持重开金口河引永定河水，运西山木石到大都的工程。至元八年任都水监，查勘泗水、卫河等水道，并将沟通两河的方案绘图上报，为南北大运河的开凿做了准备。至元十三年，都水监并入工部，郭守敬任工部郎中，与王恂一起主持修改历法，修成《授时历》。在这个过程中，他先后设计制造了20多种天文仪器，进行了南北长5500千米、东西宽3000多千米的大地测量。至元二十八年（1291），他查勘滦河及卢龙河水道，提出兴修水利的11项建议，并再一次出任都水监，查勘并规划设计通惠河工程，打通了京杭运河全线。大德二年（1298），他规划设计开凿了上都（元代的夏都）的铁幡杆渠。延祐三年（1316），郭守敬逝世，终年86岁。

修订历法

至元十三年（1276），元世祖忽必烈攻下南宋首都临安，在占领全国之前，他命令制订新的历法，由张文谦等主持成立新的治历机构太史局。太史局由王恂负责，郭守敬因为精通天文历法，也被调到太史局，与王恂一起主持改历工作。从分工来看，王恂主推算，郭主制仪和观测。至元十五年（或十六年），太史局改称太史院，王恂任太史令，郭守敬为同知太史院事，建立天文台，杨恭懿等人也来共同参与其事。经过四年的努力，他们终于编出新历，忽必烈定名为《授时历》。

在修订历法的过程中，王恂、郭守敬等人研究分析了汉代以来的四十多家历法，吸取各历之长，力主应搞懂历法的原理并且要重视观测以及制作所需的仪器，他们采取理论与实践相结合的科学态度，取得了许多重要成就。中国古历自西汉刘歆作《三统历》以来，一直利用上元积年和日法进行计算。唐、宋时期，曹士等人尝试进行改变。《授时历》则完全废除了上元积年，采用至元十七年（1280）的冬至时刻作为计算的出发点，以至元十八年为"元"，即开始之年。所用的数据，个位数以下一律以百为进位单位，即用百进位式的小数制，取消日法的分数表达式，比旧历法精确得多。它算出一年有365.2425天，

北京古观象台

简仪

同地球绕太阳一周的时间，只相差26秒。这部历法同现在通行的公历一年的周期相同。但是比公历确立的时间要早302年。

革新天文仪器

修订历法工作一开始，郭守敬就提出：研究历法先要重视观测，而观测必须依靠仪器。但原来用于观测天象的仪器早已陈旧不堪，得不到可靠的数据。为此，郭守敬特地在元大都城东南角修筑了观象台，并为修历而设计和监制了观测天文的简仪、高表、候极仪、浑天象、玲珑仪、仰仪、立运仪、证理仪、景符、窥几、日月食仪以及星晷定时仪等新仪器12种（据史书记载有13种，有的研究者认为最后一种仪器应该包括星晷与定时仪两种）。

有了好的仪器，还要进行精确的实地观测。王恂与郭守敬等人经过研究，在全国各地设立了27个测点。最北的测点是铁勒（在今俄罗斯西伯利亚的叶尼塞河流域），最南的测点在南海（在今西沙群岛），并选派了14个监候官员分别到各地进行观测。郭守敬也亲自带人到几个重要的观测点去观测。各地的观测点把得到的数据全部汇总到太史局。这些大量数据，成为修订新历的重要基础。

北京城的水利系统

郭守敬于水利之学深有造诣。早年曾与地方官张耕在家乡进行水利修整，疏浚了战乱年代被破坏了的沟、渠、塘、坝，如邢台的蔡水、潦水、野狐泉等水系。中统三年（1262），张文谦向元世祖推荐郭守敬，元世祖召见时，郭守敬面陈水利六事，颇为元世祖所赞赏。

元朝建立后，放弃了金中都城的旧址，而是北迁建元大都（今北京）。郭守敬的治水才华在元大都的水系建设中得到充分施展。在修建元大都之前，郭守敬就建议引玉泉水以通漕运，后来，漕运一事虽然未能付诸实现，但却解决了宫苑的用水问题，即沿用了金朝引水工程的旧渠道，导玉泉诸水汇入高梁河，引入城中，流经宫苑，注入太液池（今北海公园内），这就是所谓的金水河。

通州通惠河永通桥

至元元年（1264），郭守敬任都水少监。为继续解决漕运以及灌溉水源问题，于至元三年重开金代已废弃的金口河，引浑河（今永定河）水入运河。他总结金代金口引水失败的教训，在金口上游预开减水口（即现代的溢洪道）分洪，保证安全引水。由于浑河泥沙过多，容易淤塞航道，为漕运供水的效果较差，但是在为建设元大都运送西山木石和发展灌溉农田方面起到很大作用。金口引水一直使用到大德二年（1298），成功运行了32年。

此外，郭守敬还指挥修建了元大都至通州的运河。从通州到元大都，他设计了7座水闸，这7座水闸彼此相距约500米的地方设有斗门，可以通过水闸和斗门的关闭与开放调节运河各段的水位高低，引导船舶顺畅通过。工程竣工后，元世祖忽必烈亲自将这段164里长的运河命名为"通惠河"。通惠河是中国工程建设史上的杰作，其运用的巧妙方法与现在国外一些运河采用的技术是基本相同的。通惠河的开通，实现了南北大运河从元大都到杭州城的贯通，使南方来的运粮船能够直抵大都城内的积水潭码头，积水潭水面上的船舶密密麻麻，呈现出运输发达、商业繁荣、经济兴旺的景象，使元大都不仅成为元朝的政治中心，还成为闻名世界的商业大都市。因此有人说，没有郭守敬，就没有今天的北京城。

河南登封观星台，是郭守敬为改革历法，进行天文观测而建

志卷第十六　　　元史六十四

翰林學士資善大夫知制誥兼修國史臣宋濂　翰林侍制承務郎兼國史院編修官臣王禕等奉

勅修

河渠一

水為中國患尚矣知其所以為患則知其所以為利因其患之不可測而能先事而為之備或後事而有其功斯可謂善治水而能通其利者也昔者禹堙洪水疏九河陂九澤以開萬世之利而周禮地官之屬所載瀦防溝遂之法甚詳當是之時天下蓋無適而非水利也自先王疆理井田之制壞而後水利之說

《元史·河渠志》

黄道婆

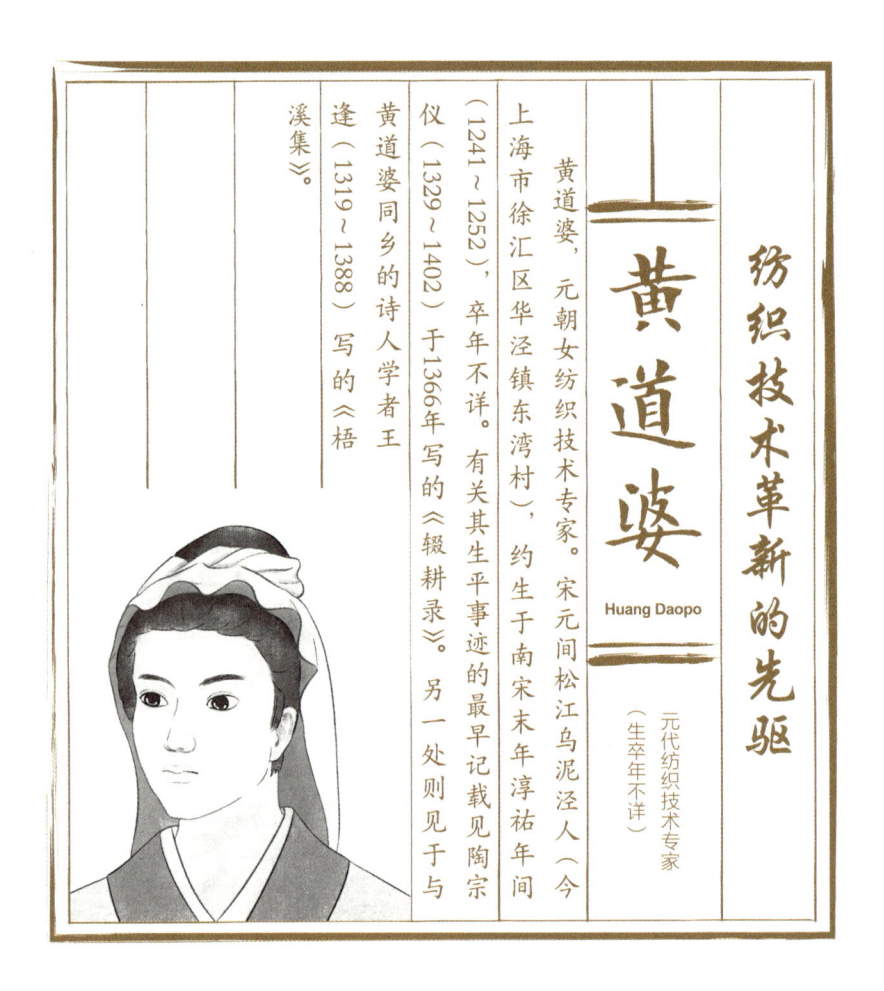

Huang Daopo

元代纺织技术专家
（生卒年不详）

纺织技术革新的先驱

黄道婆，元朝女纺织技术专家。宋元间松江乌泥泾人（今上海市徐汇区华泾镇东湾村），约生于南宋末年淳祐年间（1241~1252），卒年不详。有关其生平事迹的最早记载见陶宗仪（1329~1402）于1366年写的《辍耕录》。另一处则见于与黄道婆同乡的诗人学者王逢（1319~1388）写的《梧溪集》。

出身苦寒　千里学艺

黄道婆十二三岁时，家中迫于贫寒把她送给人家当童养媳。由于不堪忍受丈夫及公婆的凌虐，她逃到道观出家，因为她姓黄，人们称她为"黄道姑"，又称"黄道婆"。后来她又逃到海南岛南端的崖州黎族地区，当地的棉纺织技术非常有名。棉布与丝织物相比有许多长处，但是当时内地的棉纺织品产量不高，而且质量低劣，不能成为人们主要的衣着用品。与内地相比，海南黎族地区生产的棉织物品种繁多，织工精细，质量、色彩均居全国之首，作为"贡品"进入南宋都城临安（今浙江杭州一带）的各类棉布就有20余种。黎族人民还能织出坚厚的兜罗棉、番布、吉贝等纺织品，染成各种色彩的黎单、黎棉、鞍搭等，销往全国各地。黄道婆到了海南后虚心向黎族人民学习棉纺织技术。在黎族同胞的细心传授下，她逐渐掌握了棉纺织的各道工序，成为有着精湛技术的纺织能手。

清《绵亿棉花图册》

元成宗元贞年间（1295～1297），黄道婆带着捏崖织机和椎弓等纺织工具返回故乡。据陶宗仪《南村辍耕录》记载，乌泥泾起初没有踏车椎弓的纺织方法，包括去掉棉籽在内的全部工序都要人手工操作，工作辛苦，效率极低。黄道婆将黎族人民先进的棉纺织生产经验与汉族纺织传统工艺结合起来，系统地改进了从轧籽、弹花到纺纱、织布的全部生产工序，创造出许多新的生产工具。例如，棉纺织的第一道工序"轧棉去籽"，她起初教人用铁杖来擀掉棉籽，用以代替原始的手剥法。后来又把黎族人民的搅车介绍过来。搅车又名轧车，是由装置在机架上的两根辗轴组成，上面的是一根小直径的铁轴，下面的是一根直径比较大的木轴，两轴靠摇臂摇动，向相反方向转动。把棉花喂进两轴间的空隙辗轧，棉籽就被挤出来留在后面，棉纤维（皮棉）则被带到前面。搅车的应用，完全改变了用手剥籽或用铁杖擀去籽的落后状况，大大提高了生产效率，是当时皮棉生产中一件重大的技术革新。

为改进原始粗糙的弹棉花方法，黄道婆不仅把原来的小弓改成一米多长的大弓，用粗绳弦代替细绳弦，而且还用檀木做的椎子击弦弹棉。这样既比以前用手指弹拨的小竹弓提高了效率，又使弹出的棉花均匀细致，不留杂质，提高了纱线的质量。在纺纱这道工序上黄道婆所用的心力最多。她发现当时人们使

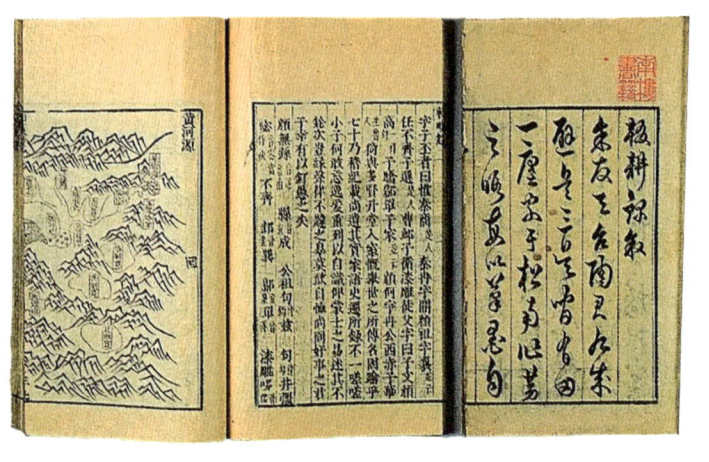

陶宗仪所撰《南村辍耕录》最早记载黄道婆事迹

用的旧式单䋎（一个纺锭）手摇纺车功效很低，要三四个人纺纱才能供上一架织布机的需要，对织布的速度形成了很大障碍。因此她与木工师傅一起，经过反复的试验和不断的改进，终于研制出了一种三䋎式（三个纺锭）的脚踏棉纺车，使纺织效率一下子提高了两三倍，操作也比原先方便省力，是棉纺织史上的一次重大革新。这种新式纺车很快被人们接受与运用，在江南一带推广普及后，生产的棉布在数量和质量上都大为改观。元初著名农学家王祯在《农书》中介绍了这种纺车，其中的《农器图谱》还对木棉纺车进行了详细的绘图说明。

根据记载复原的搅车

黄婆婆，黄婆婆，教我纱教我布，两只筒子，两匹布。

——上海松江民谣

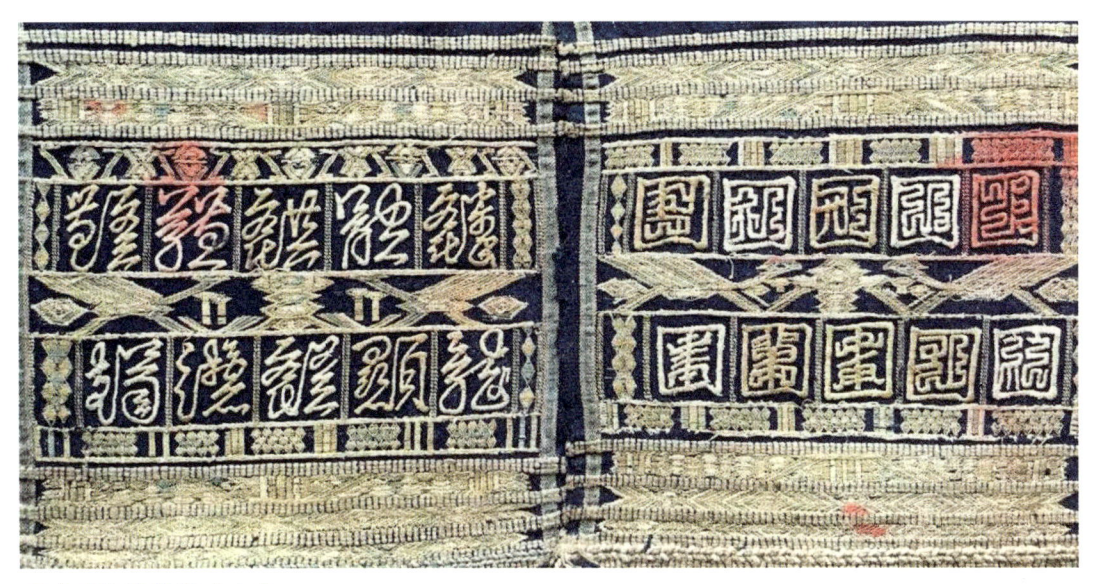

明清时期黎锦绣字头巾

革新技术　衣被天下

黄道婆还充分利用和改进了传统的丝绸生产工具和技术，提高了整丝和织布工艺质量，使当地人民能用纱线织出各种色彩的棉布，其绚丽灿烂的程度能与丝绸相媲美。王祯在《农书》中记载了当时已用拨车、线架等纺织工具来分络各色棉纱，还记载了织布机与丝绸机的相同之处。这是黄道婆把丝织生产经验运用于棉纺织业，改进原先所使用的投梭织布机的又一革新创造。

黄道婆把自己掌握的织造技术毫无保留地传授给了家乡人民，并在乡民中推广织造崖州被面和其他精美棉织品的方法。这些技艺推广运用后，松江地区的棉纺织技术提高到了一个相当高的水平。当时乌泥泾以棉织业为生的增至千余家。这些织户能织出宽幅的被、褥、带等多种棉纺织品，上面的图案艳丽鲜明,"乌泥泾被"一时成为名闻全国的产品,附近地区都竞相仿效,产品不胫而走,蜚声各地。到了明代,乌泥泾所在的松江成了全国的棉织业中心,赢得"衣被天下"的声誉,历数百年之久而不衰。

由于黄道婆对棉纺织技术作出了巨大的贡献,当地劳动人民热爱她,怀念她。元至元三年(1337),乡人为她建立了一所纪念性的"先棉黄道婆祠",1362年又重建一次。其他地方也都先后为她兴建祠堂。她被尊为棉圣、棉布业神、纺织神。英国著名科学家李约瑟博士在《中国科学技术史》一书中对黄道婆给予高度评价,联合国教科文组织也称她为世界级的科学家。1957年,上海为黄道婆建造墓园并立纪念碑。1980年11月20日,中国邮政发行了《中国古代科学家》第三组纪念邮票,将黄道婆与徐光启、李冰、贾思勰并列为中国古代科学家。

上海黄道婆纪念馆

精通农业的地方官

王祯 Wang Zhen
（元代农学家、木活字创造者，生卒年不详）

王祯，元代农学家、木活字的创造者。字伯善。山东东平人。

他生活在元朝初、中期，生卒年代不详。元成宗元贞元年（1295）任宣州旌德县（今安徽旌德）县尹，在任六年，旌德之民对他深为爱戴，加以歌颂。成宗大德四年（1300）调任信州永丰（今江西广丰）县尹，以课农兴学为务，政绩卓著。他从不动用刑罚，也不贴告示威胁百姓，然而县内秩序井然。不仅如此，他还捐出自己的部分薪俸，办学校，建坛庙，修桥梁，兴办了不少造福于民的公共事业。此外，他还兼施医药，救济穷苦有病的人，深受当地人民的称赞。

中国古代农业百科全书

王祯不仅是廉洁奉公的县官，而且是劝农兴桑、积极发展农业生产的农学家。他认为地方官如果不懂农业，是无法劝说百姓安心生产的。因此，他不仅搜罗历代农书，孜孜研读，而且注意观察各地的耕种方法和农业器具，在此基础上，他开始了《农书》的写作。在他到永丰任职时，《农书》已经写成，前后经历了约10年的时间。

《农书》的规模宏大，内容广博。全书共37卷，大约13万字，插图280余幅。其中包括《农桑通诀》《百谷谱》和《农器图谱》三大部分，既有总论，又有分论，图文并茂，系统分明，体例完整。它是中国第一部力图从全国范围对整个农业进行系统全面论述的著作。《农书》所涉及的地域包括南北方的

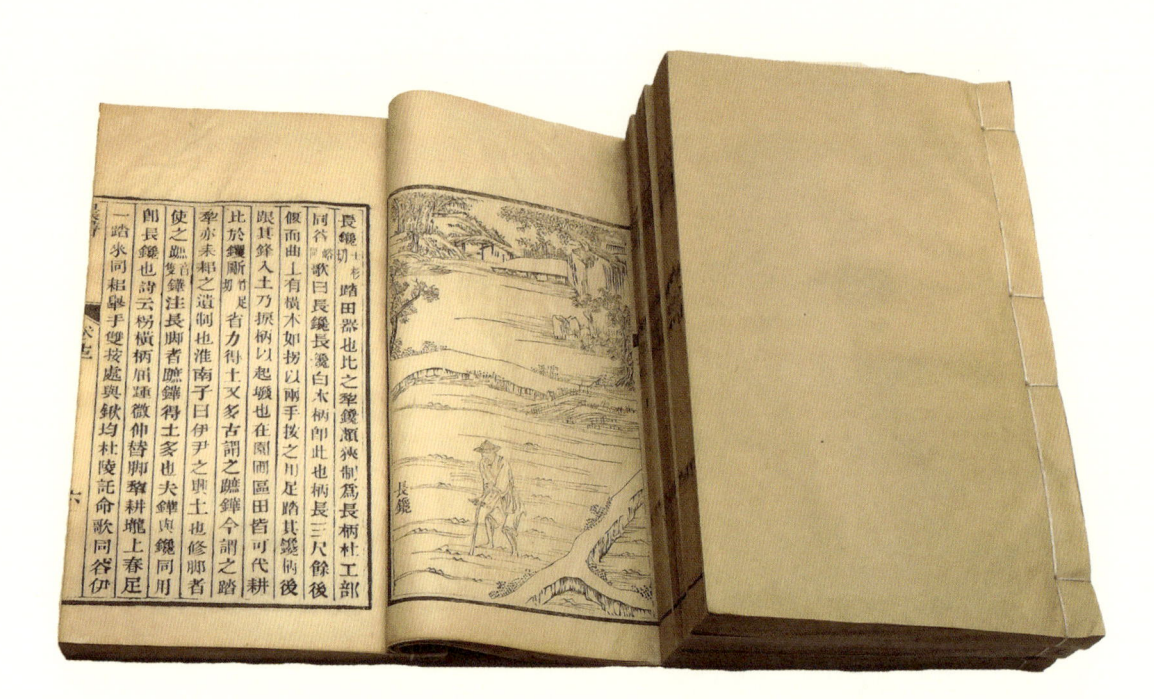

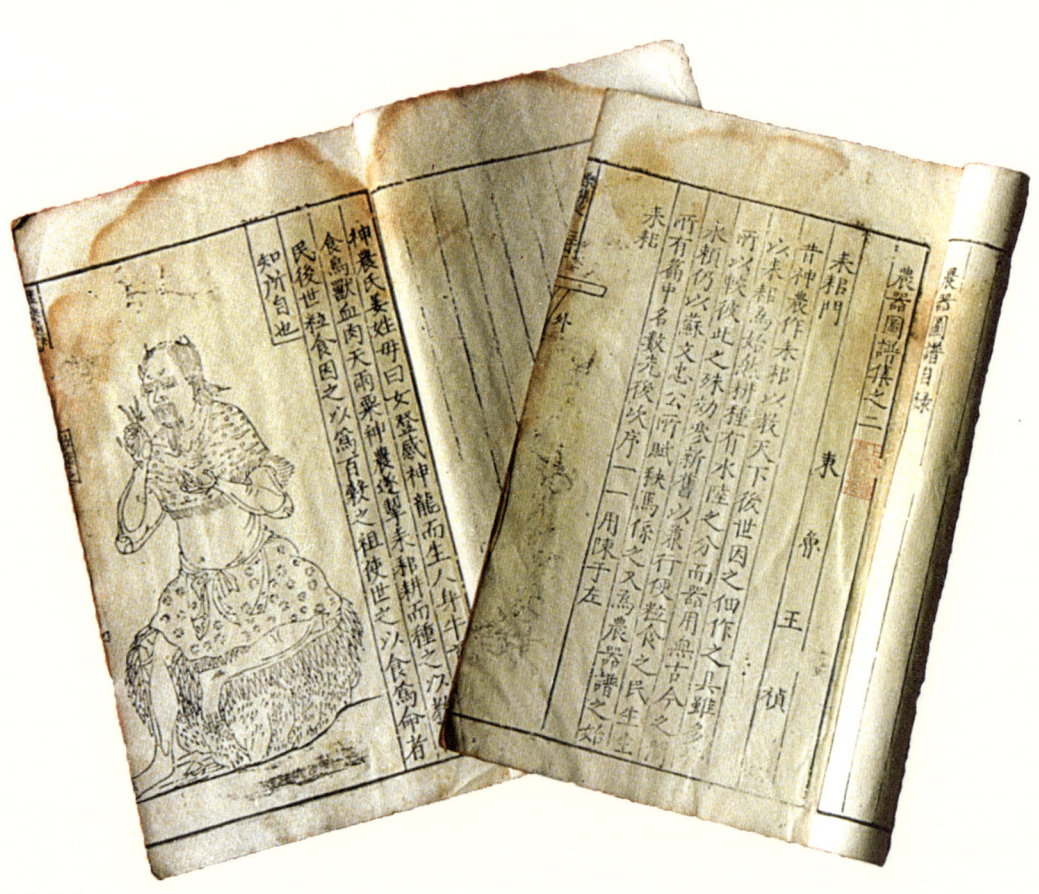

《农书》（王祯著）

宋朝，水排风箱图（采自《农书》）

17个省区，这也是以前任何一部古农书所不及的。可以说，它是中国古代第一部农业百科全书。

《农书》的第一部分《农桑通诀》，相当于农业总论。它比较全面和系统地论述了广义农业的内容和范围。论述了发展农业、鼓励农桑、储粮备荒的重要意义，对中国劳动人民长期以来积累的农业生产经验，做了系统全面的总结。以前的农书或总结北方农业生产经验，或专论南方农业，只有《农书》才是兼论南方和北方农业的。这是因为王祯生长于北方，后又长期在南方做地方官，这种经历使他对中国北方和南方的农业生产都比较熟悉，所以能从全国范围对农业生产进行全面系统地阐述。

《农书》的第二部分是《百谷谱》。王祯分门别类介绍了80多种粮食作物和经济作物的起源、品种和栽培方法。他把作物分做谷、蓏（luǒ，瓜类作物的果实）、蔬、果、竹木、杂类6项，每一项下面又分若干条。这种分类方法

筒车模型（根据陈廷章《水轮赋》和王祯《农书》复制）

虽然比较粗糙，但是已经具有农作物分类学雏形，比《齐民要术》仅有各论而没有明确分类要进步得多。王祯对每种作物的种植技术力求做到简要明晰，通俗易懂。同时在介绍各种作物的时候，他还很注意植物形态的描述，这在古农书中也是不多见的。

瓜颇不同，其用有二，供果者为果瓜，甜瓜、西瓜是也，供菜者为菜瓜，胡瓜、越瓜是也。
——王祯

《农书》中最有特色和价值的是《农器图谱》部分。这一部分卷帙最重，占全书篇幅的五分之四，是该书的重点内容。他极其详尽地介绍了当时和古代的以及他自己创制的各种农具、农业机械和生活用具，共达257种，并且逐一绘制成图谱共306幅。图后附有文字说明，介绍各种农具的构造、发展演变过程、使用方法和功效，并且作诗吟咏。这种内容丰富、特色鲜明的农学巨著，元朝以前没有任何一部农书可以与之相比。元朝以后的一些重要农学著作中，农器图谱部分也多转录或引据《农书》。

木棉纺车（根据王祯《农书》按1∶1比例复制）

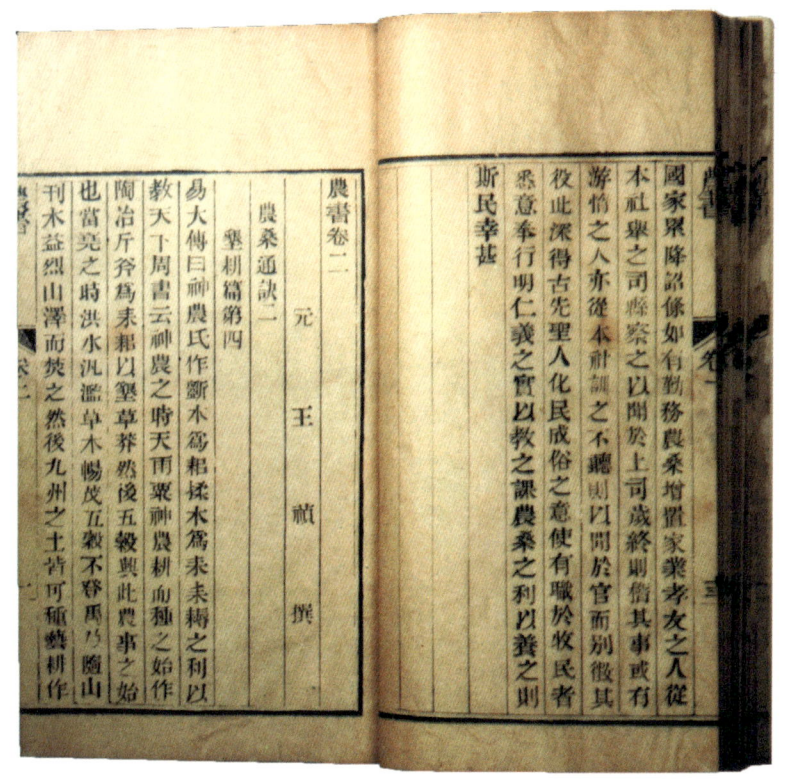

《农书》(卷二)

惠民有为的发明家

　　王祯博学多识，才华横溢，不仅是一位出色的农学家，而且是一位精巧的机械设计制造家。《农书》中记述的许多高效率的机械装置，不仅运用了杠杆、滑车、轮轴等简单机械，而且广泛使用了绳轮、齿轮、曲柄、连杆等传动、变速机件，显示了当时相当高的机械设计和制造水平，同时说明王祯对机械零件和机械原理有比较深入的研究。与此同时，他对一些早已失传的机械，多方征求研究，使其复原，有的还进行了改造。如东汉时南阳太守杜诗发明炼铁用的"水排"鼓风技术，到元代时已经失传，王祯经过长期反复研究，终于搞清了"水排"的构造原理，并绘制成图，载入《农器图谱》中。在复原过程中，他还把原来用皮橐鼓风，改为类似风箱的木扇鼓风。这既节省了费用，减轻了劳动强度，又提高了冶炼技术。王祯还在普通水磨的基础上，通过改变它的轴首装置，使它具有磨面、砻稻、碾米三种功能。他还借鉴江西的茶磨，设计制造了

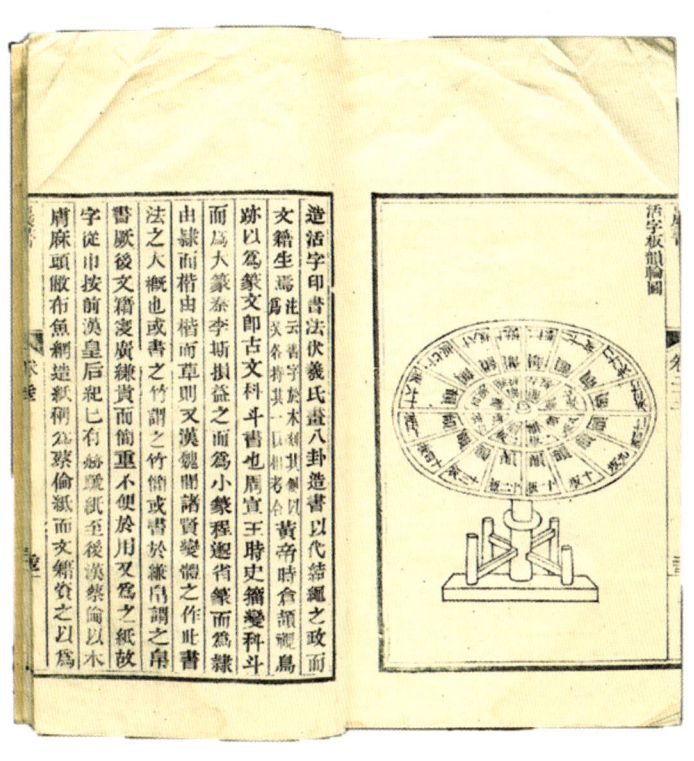

《农书·造活字印书法》

一种"水传连磨",据说,一天加工的粮食可以供一千户人家食用。

  尤其值得一提的是王祯在印刷技术上的革新,对中国乃至世界文化的发展作出了宝贵的贡献。北宋时毕昇发明了胶泥活字印刷术,但是这项发明直到元代尚未得到推广,当时大量使用的仍是雕版印刷术。这种方法不但费工费时,而且所刻雕版一旦印刷完毕大多废弃无用。王祯为了使《农书》早日出版,便在毕昇胶泥活字印刷术的基础上,进行了木活字印刷的试验研究,他亲自设计、雇工,用两年时间刻制木活字三万多个,并用这种新方法试印了由他主编的《旌德县志》,全书六万余字,不到一个月就印成了。这是历史上有记录的第一部木活字印本。为了解决拣字过程中操作不方便的问题,王祯设计制造了转轮排字盘,即用轻质木材作成两个大轮盘,轮盘装在轮轴上可以自由转动。然后把木活字按古代韵书的分类法,分别放入盘内的一个个格子里。排字工人坐在两副轮盘之间,转动轮盘即可找字。这样既提高了排字效率,又减轻了排字工的体力劳动。是排字技术上的一个创举。王祯将自己的木活版工艺详细写成《造活字印书法》一文,附于其所著《农书》中。这是历史上最早全面论述木活字版工艺的著作。

治理黄河的专家

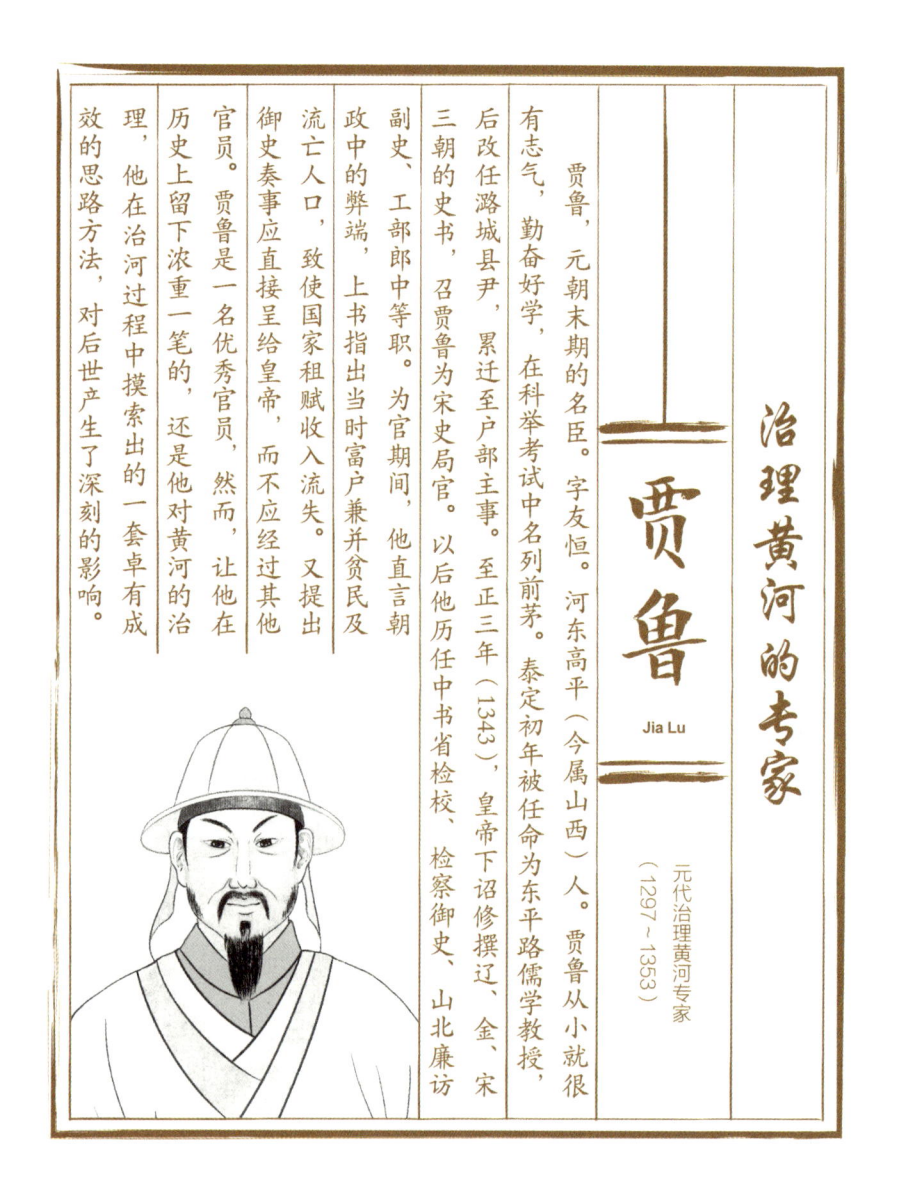

贾鲁
Jia Lu
（1297~1353）
元代治理黄河专家

贾鲁，元朝末期的名臣。字友恒。河东高平（今属山西）人。贾鲁从小就很有志气，勤奋好学，在科举考试中名列前茅。泰定初年被任命为东平路儒学教授，后改任潞城县尹，累迁至户部主事。至正三年（1343），皇帝下诏修撰辽、金、宋三朝的史书，召贾鲁为宋史局官。以后他历任中书省检校、检察御史、山北廉访副史、工部郎中等职。为官期间，他直言朝政中的弊端，上书指出当时富户兼并贫民及流亡人口，致使国家租赋收入流失。又提出御史奏事应直接呈给皇帝，而不应经过其他官员。贾鲁是一名优秀官员，然而，让他在历史上留下浓重一笔的，还是他对黄河的治理，他在治河过程中摸索出的一套卓有成效的思路方法，对后世产生了深刻的影响。

黄河水患

　　黄河是中华民族的母亲河，她流经黄土高原，携带大量泥沙，形成了广阔而肥沃的冲积平原。我们的先民在这片平原上创造了旱作农业文化，辉煌灿烂。然而"一石水，六斗泥"的特点，又使黄河成为历史上灾害最为严重的河流。特别是其下游地区，地势平坦，落差小，河水流速缓慢，所以泥沙容易沉积，使河床增高，造成决口和改道，故黄河有"善淤、善决、善徙"三大特点，也就是说，它很容易淤积、决口和迁移。此外，黄河的其他一些特点也容易造成灾害。例如，它的水量在平时虽然并不大，但是在汛期会骤然增加，且因季节变化在一年之中周期性地出现凌汛、桃汛、伏汛、秋汛，等等。黄河一旦决口或改道，就会给两岸人民的生命财产造成巨大损失。

黄河的灾害有时亦来自人为因素，历史上一些统治者曾扒开黄河，以水御敌。北宋建炎二年（1128），东京留守杜充决黄河抵挡金兵，使河势自开封以东渐趋东南，夺淮河入黄海。也正是从此时开始，黄河河道较以往更频繁地发生巨大变迁。元至正四年（1344年），黄河又一次大决口，白茅堤、金堤相继被冲决，沿河的州县一片泽国，老百姓流离失所。

元顺帝任命贾鲁为行都水监，负责治河工程。贾鲁领受任务后，立即循着黄河，考察地形水势，沿途调查研究，行程往返几千里，绘出了精细的治水图，同时提出了两个治河方案。第一个方案是修筑黄河北堤，以拦阻黄河横溃。这个方案的好处是用工节省。第二个方案是"疏塞并举"，用今天的话来说，叫作因势利导。既要筑堤防止黄河决口，又要疏导河水，让河水沿河东行，返归故道。这个方案显然费工，但是效益比前一种大得多。后来，由于贾鲁被调离任右司郎中，这两个方案都没有付诸实施。

决胜之战

至正十一年（1351年），由于朝廷中政治格局的变化，贾鲁被任命为工部尚书、总治河防使，正式开始治河。

至正四年河决后，黄河故道两岸已是千疮百孔，为使河回故道后不致出现决溢险情，贾鲁先后筑塞了专固缺口和凹里减水河豁口4处，修缺口107处，同时又兴两岸埽堤工程。之后他开始着手堵塞白茅决口，使黄河回故道，这项工程是决定治河成败的关键一役。

贾鲁采用了船堤障水法，逆流排大船27艘，前后连以大桅或长桩，用大麻绳、竹绠绑扎在一起，连成方舟，又用绳索将船身上上下下捆个结实，这时将铁锚在上流放入水中。又用长达七八百尺的竹绠系在两岸的木桩上，每根竹

黄河大拐弯

绠上或吊两条船或三条船，使船不会顺流而下，船身中稍微铺些散草，装满小石头，用台子板钉盖上，再用埽密布合子覆上，或覆上二层，或三层，用大麻绳缚住，再把三道横木系在头桅上，都用绳维持住，用竹编成笆笼，装上草石，放在桅前，长一丈多，称为水帘桅。然后选水性好的民工，每条船上两个人，执斧凿，站在船首船尾，只听岸上击鼓声，同时开凿，沉船阻塞决河口。船沉后，水流入故道，就再树水帘，用前面的方法重复操作。

> 必疏南河，塞北河，使复故道。役不大兴，害不能已。
> ——贾鲁

由于水势过大，堵口合龙的情景极其惊险，越是到合龙的最后关头，施工越是艰难，巨大的水流将用来堵决的埽冲毁了一次又一次。旁观者都吓得打起了哆嗦，而贾鲁表现出惊人的镇定，命令万余人继续扎帮、运埽、叠埽，终于在十一月使决口合龙，黄河重归故道。

利在千秋

贾鲁指挥的治河工程于至正十一年四月开工，七月完成河流的疏导工程，八月就放水走黄河故道，九月舟船通行，并开始堵口。十一月，用秫秸、土石等修成的埽工以及沿河的堤坝也全部完成，费时仅一百九十天。元顺帝命令翰林丞旨欧阳玄亲书《河平碑》，详细记录了这次治河的情况，文中指出："鲁能竭其心思智计之巧，乘其精神胆气之壮，不惜劬瘁，不畏讥评。"也就是说，贾鲁能够殚精竭虑，大胆创新，并且能够不辞辛劳，忍辱负重。总之，给予他高度评价。

治河工程耗资巨大，元统治者不得不额外征收赋税，并且征发了很多民夫，这使得当时的社会矛盾越发激化。韩山童、刘福通等人趁机在工地埋下一尊独眼石人，并四处散布童谣："石人一只眼，挑动黄河天下反。"石人被河工上的民夫挖到，红巾军

陕西黄河壶口

起义就此爆发。因此，当时就有人认为，正是贾鲁好大喜功，劳民伤财，才造成了官逼民反的后果。对此后人有诗云："贾鲁修黄河，恩多怨亦多，百年千载后，恩在怨消磨。"这是对于贾鲁作为特定历史时期人物的客观评价。而河南至今仍有以贾鲁的名字命名的河流，也反映了后人对他功绩的怀念。治河过程中，贾鲁以科学的精神深入调查研究，发明了用石船大埽堵塞决口的方法，成为后世让决口合龙的主要方法，清代治河名臣靳辅指出："贾鲁巧慧绝伦，奏历神速，前古所未有。"

治运名臣

陈瑄 Chen Xuan
明代治理运河专家（1365~1433）

陈瑄，明初大臣、治理运河水利专家。字彦纯。南直隶合肥（今属安徽）人。洪武时以战功被任命为四川行都司都指挥同知。建文末年，升任右军都督佥事。"靖难之役"起，受命为总舟师设防江上。燕王朱棣的军队打到浦子口（今江苏南京西北浦镇）时，他率江防舟师迎降。朱棣即位后，封他为平江伯，世袭指挥使。永乐元年（1403），为总兵官，督理海运，后改掌漕运。一生督理漕运30年，功绩显著，与同代治理运河专家宋礼齐名。宣德八年（1433）十月，因积劳成疾，病死于任上。陈瑄一生最为后世传诵与尊崇的，并非赫赫战功，而是他在治水方面所取得的成就。

疏浚大运河

永乐元年（1403），陈瑄被封为平江伯，任总兵官，总督海运，负责向北京及辽东输运军饷。

明代的物资北运，一是靠海运，二是由淮入黄，再转陆运，二者都十分麻烦，耗费很大。明成祖朱棣迁都北京以后，为了沟通北京与南方的联系，活跃南北的物资交流，特别需要南方的粮食与物资源源不断地运往新都，为巩固新都的政治中心地位提供强大的物质保证，因此急切需要开通已久不通顺的京杭运河，改善运输条件。当时有两条线，一条为西线，即从江苏淮安溯淮河、颍河跨黄河北上；另一条线为东线，即从江苏淮安沿泗河、古会通河（山东济宁、梁山、聊城、临清）进入河北。两条线相比较，东线显然比西线距离短，从工程和运输的角度来看，是可取的。

京杭运河

　　东线的关键工程是开通会通河。会通河成于元世祖至元二十六年（1289），至元代末期，已废置不用。特别是经过洪武二十四年（1391）黄河的一场水灾，大量泥沙淤积，会通河已被淤死。所以，要使京杭运河南北畅通，首要的是开通会通河。永乐九年，明成祖朱棣命工部尚书宋礼总负责，陈瑄负责具体实施，开凿会通河，疏浚大运河。

开浚会通河在当时的施工和技术条件下，并不是一件容易的事情，有许多技术上的难题，其中突出的难题是济宁一带地势较高，水源很少。宋礼、陈瑄经过勘察以后，听取了当地百姓的意见，引汶水、泗水入其中，并建闸38座，解决会通河的水源问题。与此同时，陈瑄以淮安为中心，开展了疏浚南北两段京杭运河的工程，解决了许多工程技术上的难题，作出了重要的贡献。

京杭运河的全线贯通，极大地改变了明王朝的运输状况，朝廷遂弃海运用河运，仍由陈瑄负责漕运。陈瑄为了提高运输能力，造浅底船二千余艘，"漕运直达通州"。据《明史》记载："初运二百万石，浸至运五百万石，国用以饶。"而且使明王朝的漕运方式发生了变革，"初支运，次兑运，支兑相参；至支运悉变为长运而定制"。为明王朝迁都后在北方得以稳固提供了重要的物质保障，也为运河一线人民群众的生产、生活带来了许多好处。

毕生治水　死而后已

陈瑄不仅是一个杰出的水利工程专家，也是一个出色的水利管理专家。京杭运河全线通航以后，身为漕运总管的陈瑄，既重治理，又重管理。措施一，建立了专职的管理队伍。根据史料记载，陈瑄在开通运河后，沿运河一线置舍（宿舍）568所。显然，这支专业队伍人数很多，组织严密，分工具体，职责明确，既有固定人员，又有临时调用人员，还具有治安综合治理的职能。措施二，建立了严密的传汛制度。传汛制度规定，当洪峰在上游出现时，必须将汛情先于洪峰到达前传告下游，以便下游及早做好防范工作。措施三，建立了用水管理制度。陈瑄规定，哪个闸什么时候放水，放多少水，哪个闸什么时候进水，进多少水，一律以官府特制的"筹子"为凭，启闭闸门。既保证了运输，又减少了用水的矛盾。措施四，建立了航运管理制度。陈瑄根据许多河段水浅的特点，将漕船改建为平底浅水船，以适应浅水地段的通航。同时，在沿运河转运的一些枢纽地，如徐州、济宁、临清、德州、通州等，建立粮仓，称为"常盈仓"，以解决在存储转运中一船一行到底的困难，大大地节省了时间和人力。据史料记载，从淮安至临清，共有闸47座，每座都有

京杭运河

相应的管理制度。洪熙元年（1425）九月，明仁宗即位不久，陈瑄"上疏陈七事"：重国本、择贤能、苏民力、兴学校、整军伍、谨边防、走漕运。不仅显示了陈瑄在水利、航运管理方面的才能，也显示了他的治理国家的才能。仁宗阅后说："瑄言皆当。"于是须敕奖谕，采纳了他的建议，并赐命世袭平江伯。为便利漕运，宣德七年，陈瑄又于高邮、宝应、氾光、白马诸湖筑长堤为牵道。当时漕运，军民参半，特别是民运，要将江南诸省的粮食运至京都，每年往返，费时费力，还要耽误农耕。陈瑄便在瓜洲、淮安设立便民仓，将江南运来的粮食放进仓库，然后再由漕军运至北京，同时，还更民运为兑运。这样既可以节省漕运费用，又便利了农民。

此外，陈瑄在四川任职时，还参加过都江堰的整修。陈瑄从政治水，先后30余年，《明史》对他的评价是："凡所规画，精密宏远""举无遗策"。他修建的许多水利工程至今还在发挥作用。宣德八年，他以69岁的高龄和带病的身体，坚持在淮安一带勘察水利，最后死于任上，为治水贡献了毕生精力。

李时珍

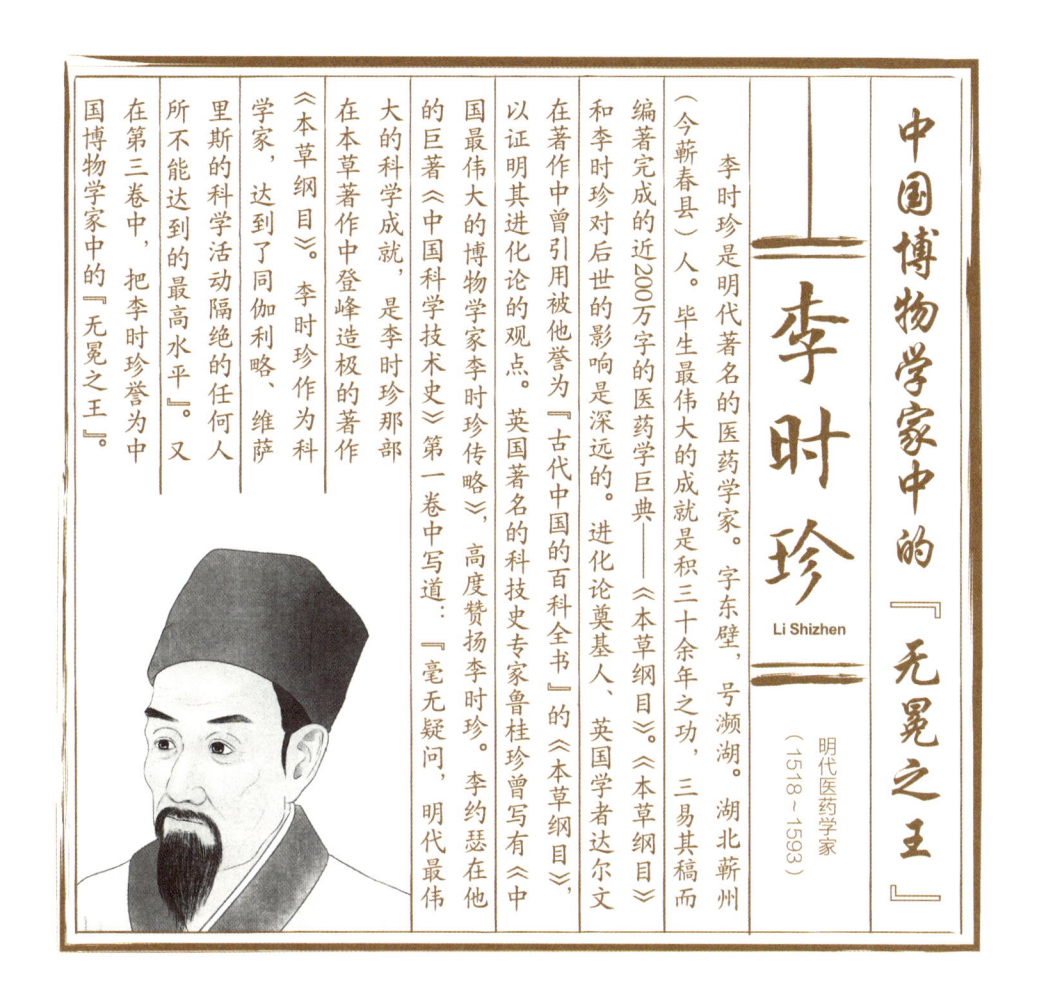

明代医药学家（1518～1593）

中国博物学家中的"无冕之王"

李时珍是明代著名的医药学家。字东壁，号濒湖。湖北蕲州（今蕲春县）人。毕生最伟大的成就是积三十余年之功，三易其稿而编著完成的近200万字的医药学巨典——《本草纲目》。《本草纲目》和李时珍对后世的影响是深远的。进化论奠基人、英国学者达尔文在著作中曾引用被他誉为"古代中国的百科全书"的《本草纲目》，以证明其进化论的观点。英国著名的科技史专家鲁桂珍曾写有《中国最伟大的博物学家李时珍传略》，高度赞扬李时珍。李约瑟在他的巨著《中国科学技术史》第一卷中写道："毫无疑问，明代最伟大的科学成就，是李时珍那部伟大的著作《本草纲目》。李时珍作为科学家，达到了同伽利略、维萨里斯的科学活动隔绝的任何人所不能达到的最高水平"。又在第三卷中，把李时珍誉为中国博物学家中的"无冕之王"。

出身世医家庭

李时珍出生于一个世医家庭，从小就对医药学特别感兴趣，并获得了许多药草知识。那时，民间医生地位很低，李家常受官绅的欺侮。因此，父亲决定让二儿子李时珍读书应考，以便一朝功成，出人头地。李时珍自小体弱多病，然而性格刚直纯真，对那些空洞乏味的八股文怎么也学不进去。李时珍14岁，中了秀才。后来，他三次到武昌参加考举人的乡试，都落第了。于是，他放弃了科举做官的打算，专心学医。他恳求父亲说："我今年23岁了，老是考不上，您还是让我学医吧！"并且表示了这样的决心："身如逆流船，心比铁石坚。望父全儿志，至死不怕难。"嘉靖二十一年.（1542），24岁的李时珍开始行医。不几年，李时珍果然成为很有名望的医生。大约到了38岁，就被武昌的楚王召去，任王府"奉祠正"，兼管良医所事务。三年后，又被推荐上京任太医院判。太医院是专为宫廷服务的医疗机构，当时，被一些庸医弄得乌烟瘴气。只任职一年，李时珍便辞职回乡。

> 身如逆流船，心比铁石坚。望父全儿志，至死不怕难。
> ——李时珍

李时珍在长期行医中深切感到，作为一个医生，识药、用药是一个大问题。因此他认为本草一书，关系颇重。在行医的十几年中，李时珍阅读了大量古医籍，又经过临床实践发现古代的本草书籍，"品数既烦，名称多杂。或一物析为二三，或二物混为一品"（《明外史本传》）。特别是许多毒性药品，竟被认为可以"久服延年"，因而遗祸无穷。于是，他决心要重新编纂一部本草书籍。31岁那年，他就开始酝酿，为了"穷搜博采"，读了大量参考书。家藏的书读完了，就利用行医的机会，向本乡豪门大户借。后来，进了武昌楚王府和北京太医院，读的书就更多，简直成了"书迷"。他不但读了800余种上万卷医书，而且看过不少历史、地理和文学名著。敦煌的经史巨作，他遍读了；几个古代大诗人的全集也都仔细钻研过。他还摘录了大量有关医药学的诗句。这些诗句给了他许多真实有用的医药学知识，帮助他纠正了前人在医药学上的许多谬误。

编写《本草纲目》

李时珍辞官返乡后，致力于行医和对药物的考察研究。嘉靖三十一年他开始编写《本草纲目》，历36年之久，于万历六年（1578）完成。全书共190多万言，分为16部，62类，50卷，收载药物1892种，比前人增加374种。载入药方19 096个。比前人增加4倍，同时绘制1160幅插图，形象地表现了各种药物的复杂形态，

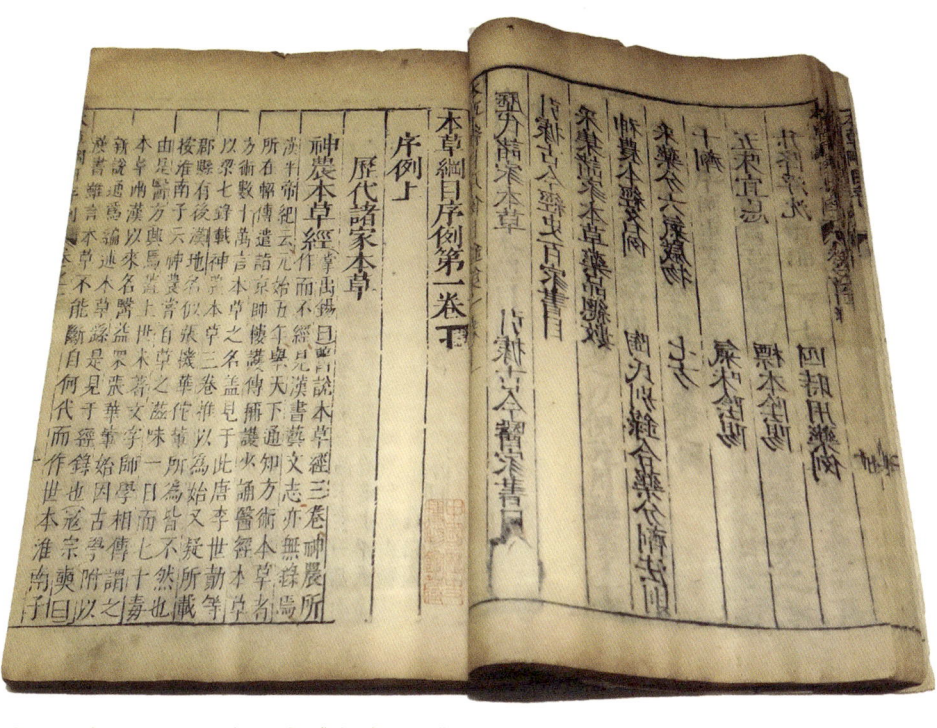

明万历（1573—1620）刻本《本草纲目》

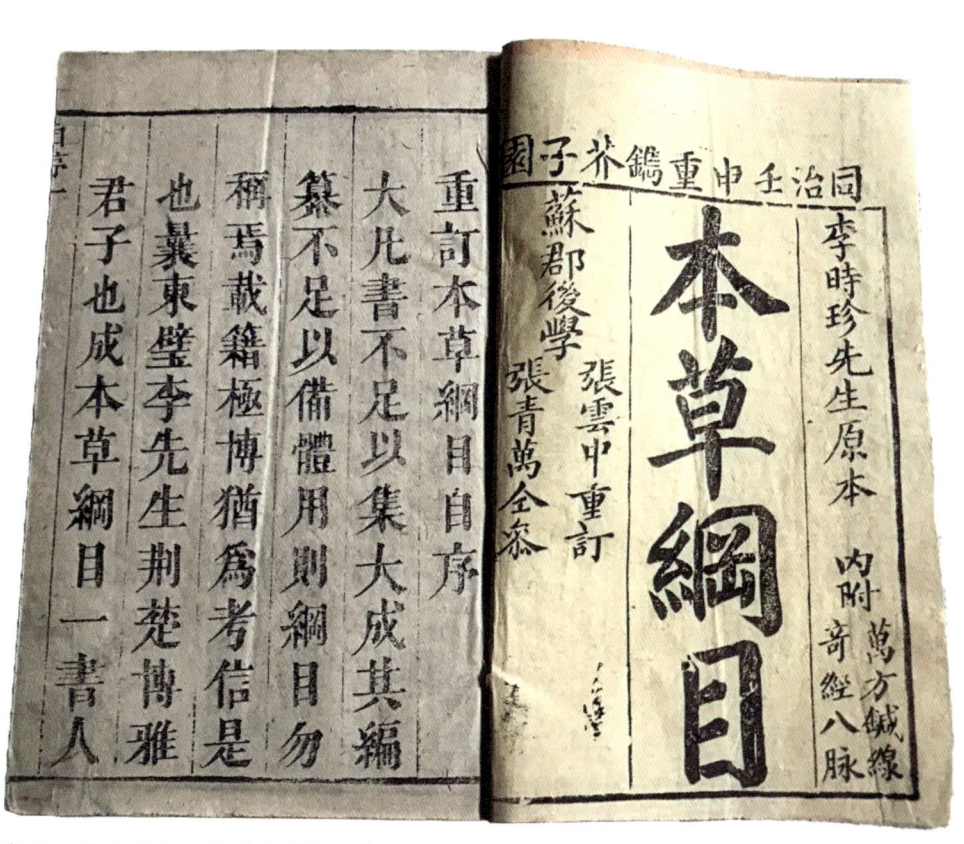

清同治芥子园翻刻本《本草纲目》

李时珍像

以便辨认。该书以药物的正名为纲,余名附释为目,次以集解辨误,详述其产地、形态、气味、功能、主治并有附方等。该书总结了中国两千多年药物知识和经验,纠正或澄清了许多前人的错误或含混的地方,增加了不少新发现的药物或药物功能,并用比较科学的方法对收载的药物重新作了分类。

《本草纲目》的编写,耗尽了李时珍的心血。他既"搜罗百氏",又"采访四方",深入实际进行调查。李时珍穿上草鞋,背起药筐,在徒弟庞宪、儿子建元的伴随下,远涉深山旷野,遍访名医宿儒,搜求民间验方,观察和收集药物标本。

李时珍经过长期的实地调查,搞清了药物的许多疑难问题,于万历六年(1578)完成了《本草纲目》编写工作。

《本草纲目》从17世纪起传至国外,有日、英、法、德、俄、朝鲜以及拉丁文等多种文字的译本,被称为"东方医学巨典",成为近代药物研究的重要文献。

水利专家 潘季驯

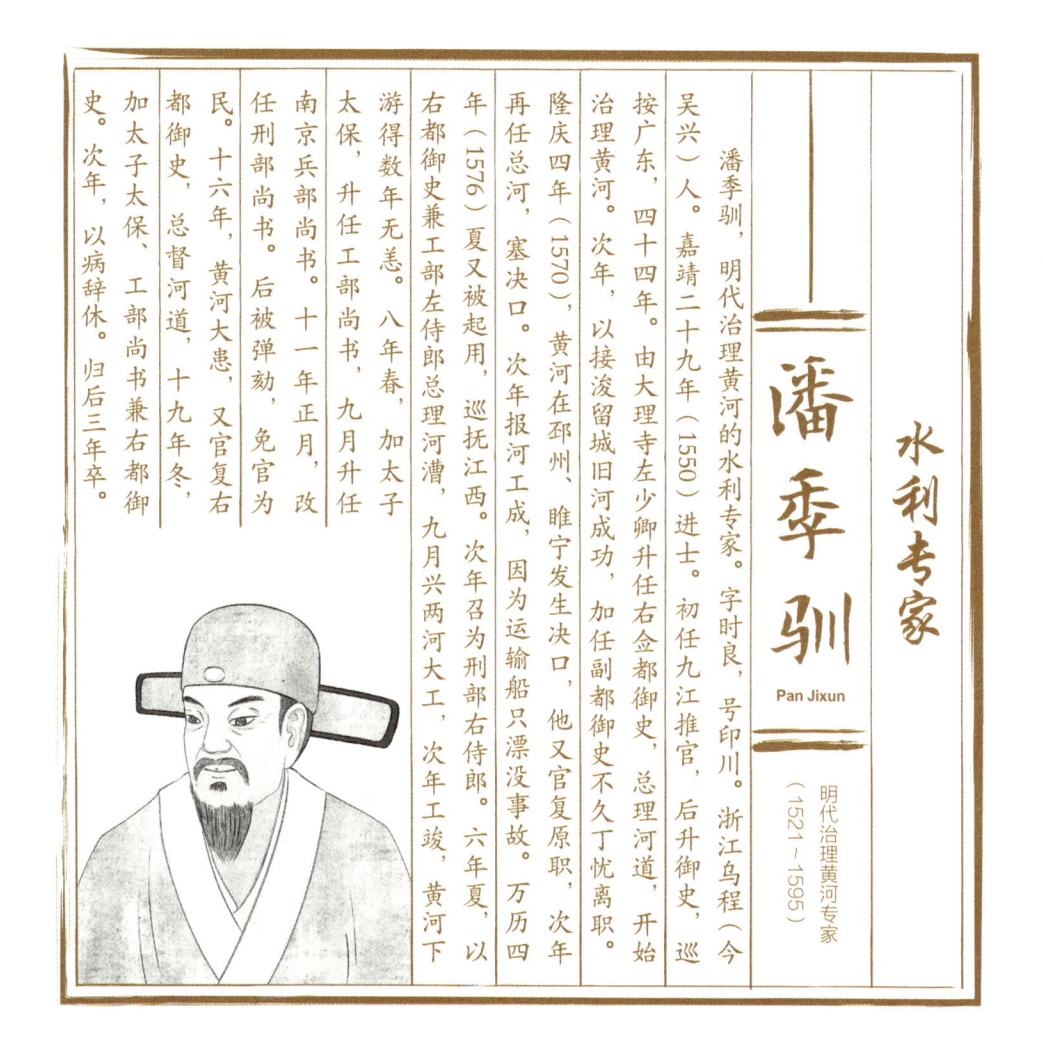

Pan Jixun

明代治理黄河专家（1521~1595）

潘季驯，明代治理黄河的水利专家。字时良，号印川，浙江乌程（今吴兴）人。嘉靖二十九年（1550）进士。初任九江推官，后升御史，巡按广东。四十四年（1565），由大理寺左少卿升任右佥都御史，总理河道，开始治理黄河。次年，以接浚留城旧河成功，加任副都御史不久丁忧离职。隆庆四年（1570），黄河在邳州、睢宁发生决口，他又官复原职，次年再任总河，塞决口。次年报河工成，因为运输船只漂没事故。万历四年（1576）夏又被起用，巡抚江西。九月升任右都御史兼工部左侍郎总理河漕，九月兴两河大工，次年工竣，黄河下游得数年无恙。八年春，加太子太保，升任工部尚书。十一年正月，改任南京兵部尚书。后被弹劾，免官为民。十六年，黄河大患，又官复右都御史，总督河道，十九年冬，加太子太保、工部尚书兼右都御史。次年，以病辞休。归后三年卒。

一生治河

大河安澜，是潘季驯所处的时代及其前后人们的美好梦想，潘季驯是为了实现梦想付出毕生精力的人。

潘季驯4次治河，习知地形险易，成绩显著。他主张综合治理黄河下游。认为黄河运河相通，治理了黄河也就保护了运河，黄河淮河相汇，治淮也就是治黄，既不能离开治黄谈保运，也不能抛开治淮谈治黄。他指出，黄河下游容易改道的主要原因，在于水漫沙壅。因此治理上应筑堤束水，借水刷沙。由于黄河挟带大量泥沙，有"急则沙随水流，缓则水漫沙停"的特点，因此要使水流湍急，必须束水归漕。他主持修筑的堤防，包括"束水归漕"的缕堤，缕堤外的遥堤，以及二堤之间的格堤（横堤），三堤构成拦阻洪水的三道防线。隆

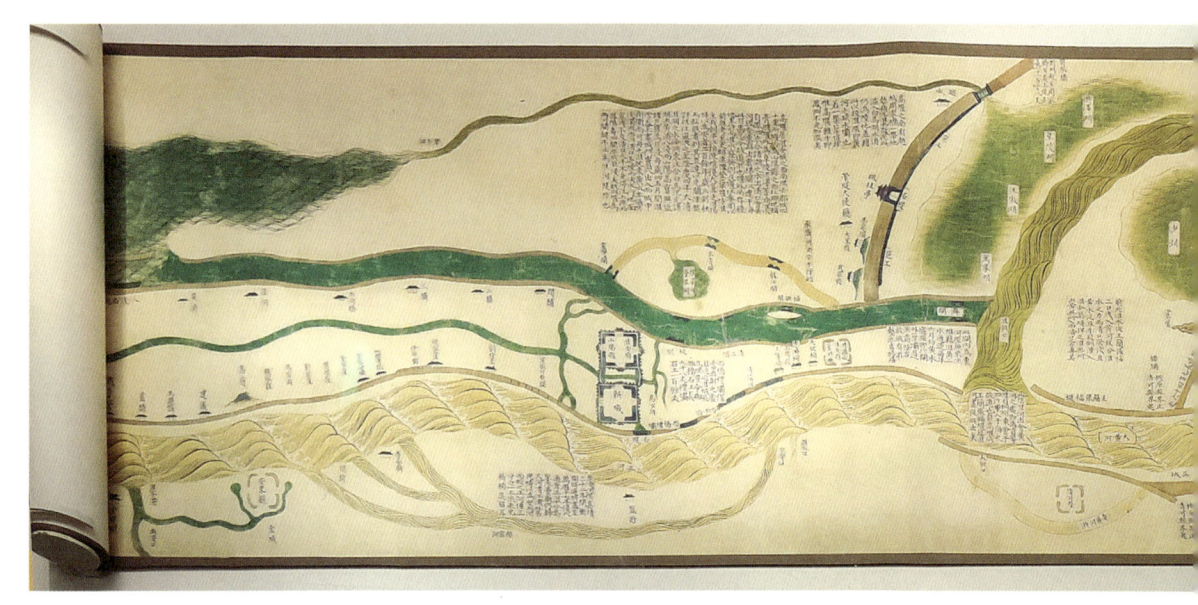

《河防一览图》（明潘季驯）

《河防一览图》（局部，明潘季驯）

万之际，经他治理后，黄河和淮河"两河归正，沙刷水深，海口大辟"，使黄河、淮河、运河保持了多年的稳定。

潘季驯一生先后4次受命治理河道，前后历时27年。在长达10年的实际治水生涯中，他勤于考察，善于思索，不断汲取和总结前人的治水经验，又根据自己的实践不断创新，形成了系统的"以堤束水，以水攻沙"的治河理论；并建立了完善、周密的关于河堤修筑、防护的行之有效的措施和制度。他的治河思想和实践，对以后的治河活动产生了深刻的影响。在几百年之后的今天，研究潘季驯的治水思想、治水理论及其实践，仍然有非常积极的现实意义和借鉴意义。尤其是他以治水为己任，不辞劳苦，"壮于斯，老于斯，朝于斯，暮于斯"的忘我精神；"或采之舆情，或得之目击"，实事求是、勇于实践、不断创新的科学态度；在强权和各种"浮议"面前不卑不亢，不屈不挠、敢于坚持真理的坚强意志，激励和引导着一代又一代的治黄工作者，成为中华民族宝贵的精神财富。

壮于斯，老于斯，朝于斯，暮于斯。　　　　　　　　　　　　——潘季驯

束水攻沙

潘季驯的治河理论和实践经验收集在他所著《河防一览》一书中。书中有详细的治河全图、有关治河的章奏和关于河防险要的论说，是中国古代治理黄河经验的珍贵记录，是中国水利科学的宝库。

潘季驯最重要的贡献是提出了"塞旁决以挽正流、以堤束水、以水攻沙"的理论。

所谓"束水攻沙"，就是根据底蚀的原理，在黄河下游两岸修筑坚固的堤防，不让河水分流，使水量集中，流速加快，把泥沙送入海里，减少泥沙沉积。根据这一道理，潘季驯在第三次治河的时候，还针对黄河夺淮入海的情况，提出了"筑堰障淮，逼淮注黄，以清刷浊，沙随水去"的方针，在洪泽湖筑高家堰，提高淮河水位，使浑浊黄河水不再倒灌入淮，并且把含沙量比较少的淮河水引入黄河，"借淮之清，以刷河之浊"，提高河水的挟沙能力。这对于防止河床淤塞，保证运道畅通，起了重要作用。

潘季驯的"束水攻沙"理论提出后，改变了过去只靠人力或工具的传统的疏浚方法，利用水流自身的能力来冲刷积沙，不仅在当时的治河实践中取得了突出的成就，而且对以后近400年的治河方针有很大影响。

会通中外的科学家 徐光启

Xu Guangqi

明代科学家（1562~1633）

徐光启，明代科学家、政治家。字子先，号玄扈。南直隶上海县人。万历三十二年（1604）进士，授翰林院庶吉士，后任赞善。经常与耶稣会传教士利玛窦等研讨西方『有用之实学』。四十一年，力主以西洋历法修正旧历，遭守旧势力反对，托疾离朝，自购田地，屯垦天津。四十七年，升任詹事府少詹事兼河南道监察御史。天启年间，遭阉党排陷，告病闲住，从事农业科学的研究和《农政全书》的编写。崇祯二年（1629）以礼部左侍郎理部事，奉敕督领历局，用西法修正大统历，并受命训练兵士，制造洋炮，抵抗清军。三年，疏陈垦田、水利、救荒、盐法等拯时急务，升为礼部尚书。五年，以礼部尚书兼东阁大学士入参机务。六年，病卒。赠少保，谥文定。他博学强识，治学范围包括数学、天文、历法、地理、水利、火器制造等许多方面。他以几十年精力，潜心探究农业科学，总结中国历代农学著作和当时农业生产经验，吸收西方科学技术，编著成科学巨著——《农政全书》。

中华巨匠 古代卓越科技人物 徐光启

210—211

注重实学

万历九年（1581），徐光启20岁时考中了秀才。他在家乡教书并参加一些农业生产劳动。万历十六年，27岁，到太平府去赶乡试，未中。万历二十四年，35岁，给人家教私馆，并由韶州到广西浔州。在韶州时，遇见了耶稣会传教士郭居静，第一次听到有关西洋的自然科学学说。万历二十五年（1597），36岁，春，由广西返广东上北京，赴顺天乡试。他的试卷已被阅卷官摈斥，幸主考官焦竑是个有实学的人，从"落卷"中看到了徐光启的试卷，"击节称赏，阅至三场，复拍案叹曰：此名大儒无疑也，拔置第一"。但以后万历二十六、二十八年两次赴京应试进士，均落第。

在第二次赴北京时，徐光启途经南京，结识了意大利传教士利玛窦。他从利玛窦处了解到天主教，可以"补儒易学"，而"格物穷理"之学更使他神往，于是加入了天主教。

万历三十二年（1604），他43岁时再赴北京应礼部试，以第八十八名中进士；殿试，列第五十二名，授翰林院庶吉士。

这时，利玛窦也在北京，从此向利玛窦学习西方的天文学、地理学和水利工程等方面的知识，尤注意于数学。万历三十四年与利玛窦合作翻译《几何原本》，由利玛窦口述，他笔译。经过两年努力，译成前六卷。这是他在数学方面最大的一项贡献。以后，又合译《测量法义》。之后，徐光启自己接着写出《测量异同》和《勾股义》两书。在《测量异同》中，他比较中西方的测量方法，并用《几何原本》的定理解释中西方的测量方法和理论根据的一致性。《勾股义》是仿照《几何原本》方法，试图给中国古代的勾股算术加以严格的论述。它表明徐光启在一定程度上已经接受了《几何原本》的逻辑推理思想。徐光启对数学的认识和数学研究的方法都有独特的见解，他认为中国当时数学不发达的基本原因，一是一般学者名儒鄙视数学这一实用之学；二是数学研究陷入神秘主义泥坑，变为"妖妄之术，谬言数有神理，能知来藏往，靡所不效"。这时，他还另与熊三拔合译了《泰西水法》等书。

徐光启也是明代天文学研究的重要代表，他掌握了欧洲天文学知识后，每次预报天象都较其他人准确。崇祯二年（1629），被任命主持明代唯一一次具有重大意义的历法改革工作。至崇祯六年编成了一部一百三十多卷的《崇祯历书》。它是集体创作的结果，但全书大部分经过徐光启的修改审阅。《崇祯历书》已开始接受近代天文学和数学的知识，在中国的传统天文学向近代天文学的入口处迈进了一大步。

《几何原本》拉丁文译本

富国必以本业,强国必以正兵。 ——徐光启

编撰《农政全书》

徐光启是中国近代科学的先驱,他的科学技术成就是多方面的。其中,他用力最勤、收集最广的要算是农学方面的研究。其著作有《农遗杂疏》《种棉花法》《甘薯疏》《种竹图说》《北耕录》《宜垦令》《农辑》《农政全书》等,其中主要代表作就是《农政全书》。它是徐光启几十年心血的结晶,是一部集中国古代农学之大成的著作。

《农政全书》书影

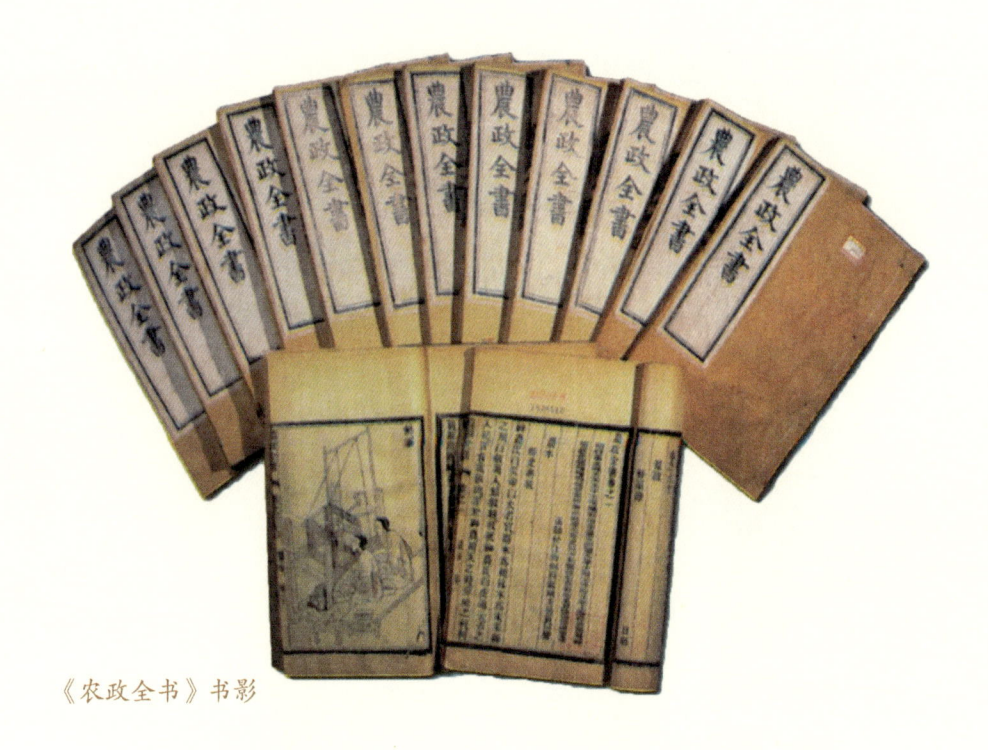

学者之病有四：浅学自矜一也，怠惰废学二也，
党所锢习三也，恶问胜己四也。——徐光启

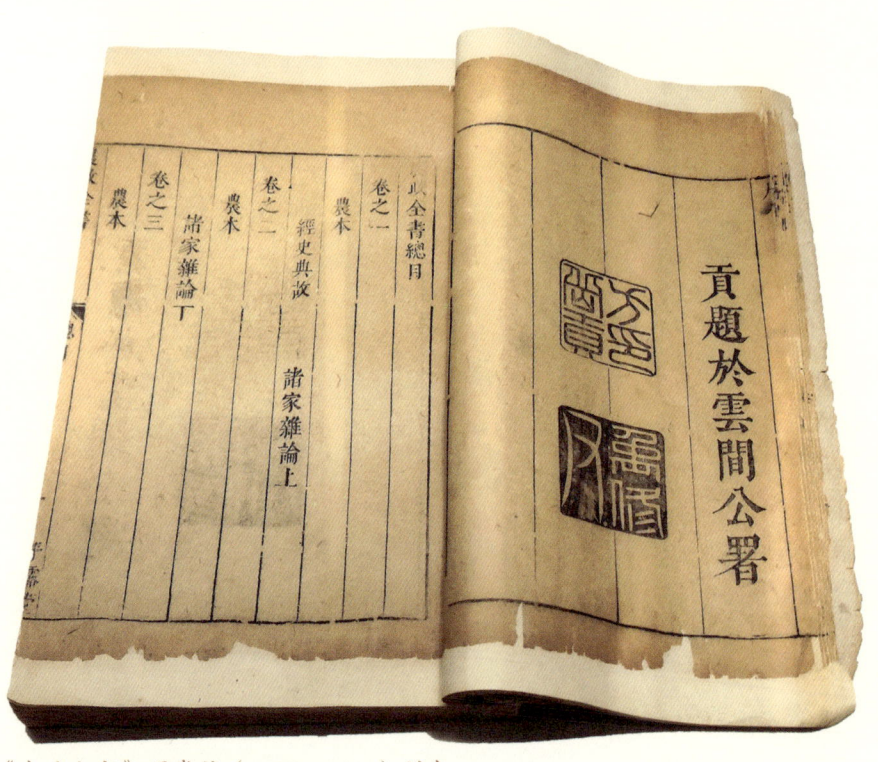

《农政全书》明崇祯（1628—1644）刻本

《农政全书》共60卷，50多万字，分农本、田制、农事、水利、农器、树艺、蚕桑、蚕桑广类、种植（林木）、牧养、制造和荒政等12大项。在徐光启生前，《农政全书》虽已基本编成，但未定稿。现在的《农政全书》是崇祯十二年（1639）经徐光启的门生陈子龙等在刊行时增删过的。

《农政全书》写作的出发点在于农政，因此着眼于保证农业生产的其他措施，如田制、水利等项。这是与以前农书的不同之处。酿造项目，只收酱、醋、豉，而删除了酒；烹调只限于农家用得上的简单的几条。王祯《农书》中有关"农器图谱"，《农政全书》以"工欲善其事，必先利其器"的原则，大量地收录，并有所增补。蚕桑是江南的重要经营项目，他记录总结了后起的新经验。江南又一向是棉花和苎麻的先进的栽培、加工地区，徐光启的家乡松江府又是江南纺织染业最先进的地区，因此徐光启除对种棉和棉田管理的新经验作了介绍之外，对河北肃宁民众以稳定湿度为纺织环境的好办法特别加以推荐。当时传入的甘薯，他根据自己的试种实践，写出详细的生产指导书《甘薯疏》，经过整理，收入《农政全书》，提倡各地种植，用来备荒。对一切新引入、新驯化栽培的作物，无论是粮、油、纤维，都详尽地搜集了栽种、加工技术知识。《农政全书》还辑录了《救荒本草》等书中的植物，作为救荒的补充食物。

徐光启《农政全书》手稿

与明代一般读书人不同，徐光启很重视科学技术，认为它是"经世致用"之学的一个重要方面。他"尝感愤倭奴蹂躏梓里丘墟，因而诵读之暇，稍习兵家言"；又"时时窃念国势衰弱十倍宋季，每为人言富强之术，富国必以本业，强国必以正兵"。徐光启不愧为中国近代科学的先驱。

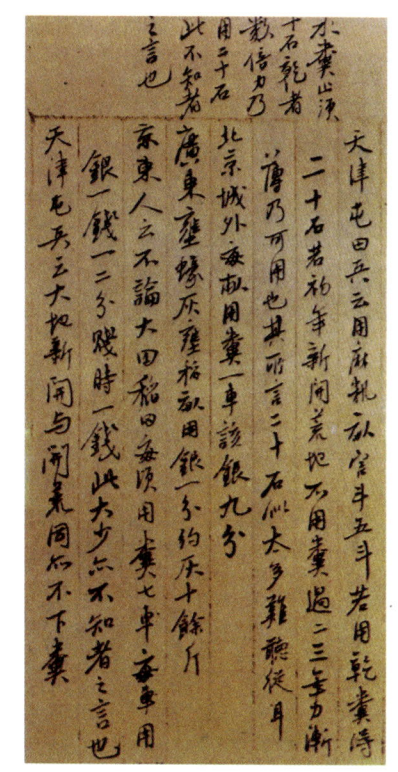

精于泰西之学的科学家

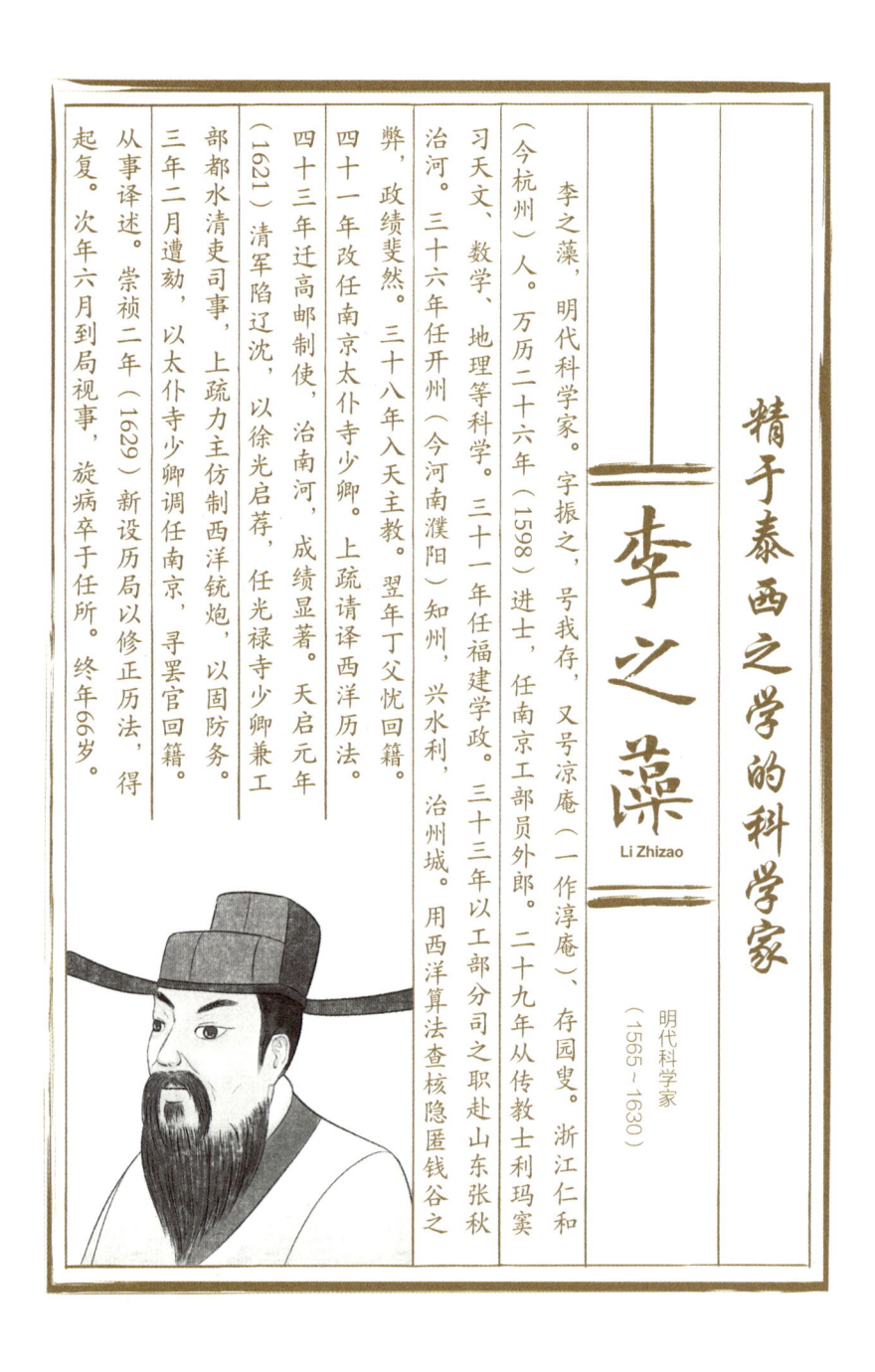

李之藻 Li Zhizao

明代科学家
(1565～1630)

李之藻,明代科学家。字振之,号我存,又号凉庵(一作淳庵)、存园叟。浙江仁和(今杭州)人。万历二十六年(1598)进士,任南京工部员外郎。二十九年从传教士利玛窦习天文、数学、地理等科学。三十一年任福建学政。三十三年以工部分司之职赴山东张秋治河。三十六年任开州(今河南濮阳)知州,兴水利,治州城。用西洋算法查核隐匿钱谷之弊,政绩斐然。三十八年入天主教。翌年丁父忧回籍。四十一年改任南京太仆寺少卿。上疏请译西洋历法。四十三年迁高邮制使,治南河,成绩显著。天启元年(1621)清军陷辽沈,以徐光启荐,任光禄寺少卿兼工部都水清吏司事,上疏力主仿制西洋铳炮,以固防务。三年二月遭劾,以太仆寺少卿调任南京,寻罢官回籍。从事译述。崇祯二年(1629)新设历局以修正历法,得起复。次年六月到局视事,旋病卒于任所。终年66岁。

初识天主教

李之藻早年信奉佛教,在家中设佛堂,供奉菩萨。万历二十九年(1601)利玛窦定居北京,李之藻获知利玛窦带来的西方科技书籍以及传授的西方先进的科学知识都是中国前所未有的,于是他率先和利玛窦接触,交游甚密,友情至深。他们时常谈论教理,探求科学,又多次为利玛窦的宗教著述作序,帮助利玛窦翻译科学书

明朝利玛窦绘制《坤舆万国全图》

籍,为利玛窦的一些中文著述润色。与此同时,李之藻亦深受利玛窦宗教宣传的影响,但当时他并非天主教徒,原因在于他有妻有妾。万历三十八年,李之藻只身居留北京,突发重病,自觉治愈无望,遂留下遗言。在利玛窦精心护理下,李之藻居然死里逃生。李之藻觉得自己能够在死亡的边缘获得新生,是天主赏赐的恩典。天主教的"常生"教义认为,人死后可以"复活"。病愈不久,李之藻受洗入教。

李之藻对天主教的研究开始于万历三十年(1602)。他在近十年的时间中对天主教教义、传教士的为人和学问均颇为折服,终于舍弃佛门,皈依了天主教。李之藻进教后,将家中供祀的佛像进行毁弃,换上天主教耶稣救世主像,还在自家附近建了一座小堂。万历三十九年,他又促进了杭州开教,并在杭州设立会院,使杭州成为全国五大会院之一。不久,李之藻又劝其好友杨廷筠领洗入教。二人友情日益加深,后来同为明末中国天主教三大柱石之一。

学习西方科技

李之藻对引进和传播西方先进的科学知识的功绩是不可磨灭的。他率先与利玛窦接触交往,进而密切合作。利玛窦来时,带有一张世界地图,后来根据中国学者的建议，加以补充改绘，制成《山海舆地全图》。到京后，他将此图悬挂墙上，李之藻等人前往拜访时，见到此图，图上附有说明，李之藻大开眼界。为了让世界地图广为人知，他决心重刻利玛窦的《山海舆地全图》。万历三年，改名为《坤舆万国全图》的新图刊行，图高七尺，宽三尺，分为六幅，可展可合，刻印十分精美。由于新图大于原图，利玛窦又在新图上添加了一些新的注解和说明等文字。《坤舆万国全图》较《山海舆地全图》有了提高。李之藻将此图分赠给他的亲戚朋友，受到热烈欢迎，不少人闻讯前来索取，还有人送纸求印，一时间供不应求，只得再次印制。所以此图的印数总计达千份以上，不仅流传中国各地，还远传国外，现藏日本京都大学图书馆、法国巴黎国家图书馆、英国伦敦皇家地理学会和罗马梵蒂冈图书馆的《坤舆万国全图》，都是李之藻刻印的版本。

利玛窦墓

　　当时西方的天文学，特别是在推测日食、月食和制订历法方面，已比我国先进。在数学领域里，西方的几何、三角和测量术等都比中国更具有科学性和系统性。当时西方传教士带来了天文学理论和各种天文仪器，李之藻接触到传教士带来的这些新学说和新仪器后，立即以极大精力投入学习和研究。《浑盖通宪图说》是李之藻编撰的中国第一部介绍西方近代天文学的著作，此书的出版推动了17世纪中国天文学的发展。与此同时，李之藻还和传教士一起制造天文学仪器，如各种日晷等。

"失明而不倦"

　　李之藻在学习和传播西方学术中，态度极端恳挚、虚心，工作极其努力、奋进。他抓紧一切时间多读多译，无论在轿子中或是在宴席上，总是手不释卷。迨至年高，一目失明，一目视力极弱，非将书捧至眼前不能辨字，但仍坚持苦读不辍，被誉为"失明而不倦"。从万历四十一年至崇祯四年，中国出版的五十余种西方译著大多经过李之藻之手，或作序或同译，或润色，涉及天文、数学、哲学等多门学科。

　　李之藻除了身体力行，率先研究和介绍西方天文学外，还多次上书朝廷，催促尽快修历，并亲身参与明末的修历工作。崇祯二年（1629）五月的一次日食，钦天监按明传统的回回历推算再度失误，而徐光启采用西洋历法所作的预测却准确无误。朝廷上下议论纷纷，礼部再次上疏，呈请下令修历，并极力推荐徐光启和李之藻当此重任。崇祯皇帝终于决心修历，命徐光启主持其事，命李之藻辅助徐光启。李之藻此时正患血疾，但他接到圣旨后，立即抱病启程赶赴北京历局就任。马上又与徐光启及传教士罗雅谷等一起投入工作。在历局工作不到半年，李之藻便因病逝世。此后在多名传教士的参与下，徐光启等人经过数年的辛勤劳作，终于修成《崇祯历书》。

地理学家

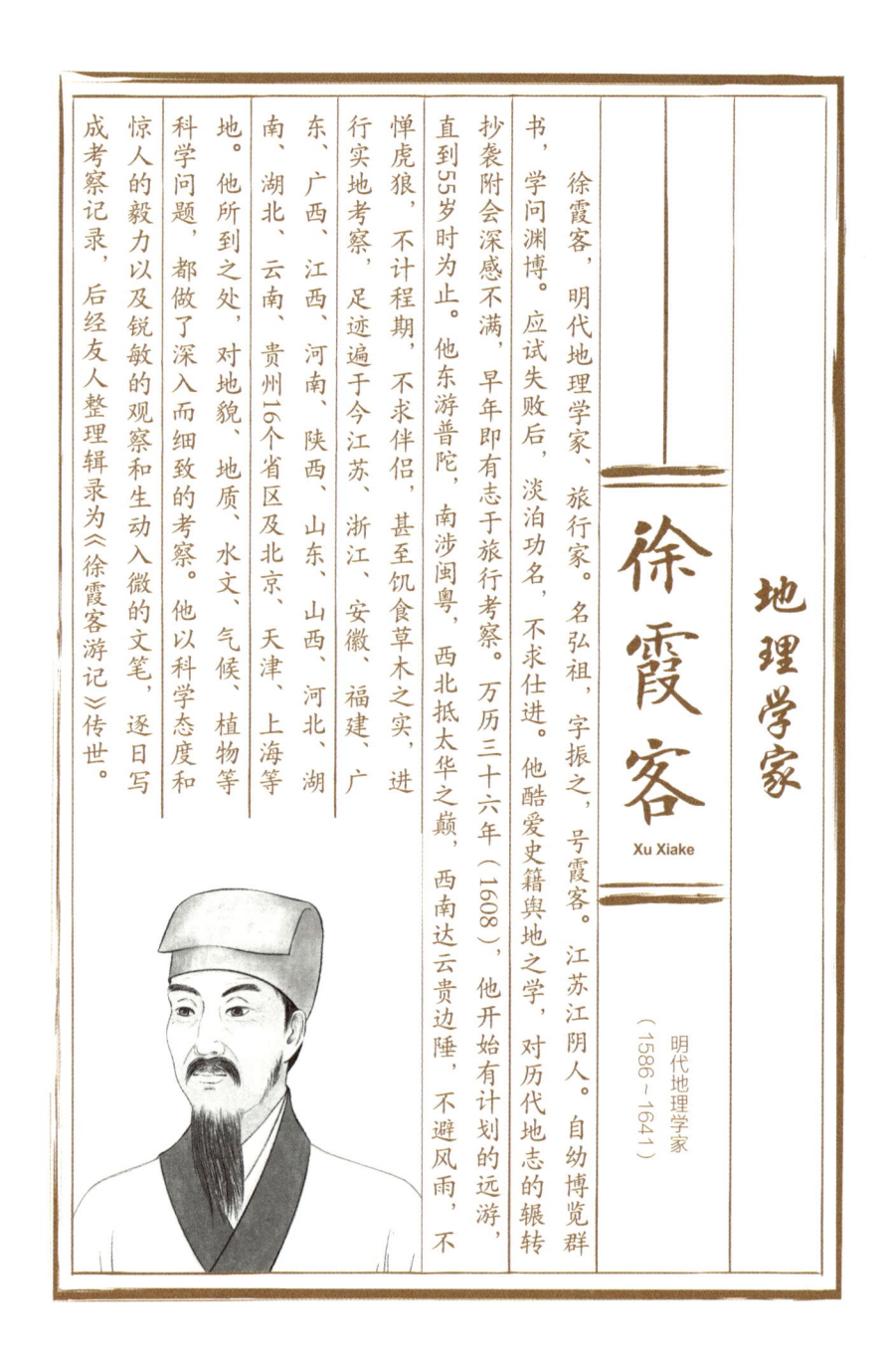

徐霞客
Xu Xiake
(1586~1641)
明代地理学家

徐霞客,明代地理学家、旅行家。名弘祖,字振之,号霞客。江苏江阴人。自幼博览群书,学问渊博。应试失败后,淡泊功名,不求仕进。他酷爱史籍舆地之学,对历代地志的辗转抄袭附会深感不满,早年即有志于旅行考察。万历三十六年(1608),他开始有计划的远游,直到55岁时为止。他东游普陀,南涉闽粤,西北抵太华之巅,西南达云贵边陲,不避风雨,不惮虎狼,不求伴侣,甚至饥食草木之实,进行实地考察,足迹遍于今江苏、浙江、安徽、福建、广东、广西、江西、河南、陕西、山东、山西、河北、湖南、湖北、云南、贵州16个省区及北京、天津、上海等地。他所到之处,对地貌、地质、水文、气候、植物等科学问题,都做了深入而细致的考察。他以科学态度和惊人的毅力以及锐敏的观察和生动入微的文笔,逐日写成考察记录,后经友人整理辑录为《徐霞客游记》传世。

万里遐征　至死不渝

　　徐霞客祖上是江阴名门望族,到父亲徐有勉时家道开始没落。徐有勉为园自隐,居家治圃,或暇日带上三五家僮,来往苏杭之间,游山玩水。他厌恶达官贵人,不与官僚和乡里士绅来往。徐有勉60岁去世时,徐霞客已18岁。父亲的性格和兴趣爱好,自然会对徐霞客产生影响。母亲是一个很能干的妇女,她性格开朗,通情

徐霞客故居

达理，勤劳持家，精于纺织。她织的布又细又好，织的丝绸轻薄如蝉翼，"市者辄能辨识之"。她不顾年老体衰，承担一切家务，支持徐霞客去旅游。她亲自为儿子准备行装，做远游冠，以壮行色。她73岁那年，为了解除徐霞客旅行时对她的牵挂，特意叫徐霞客陪她游荆溪、句曲，一路上有意走在儿子的前面，以示身体健壮。徐霞客能够成才并作出贡献，正是由于这位伟大的母亲的支持。

徐霞客家藏书丰富，给他博览群书创造了极好的条件。他自幼爱读奇书，尤其喜欢读历史、地理和游记一类的书籍。他"髫年蓄五岳志"，有强烈的旅游考察愿望。万历三十五年（1607），22岁的徐霞客第一次走出家门，首先从家乡附近游太湖，"登眺东、西洞庭两山，访灵威丈人遗迹"。自此以后，他不断旅游，同时不断地写旅游日记。万历三十七年，"历齐、鲁、燕、冀间，上泰岱，拜孔林，谒孟庙三迁故里，峄山吊枯桐"。万历四十一年赴浙江游天台山、雁荡山，今存《游天台山日记》和《游雁荡山日记》。万历四十二年冬

遊記目次

第一冊上

遊天台山日記
遊雁蕩山日記
遊白岳山日記
遊黃山日記
遊武彝山日記
遊廬山日記
遊黃山後記
遊九鯉湖日記

遊記目次

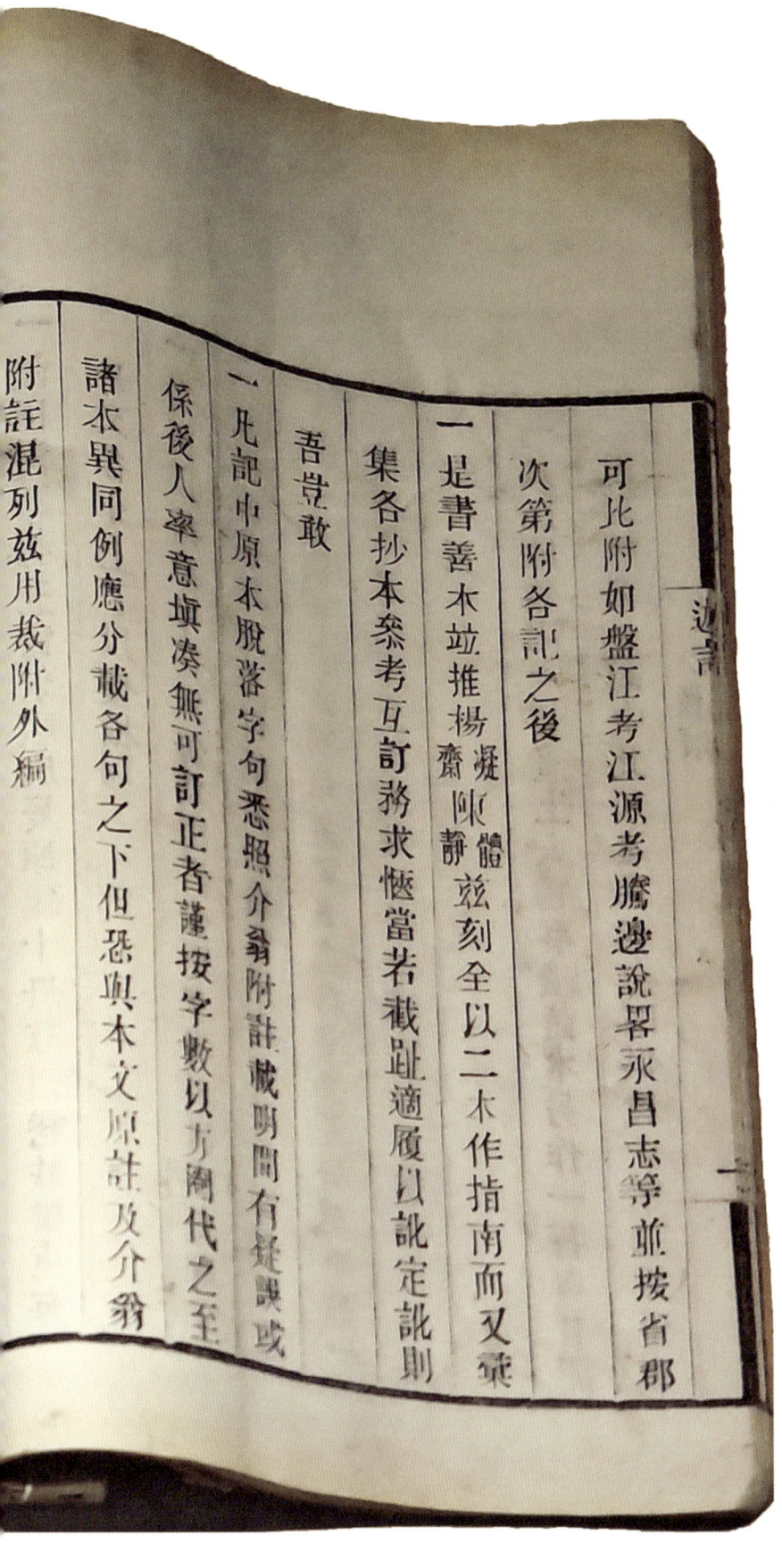

可比附如盤江考江源考附邊說畧永昌志等並按省郡次第附各記之後

一是書善木竝推楊齋陳體茲刻全以二木作指南而又彙集各抄本參考互訂務求愜當若截趾適屨以訛定訛則吾豈敢

一凡記中原本脫落字句悉照介翁附計截明間有疑誤或係後人率意填湊無可訂正者謹按字數以方圍代之至諸本異同例應分載各句之下但恐與本文原註及介翁附註混列茲用裁附外編

法正

華首門高掩薜蘿何人彈指叩巖阿經從
鳳關傳金縷地傍龍宮展貝多明月一簾心
般若慈雲四壁影婆娑笑中誰是拈華意會
卻拈華笑亦多
玉毫高擁翠芙蓉碎卻虛空獨有宗鐘磬靜
中雲一塵蒲團悟後月千峯拈來腐草機隨
在探浮衣珠案又重是自名山堪結習天華如
意落從容

江左霞客徐弘祖頓首具藁

游金陵（今南京市）。万历四十四年赴皖南游白岳山、黄山，继而入福建游武夷山。万历四十五年游江苏宜兴善卷、张公诸洞。陪母亲游荆溪、句曲。万历四十六年游九华山、庐山，再游黄山。万历四十八年游福建仙游九鲤湖。天启三年（1623）游河南嵩山、陕西太华山和湖北太和山。崇祯元年（1628），游广东罗浮山，第三次游福建。崇祯三年，第四次游福建。崇祯五年，再游天台，三游雁荡。崇祯六年至北京转赴山西游五台山、恒山。崇祯九年至崇祯十三年，51至55岁阶段，徐霞客作西南"万里遐征"，所写游记为《徐霞客游记》的主要部分，占百分之九十三。崇祯十三年六月，由云南返回家乡，病甚卧床，不能见。翌年正月二十七日（3月8日）逝世，葬于江阴之马湾。

徐霞客为旅行考察献出了宝贵的生命。他在地理科学上取得的巨大成就，使中国在岩溶地貌学和洞穴学领域领先西方世界达150～200年。

"古今纪游第一"

《徐霞客游记》虽然以日记体记录作者所见所闻，而内容非常丰富，既是一部优美可读的文学游记，又是一部极有学术价值的地理著作。记载的内容包括山川源流、地形地貌、矿藏物产、生物形态以及工农业生产状况、城市聚落、建筑、历史、地理等民情风俗。其中以地貌、水文、气象、地质、动植物等方面的篇幅最多，学术价值尤大。

地貌学成就。徐霞客三十多年的旅行考察，看见过许多地貌形态。记录在游记中的地貌类型就有岩溶地貌、山岳地貌、红层地貌、流水地貌、火山地貌、冰缘地貌和应用地貌7种。被他描述过的地貌形态名称多达102种。其中我国西南地区岩溶地貌尤为详细。徐霞客还是世界最早的伟大的岩溶学家和洞穴学家。

徐霞客墓，位于江苏江阴　　　　　　　　　　　　　江苏江阴徐霞客故居

水文学成就。《徐霞客游记》用较大的篇幅描述了各地的水体类型和水文特征，记载大小河流551条，湖、泽、潭、池、沼泽198个。对河流水文的描述包括流域范围、水系、河流大小、河水的流速、含沙量、水量变化、水质、分水岭、伏流、河床的地区差异等。

人文地理成就。《徐霞客游记》中有不少人文地理内容，如手工业、矿业、农业、交通运输、商业贸易、城镇聚落、少数民族、各地民情风俗等。

文学成就。在中国历史上，有些地理名著因为有很高的文学价值才得以流传，如《山海经》《水经注》《法显传》等。《徐霞客游记》也是如此，书中描写事物文笔清新优美，令读者爱不释卷。有人说它是"古今纪游第一"，徐霞客是当之无愧的游记文学大师。

百科全书式的学者

宋应星

Song Yingxing

明代科学家（1587~约1666）

宋应星，明末科学家。字长庚。南昌奉新（今属江西）人。明万历四十三年（1615）考中举人。崇祯七年（1634）任江西分宜教谕，十一年为福建汀州推官，十四年为安徽亳州知州。明亡后弃官归里，终老于乡。他一生才大学博，又勤于著述，是一位在自然科学和人文科学两大领域内涉猎极广的百科全书式的学者。他最伟大的成就是编撰了一部中国科技史上里程碑式的著作——《天工开物》。

弃官归隐

宋应星出生在南昌奉新地区的大姓宋氏家族，其先辈曾为工部官员，但宋应星出生时，宋氏家族日益没落，而其母亲又是农民的女儿，所以宋应星自幼接近农业生产和民众。宋应星幼时即与长兄应昇在家塾内诵习经书，16岁考入本县县学，入庠九载。他自幼聪颖好学，学业成绩之佳为师长所惊奇。青年时代已熟读经史及百家书，对程朱理学有较深钻研，又能独立思考，尤其推重张载的关学，从中接受了唯物主义自然观。同时，他对自然科学及技术很有兴趣，熟读过李时珍的《本草纲目》等书，还喜欢音乐、美术，对时事政治特别关心，怀有济国济民的理想。

明崇祯十一年（1638），宋应星考列优等，随即升为福建汀州府（今长汀）推官，掌管一府刑狱，俗称刑厅，亦称司理。未待任满，于崇祯十三年

（1640）辞官归里。十六年再任南直隶凤阳府亳州知州，然此时已值明朝灭亡前夕。他到任后，州内因战乱破坏，连升堂处所都没有，官员多出走。他几经努力重建，使之粗具规模，又捐资在城内建立书院。次年甲申（1644）初，亳州周围已被李自成军包围，宋应星弃官返回奉新。胞兄宋应昇原已升至广州知府，甲申后亦无意恋官，乃挂冠归里。他们兄弟及其他江西志士寄希望于南明，但此政权由阉奸阮大铖、马士英把持，排斥忠良，政权迅即灭亡。清兵南下取江西，宋应昇于1646年服毒殉国，宋应星埋葬胞兄后，一直过着隐居生活，在贫困及悲愤中度过晚年，约卒于清康熙五年（1666），享年80岁。遗有二子，宋应星生前教导子孙，一不要科举，二不要做官，子孙皆能奉此遗训，在家安心耕读。

勤于著述

明末社会处于激烈的动荡变革之中，官场弊端丛生，百姓民不聊生，这一切对宋应星的影响是巨大的。科举仕途难以为继，宋应星的注意力转向实学，转向民生，尤其是研究农业和手工业生产技术，在作了多年考察和广泛的社会调查之后，他写下了大量的著述。其作品可分为四大类：一是属于自然科学和技术科学的有《天工开物》（1637）、《观象》（1637）、《乐律》（1637）、《论气》（1637）、《谈天》（1637）等；二是属于人文科学的有《野议》（1636）、《画音归正》（1636）、《杂色文》《春秋戎狄解》（1644）等；三是介于前两者之间的《原耗》（1637）、《卮言十种》（1637）等；四是属于文学创作的有《思怜诗》（1636）、《美利笺》（1645）等。

这些著述证明了宋应星是中国古代百科全书式的杰出人物。由于宋应星的著作大多成于明末或明清之际，有着强烈的反清思想，故为清统治者所不容。大部分作品已散佚，至今留下的只有《天工开物》《野议》《思怜诗》《论气》和《谈天》五种，而《天工开物》则是他最为伟大的代表作。

《天工开物》

《天工开物》一书是宋应星在江西分宜教谕任内著成的。

全书共三编18卷，上编包括《乃粒》《乃服》《彰施》《粹精》《作咸》《甘嗜》6篇，多与农业有关，叙述衣食方面的生产技术和经验，包括粮食作物栽培、谷物脱粒加工、种桑养蚕、植棉与麻、染料生产及纺织、染色、制盐、榨糖等。中编有《陶埏》《冶铸》《舟车》《锤锻》《燔石》《膏液》《杀青》7篇，多为手工业技术，著录各种日用品生产技术和经验，包括砖瓦、陶瓷、铜铁器、舟车等制造，金属之锻造，石灰、矾石、硫黄之烧制，煤炭之开采，油类之榨取，纸的制造等。下编有《五金》《佳兵》《丹青》《曲蘖》《珠玉》5篇，也属工业，记载五金采冶、兵器和火药制作、制曲、酿酒、珠宝玉料采

《天工开物》中的明代花机图（明崇祯十年刻本，中国国家图书馆藏）

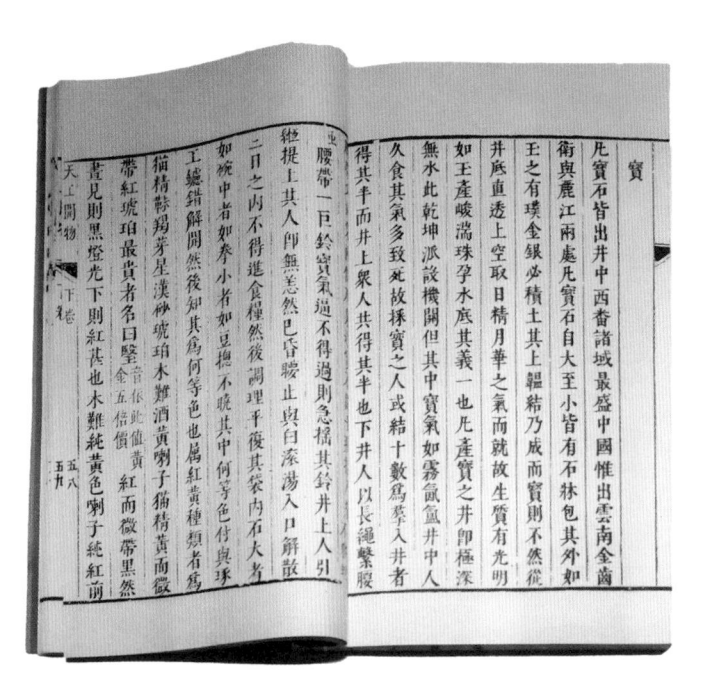

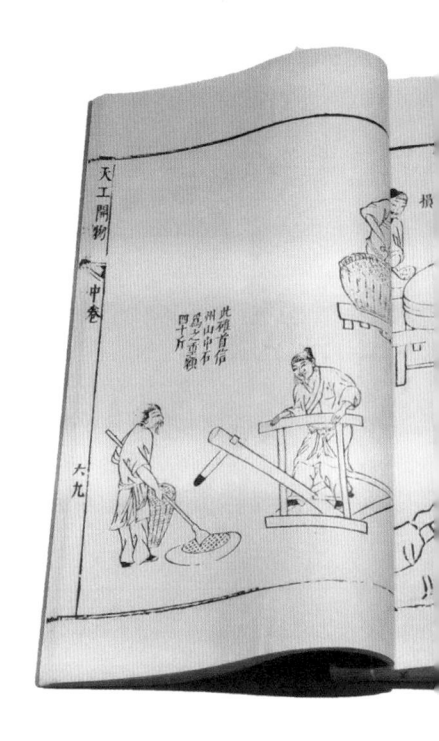

《天工开物》明崇祯十年（1673）刻本

水碓　选自《天工开物》

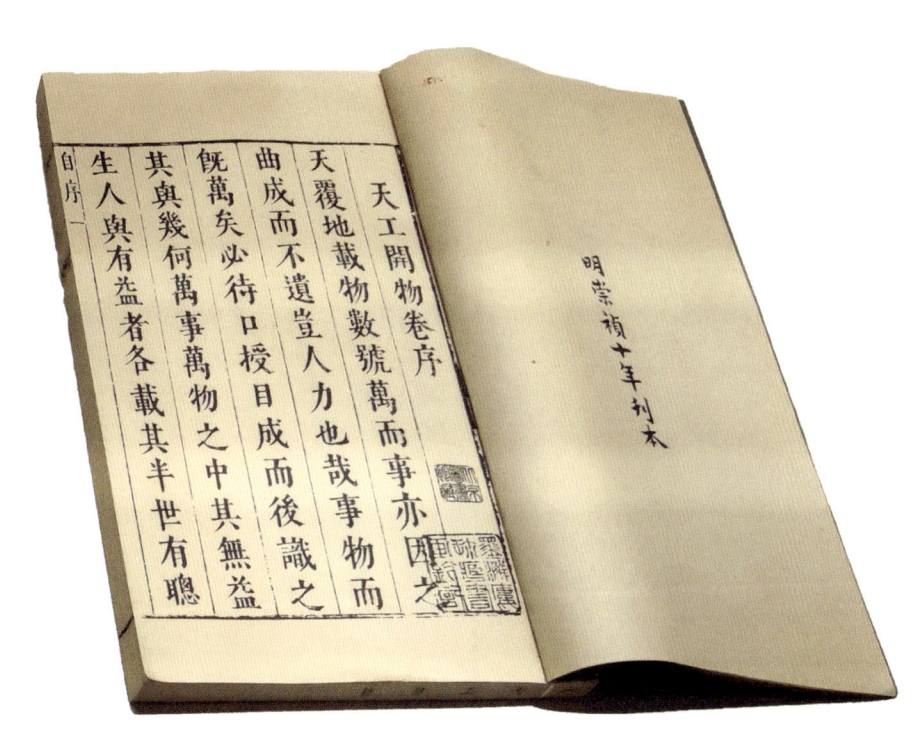

琢等生产技术与经验。书中对每一部门的原料开采和生产操作过程均有详细说明，并附有123幅工艺流程插图。

《天工开物》的书名取自《易·系辞》中"天工人其代之"及"开物成务"，作者说是"盖人巧造成异物也"。实际上以此展示了一种具有普遍意义的科学思想，即天工开物思想或开物思想。这种思想强调天工（自然力）与人工互补、自然界的行为与人类活动相协调，通过技术从自然资源中开发物产，以满足人的物质与精神生活的需要，从而使人在自然界面前显示并发挥其主观能动性。简言之，此思想核心是以天工补人工开万物，或通过自然力与人力的协调从自然界开发物产。

全书按"贵五谷而贱金玉之义"编次先后顺序，将与食衣有关的农业置于首，其次是有关工业，而以珠玉殿后，体现了作者重农、重工和注重实学的思想。宋应星在叙述各生产过程的同时，还发展了"穷究试验"的研究方法。他对各种迷信神怪、荒诞旧说都有所批判，如对炼丹术的批判更为激烈，从而在科学技术领域内注入一种新的科学精神。这是《天工开物》一书的最大特色，使人们感到耳目一新。

这部全面系统总结当时工农业生产技术的著作，成为中国古代科技史上一部里程碑式的名著，在世界科技史上也是一部珍贵的书籍。

《天工开物》插图

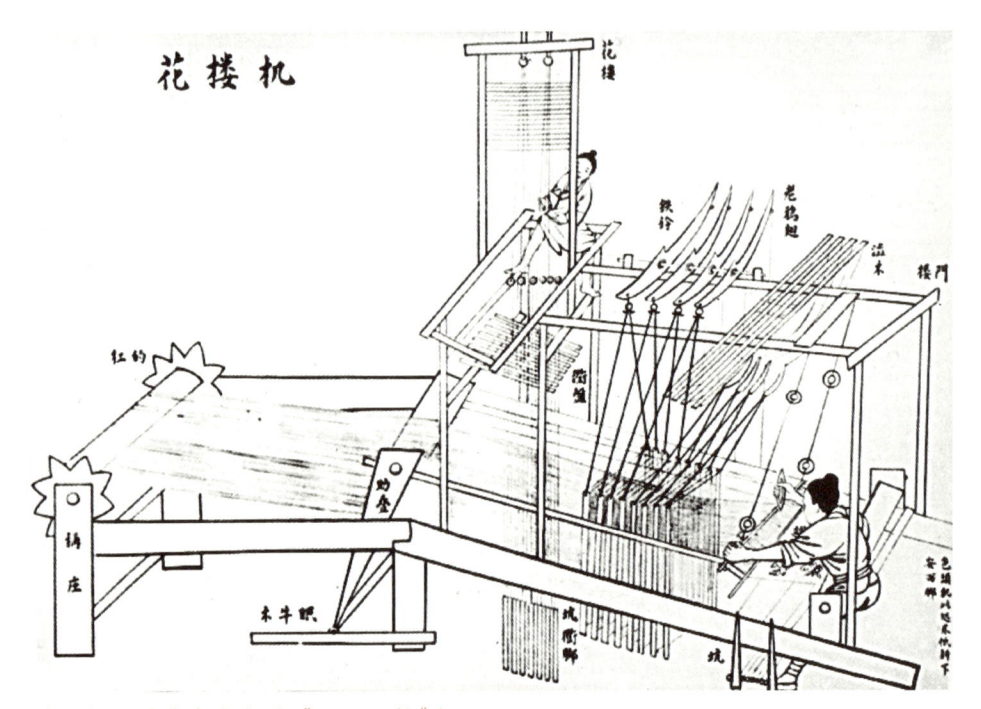

花楼机图（选自宋应星《天工开物》）

治河能臣

靳辅

Jin Fu

清代治河专家

(1633～1692)

靳辅，清代著名治河官员。字紫垣，汉军镶黄旗人。顺治九年（1652）由官学生考授国史院编修。康熙十六年（1677）三月，靳辅从安徽巡抚任上被提升为河道总督，官衔全称为"总督河道提督军务兵部尚书兼都察院右副都御史"。这年他已45岁，从此到60岁病逝，一直致力于治理黄河、淮河、运河，取得了重要成绩。康熙二十七年，靳辅因运河以东淮水出路等问题被劾革职。同年病逝于淮安。靳辅在治河思想上继承了潘季驯的主张，并有所发展。著有《治河方略》及《靳文襄公奏疏》等。

一日八疏

滔滔黄河，是中华民族的摇篮，像伟大的母亲一样哺育了中华儿女，并以五千年的文明屹立于世界民族之林。但在生产水平低下、技术落后，特别是剥削阶级统治的社会里，黄河也像百兽之王的雄狮一样，在诸河中最难驯服，它横行在中原大地，到处咆哮，给人民生命财产造成极大的灾难。从大禹开始，治河成了历代统治者和国家的一项重要公共职能。

明末清初，黄河堤防失修，水灾严重。靳辅出任河道总督之日，正是黄河、淮河泛滥极坏之时。尤其是关系清朝统治命脉的京杭大运河也受到严重影响，使江南的漕粮不能顺利地运到北京。黄河自安徽砀山直到下梢海口，南北两岸决口七八十处，沿岸人民受灾，到处流浪，无家可归。黄河倒灌洪泽湖，高家堰决口34处。盱眙县的翟家坝成河九道、高邮的清水潭久溃，下河七州

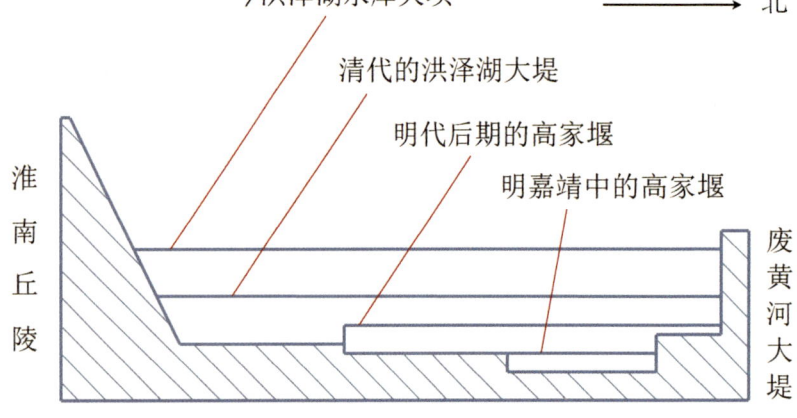

高家堰历史纵断面示意图

县一片汪洋。清口运河变为陆地。康熙帝派工部尚书冀如锡亲自勘察河工，发现不仅河道年久失修，而且缺乏得力的治河人才。现任河督王光裕计划修的几项工程，大部分以钱粮不足未动工，此人根本不具备治河才能，有人建议撤销他的职务。在黄河、淮河、运河都存在严重问题，许多人束手无策的情况下，康熙帝选择靳辅作为河道总督。

靳辅没有辜负时人的希望。他胸有成竹上任伊始，就表现出雷厉风行的作风。康熙十六年（1677）四月六日到宿迁上任（当时河道总督驻地在山东济宁），他就开始视察河道，历时两个月。在这次调查中，他广泛地听取了各方面的反映。他在给康熙帝的奏疏中说："毋论绅士兵民以及工匠夫役人等，凡有一言可取，一事可行者，臣莫不虚心采择，以期得当。"他踏着泥泞的河岸，上下千里，观察河水形势，感叹说："河之坏极矣！"黄河的泛滥深深地触动了他，成为他决心把黄河尽快治好的真正动力。从这次实际调查和访问中，他确定了治河的总方针，即"审其全局，将河道运道为一体，彻首尾而合治之"。靳辅认为，黄河河道坏到如此程度，不能"以尺寸治之"，只顾一点，不及其余，这样无济于事。他主张必须有全局观念，从整体上采取措施，把河道、运道合起来共同治理。因为追本溯源，"盖运道之阻塞，率由于河道之变迁"。尤其强调治理黄河的重要性实际关系数省的安危，不能如过去只注意解决漕运的问题，而放任黄河任意冲刷，如果还是那样，运道也不能保证畅通。以前治河的人把主要力量多用有漕艘行经之处，其他地方的问题则认为无关运道，修治不力，以致河道日坏。他进行统一治理的步骤是：先疏下游，后浚上游，堵塞所有决口，坚筑两岸堤防，增建减水坝泄洪等。因此他在一天之内连上八疏，完全是他亲自调查河道并认真进行的研究的结果。而提出总方针前提下，他成竹在胸，把具体措施分为八个问题，每题一疏，所以集中在七月十九日"八疏同日上"，成为一时佳话。

靳辅的八疏，皆冠以"经理河工"之名，从第一疏到第八疏。其中有四疏讲治黄河和淮河，一疏讲治运河，其余讲治河管理，如筹集钱粮，裁并河官，选贤任能及设兵守护等。这八疏集中地反映了靳辅治河的理想、气魄和可贵的革新精神。

> 毋论绅士兵民以及工匠夫役人等，凡有一言可取、一事可行者，臣莫不虚心采择，以期得当。
>
> ——靳辅

死而后已

康熙十五年（1676），靳辅任河道总督。次年四月，他经过实地调查，提出系统的治河建议，认为治河要统观全局，把黄、淮、运当作一盘棋，才能有利无弊。康熙十六年相继兴工，挑挖洪泽湖烂泥浅引河4条，疏浚清口至云梯关河道，创筑云梯关外束水堤18000余丈，堵塞大决口16处，筑兰阳、中牟、仪封、商丘月堤及虞城周家堤。第二年创建王家营、张家庄减水坝2座，筑周家桥翟坝堤25里，加培高家堰长堤，堵塞安东、山阳、清河三县河堤及湖堤所有决口。第三年，在黄河南北岸分别建砀山毛城铺等处减水坝。经过几年的大规模施工，康熙二十二年黄河复归故道。次年，靳辅又主持开挖宿迁至清河的中运河，4年后竣工，从此运河只在清口以北穿黄。此后黄河、运河出现了几十年较稳定的局面。

《运河形胜图》(局部)

　　康熙二十七年以后，靳辅进入了他个人生活的晚年。虽然只有短短几年，但仕途跌宕起伏，曾两次被革职。康熙三十一年二月，康熙帝比较了几个可供任命的人选，决定重新起用"熟练河务及其未甚老迈"的靳辅为河道总督。康熙帝说这可以解除他"数载之虑"。靳辅以体衰多病推辞，不许，命顺天府丞徐廷玺作为协理，帮助他，也就走马上任了。

　　靳辅这一次东山再起，尽管已年老体衰，却仍决心为治河贡献一切智慧和力量。他上任不久，陕西西安、凤翔地区遭灾，康熙帝下令截留江北20万石漕粮，命从黄河运到山西蒲州（今山西永济市北）。靳辅接受这项任务以后，亲自督运，水路只能运至孟津（今河南孟津县东北），然后陆路运到蒲州。因靳辅做得出色，得到康熙帝嘉奖。

　　这时，靳辅的病日益严重，但仍连连上疏，复陈两河善后之策及河工守成事宜，对如何继续修治黄河、淮河及运河提出了宝贵的意见。他还上一疏，要求恢复已故陈潢的职衔及过去因讨论河工而受处分的尚书熊一潇等名誉。七月二十六日以后，因发烧不止，靳辅请求退休，被批准。十一月，这位为治河而作出了巨大贡献的专家逝世于任所，终年60岁。

西北史地学的奠基人

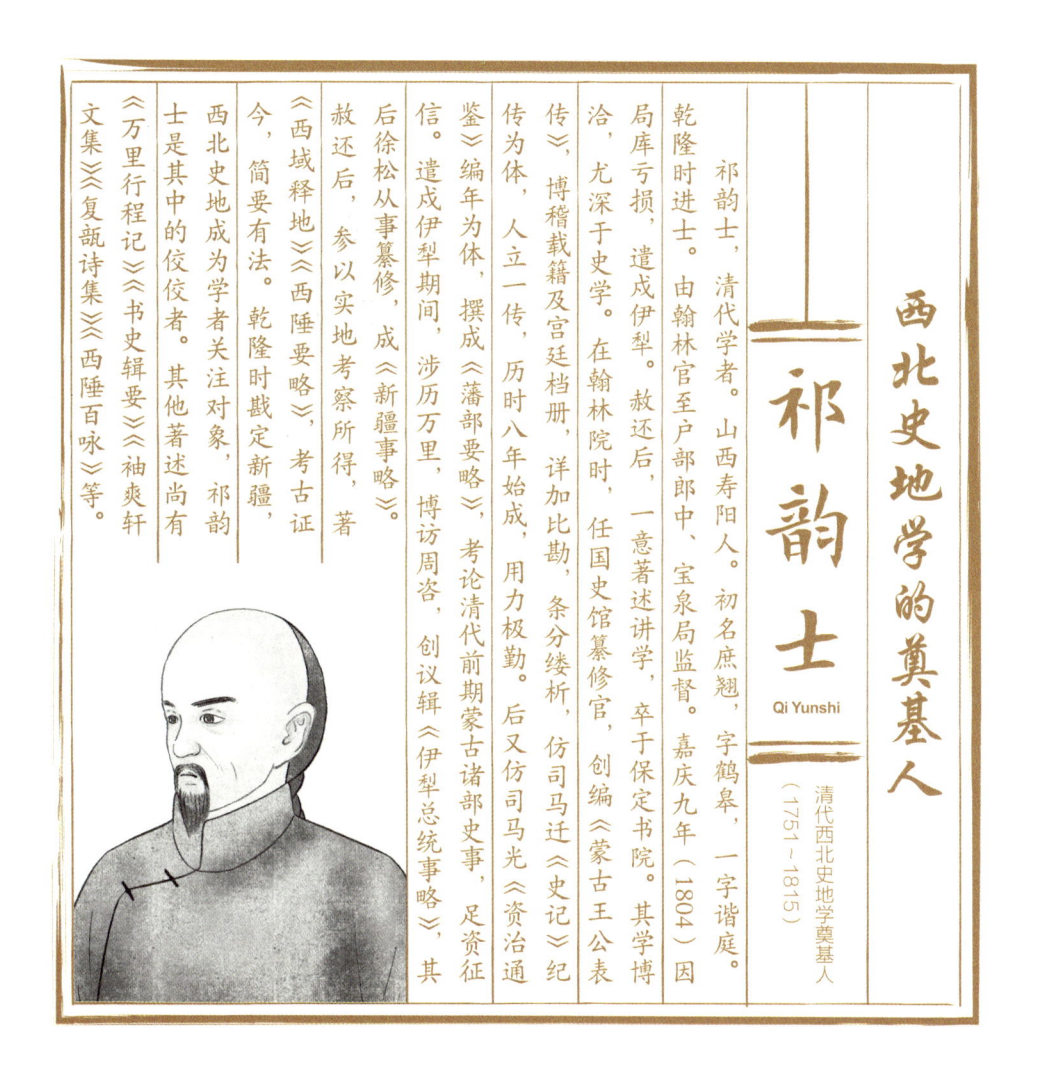

祁韵士 Qi Yunshi （1751~1815）
清代西北史地学奠基人

祁韵士，清代学者，山西寿阳人。初名庶翘，字鹤皋，一字谐庭。乾隆时进士。由翰林官至户部郎中、宝泉局监督。嘉庆九年（1804）因局库亏损，遣戍伊犁。赦还后，一意著述讲学，卒于保定书院。其学博洽，尤深于史学。在翰林院时，任国史馆纂修官，创编《蒙古王公表传》，博稽载籍及宫廷档册，详加比勘，条分缕析，仿司马光《资治通鉴》编年为体，人立一传，历时八年始成，撰成《藩部要略》，考论清代前期蒙古诸部史事，足资征信。遣戍伊犁期间，涉历万里，博访周咨，创议辑《伊犁总统事略》，其后徐松从事纂修，成《新疆事略》。

赦还后，参以实地考察所得，著《西域释地》《西陲要略》，考古证今，简要有法。乾隆时戡定新疆，祁韵士是其中的佼佼者。其他著述尚有《万里行程记》《书史辑要》《袖爽轩文集》《复亝诗集》《西陲百咏》等。

诗文高手　文笔优美

嘉庆年间，祁韵士在定泉局（即铸币局）任监督，因揭露和鞭挞官场的贪污舞弊之风而成为和珅为首的官僚们的眼中钉，后因宝泉局的亏铜案而无辜获罪，被陷入狱，发配伊犁。在赴伊犁路上，写下了见闻录体的《万里行程记》。其中有关于赛里木湖的描写：

"……西行八十里至三台。四面皆山，中有一泽，呼为赛里木诺尔，汇浸三台之北。青蓝深浅层出，波平似镜，天光山色，倒映其中，悠忽万变，莫可名状。时有鸳鸯、白雁往来游泳，如海鸥无心，见人不畏，极可观也。此台阻海角山根，凿石成路，逼水而过，设卡伦焉。路旁有嘉庆戊午巡检顾谟所撰修路碑记，沿海皆驻防察哈尔，列帐而居，错落棋布，牛羊牲畜，烂漫若锦。睹此境界，有海阔天空之感。"

祁韵士在这里仅用148个字，便将赛里木湖的位置、周边环境、自然景观以及人文分布和自己的感悟尽皆托出，毫无雕琢之感，流畅自如，不但显示出文笔的炉火纯青，也显现出一种为文的境界。百十多字要写清一个景观很是不易，然祁韵士却在两处还插入了议论抒情，如"如海鸥无心，见人无畏，极可观也""睹此境界，有海阔天空之感"等。

祁韵士是有清以来诗文的高手，这段散文记叙虽短，但却有了艺术散文那种以实务虚的原理特征。可以看见，全文大部分文字都是写实的。将景物写了个遍，但结尾处的"睹此境界，有海阔天空之感"，仅11字就提示我们：人到了那里，便会情不自禁地打开封闭的心门，会抛却一切烦恼，去尽情拥抱美好。

祁韵士受冤枉之后，在流徙的途中，仍然写出了如此之美的记咏山水的散文，足见他不仅有过硬的文字功夫，而且有豁达的胸怀。

祁韵士雕像

超越失落

祁韵士被谪戍伊犁，从生命的高峰一下滑落到谷底，这自然是一次重大的失落。可他失落的只是一顶乌纱帽和由此而来的荣华富贵。他的学识，他的才华，不仅没有失落，反而因此而得到升华。这跟祁韵士对待失落的达观态度有关。

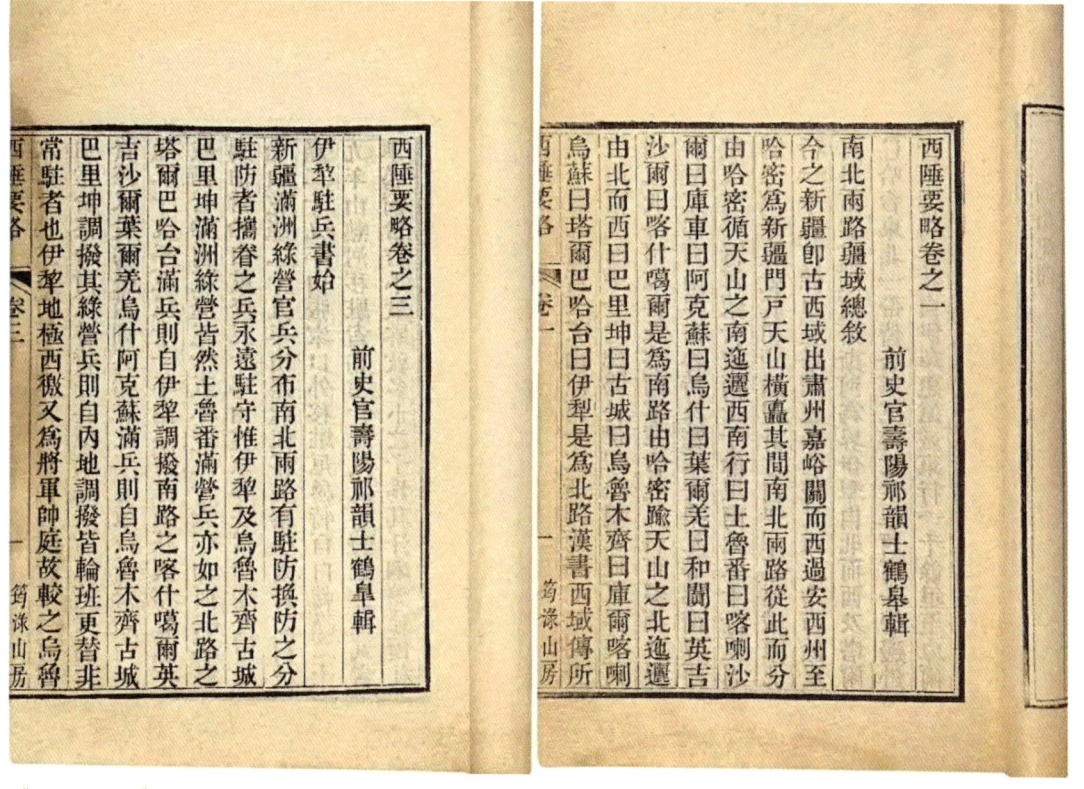

《西陲要略》书影

在祁韵士这里，长途万里的西戍之旅不仅异于常人，也异于"罪人"。他在《万里行程记》篇首云："西戍之役，余以乙丑二月十八日自京师启行，阅时六月，至七月十七日，始抵伊江，时经一百七十余日，路经一万七百余里，所见山川城堡、名胜古迹、人物风俗及塞外烟墩沙碛，一切可异可怖之状。无不周览遍历，系于心目。每憩息旅舍，随手疏记，投行箧中，时日既久，积累遂多，亦自不置记忆矣。抵戍后，暇日无事，或愁风苦雨，独坐无聊，偶拣零缣碎片，集而省阅，以寄情怀；略加编辑，遂尔成篇。"字里行间，毫无一点发配之人的愁绪伤感，全然是一个专家学者的勤奋与刻苦。

他在谪居惠远期间，幸遇爱才喜才的蒙古族伊犁将军松筠，给了他一个宽松安宁的写作与治学环境，使他能够考察、寻访阅遍有关史地资料，亲历伊犁山山水水，身感异乡民情风俗，从而编写出一系列有关西北史地的著作，其中《伊犁总统事略》《西域释地》《万里行程记》均在史地学界享有盛誉。他也因此而成为西北史地学的奠基人。

萬里行程記

清　壽陽祁韻士鶴臯著

西戌之役余以乙丑二月十八日自京師啓行閱兩六月至七月十七日始抵伊江時經一百七十餘日。路經一萬七百餘里所見山川城堡名勝古蹟人物風俗及塞外烟墩沙磧一切可異可怖之狀無不周覽徧歷繁於心目每憩息旅舍隨手疏記投行篋中時日既久積累逐多亦自不復記憶矣抵戌後暇日無事或愁風苦雨獨坐無聊偶檢零縑碎片集而省閱以寄悵懷略加編綴途爾成篇余籍隸壽陽其自京師至壽陽十日程素所熟游不復割裂祇就西行所未經者起自太安驛訖於伊江一路程途里數及景物大略分注如左以誌遠遊之迹抑便他日東歸可按册而稽焉

京師至壽陽九百八十五里由壽陽西行七十里至
太安驛爲壽陽西南境四面皆高阜驛居其中如井韓文公詩亭在焉西有五峯山山上出泉冬夏不溢不涸謂之龍池明時郭雨師居之遇旱禱雨輒應龍神最靈碑言五禱五應云由太安西南行三十五里至什貼鎮入榆次縣界再三十五里至
王湖鎮此榆次北境最大之鎮也前此驛路皆在山中登陟者以爲瘠瘡爲歎至是乃就平坦西望川原無際太原境內之山爲之一開由王湖西行三十里至
永康鎮鎮亦榆次所轄居民引水溉田流經村落屋宇間活活可愛由永康西行四十里至

治学严谨

他治学严谨，主张"信今而证古"，不作"无益之书"。他著西北史地之书，是为了表现"山川城堡的雄阔，风土物产之瑰奇"，从而激发人们对祖国西北边疆的热爱之情。

在《万里行程记》中，他对果子沟的记述，真可谓有景有情，情景交融。那体察入微的观察和入木三分的描绘，完全把读者带进了仙境。他写树："想见林木蔚然，起叠嶂间，山半泉涌，细草如针，心甚异之。前行翘首，则满谷云树森森，不可指数，引人入胜。""已而峰回路转。愈入愈奇木既挺秀，具干霄蔽日之势；草亦蓊郁，有苍藤翠藓之奇。"有动有静，有气势，有美感。他写水："流十余里，与东涧中大水合流，澎湃砰訇，出入危石峻磴间，沿岸杂树丛枝，覆水不见，但闻其声。"有声有色，有感情，有力度。他抒怀："何期万里岩疆，乃有一段仙境，奇绝、快绝。"记果子沟文字何其多也，然可与此相比之作并不多。更让人佩服的是出自一个"罪人"之手。那心境，那胸怀，那目光，那笔调让你无法看出他是刚刚遭到一次重大的挫折的"罪人"，而让你感觉到他已超越了生命中的失落。

在亏铜案发之前，祁韵士担任国史馆要职时，修编《外藩蒙古回部王公表传》及《皇朝藩部要略》时，对于新疆地域之宏阔广袤、众多民族历史风貌以及边疆的社会状况已有相当深入的认识和了解，他还精通满文，所以对西部边疆的人和事颇有相识之感，这使他的西行记具有纪实和探求双重性质，亦成为清代新疆实地考察的重要文献。无辜获罪，被贬伊犁，在他看来却是可"补平生所未逮，亦未始非幸矣"。于是乎他的诗歌就多为"有所触于外，辄有所感于中，悱恻忠爱，肠回日久"之作，于是乎他写出了"离情无限望家山，欲向长城饮马还""谪后今已到天边，回首燕云路万千"那样的边塞诗里的绝句佳品。

清代植物学家

吴其濬 WU Qijun
清代植物学家（1789～1847）

吴其濬，清朝植物学家。字瀹斋，号吉兰，别号雩娄农。河南省固始县城关镇人。嘉庆二十二年（1817），28岁考中一甲一名进士，官授翰林院修撰。历任纂修官，礼部尚书，兵部右侍郎，湖广总督，福建、山西巡抚等职。道光二十六年（1846）辞职。一生为官，公余之时搜求本草，研究药性，观赏植物，描绘精图。著有《植物名实图考》38卷。计引植物1714种，不仅是记述植物药品的巨著，对现代采集药物和植物分类的鉴定工作亦大有帮助。其科学价值，一是纠正了一些本草学家后来的错误；二是附图特别精确；三是很多植物定名以其为依据。为我国19世纪重要的植物学专著。还编著《植物名实图考长编》22卷、《滇南矿厂图略》《云南矿厂工器图略》等。

撰写巨著《植物名实图考》

吴其濬自幼喜爱植物，嘉庆年间进士及第后授翰林院修撰。他曾两次任乡试正考官（广东，浙江），两次主管学政（湖北，江西），两次入值南书房（1831、1834）。这些经历使得他一方面能够读到皇家《四库全书》，收集古籍中的资料；另一方面，能够利用往来各地的机会，对植物进行实地考察。1840～1846年，吴其濬历任湖南、浙江、云南、山西巡抚。作为封疆大吏，他勤于政事，同时也利用"宦迹半天下"的有利条件，不断采集标本，考察

吴其濬手书扇面

生态，征询群众，竭尽公余全部精力，撰写成《植物名实图考》和《植物名实图考长编》两部巨著。书在他去世后的第二年由太原知府刊刻发行。

《植物名实图考》综合了过去的研究成果并有发展和提高。所参考的文献资料包括经史子集，自古至当时达八百多种。正如书名所标示的，主要是考核名实，因而专谈各种植物的形状、用途以及产地，尤详于药性。书的性质有些近于本草，其编写体例也仿照传统的本草，分类方法和《本草纲目》相似。《植物名实图考》共计38卷，记载植物1714种，比《本草纲目》增加了519种，所述植物广及中国19个省，而江西、湖南、云南、山西、河南、贵州等省的植物采集和收录较多，插图1865幅。分类方法基本是栽培植物在前，野生植物在后；草本植物在前，木本植物在后。同一类植物，则把相近的植物排在一起，如豆科、百合科等。比《本草纲目》多519种，其中吴其濬自己发现的约有210种，由其采访记述的有约250种，特别是有很多南方和边疆的植物种类。《植物名实图考》开中国现代植物志之先河，在中国植物学史上占有重要地位。因此，任何一本植物学教科书在讲到中国植物学发展史的时候，都要提到吴其濬与《植物名实图考》。

《植物名实图考长编》摘录了历代本草、农书、方志、诗词杂著等书籍中有关植物的资料，分为谷类、蔬类、山草、石草、隰草、蔓草、芳草、水草、毒草、果类、木类11类（《植物名实图考》增加了"群芳"，计为12类）。《植物名实图考长编》22卷，收录植物838种；《植物名实图考长编》"以稽诸古"，

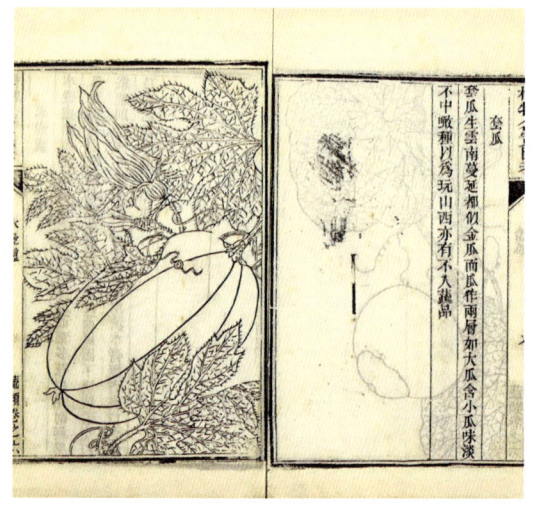

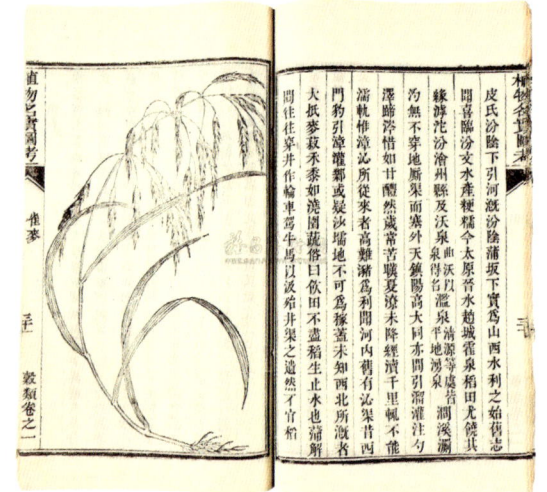

《植物名实图考》

而《植物名实图考》则是考核植物的名实，兼顾实用价值，"以证诸今"。

为本草特开生面，而思以愈民之瘼。　　——吴其濬

强调"目验"，反对"耳食"

吴其濬治学严肃认真。主要是以实物观察为依据，然后以文字材料为辅加以印证。他对未经"目验"，而仅凭"耳食"的做法很反感，在"党参"条写道："余饬人于深山掘得，莳之盆盎，亦易繁衍。细察其状，颇似初生苜蓿，而气味则近黄耆。"又"穬麦"条："《天工开物》谓穬麦独产陕西，一名青稞，即大麦，随土而变，皮成青黑色，此则糅杂臆断，不由目睹也。"另外，吴其濬"多识下问"，对"老农""老圃""舆台""牧竖"都多所咨询，认为他们的五谷草木知识比一般士大夫丰富。在"薇"条中指出："此菜亦有结实、不结实两种。结实，豆可茹；不结实者茎叶可茹。余

得之牧竖云。""芜菁"条则称:"后人乃以根叶强别,《兼明书》不知其误,而博引以实之,何未一询老圃。"再就是他具有实事求是的精神和科学的研究态度,对可疑植物,经过研究比较,还是不能肯定的,都不下结论。如卷二十"黄药子"条为:"滇南又别有黄药……即湖南之野山药。其白药子,亦谓之黄药,皆别图。凡以著其物状,而附以俚医之说,以见一物名同实异。不敢尽以古方所用必即此药,以贻害于后世,庶合阙如之义云尔。"《图考》所以能取得较高成就,是和吴其濬的治学态度分不开的。

经过吴其濬的细致认真观察、实验和考证分析,发现了过去有关书籍中的不少问题,纠正了一些本草学的错误和阙略。如李时珍《本草纲目》对每种药物,都以"释名"确定名称;"集解"叙述产地、形态、栽培及采集方法;"辨疑""正误"考订药物品种真伪和纠正历史文献记载的错误;"修治"说明炮炙法;"气味""主治""发明"则分析药物的性味与功用;"附方"系搜集古代医家和民间流传的方剂。采用以上的标目,优点是分别清楚,一目了然;但缺点在引用古文献时,为避免重出,经常割裂原书文义,有时两书记载相同,兼采并用时仅标一人之名,不能保留古代文献本来面目。《植物名实图考》则忠实千古文献原貌,全部照录,并注明出处。又如《本草纲目》中把五前科的通脱木与木通科的木通混为一物,同列于蔓草类。吴其濬纠正其错误,把通脱木从蔓草类中删除而改列入山草类。他还指出《救荒本草》所绘穄子图,与他所见的不同,可能是两个种。此种例子在书中有不少。

> 《植物名实图考》附图一千八百多幅,比以前任何本草书中的附图都要精确。这些图大部分是在植物新鲜状态时绘下的,非常逼真,而且其中很多是根、茎、叶、花全株绘下的,颇能反映出该植物的特征。

对中国的植物分类学,《植物名实图考》也有重要意义。许多现代植物分类工作者在研究植物时往往要参考它。除可以根据书中的附图鉴别出一些植物的科、属,乃至种名外,不少植物的中名定名也是以之为依据的。目前中国植物分类研究中,以《植物名实图考》中的植物为正式中名的非常多。

图书在版编目（CIP）数据

中华巨匠：古代卓越科技人物/朱杰军等编著. —北京：中国科学技术出版社，2022.6

ISBN 978-7-5046-9681-6

Ⅰ. ①中… Ⅱ. ①朱… Ⅲ. ①科学家—列传—中国—古代 Ⅳ. ① K826.1

中国版本图书馆 CIP 数据核字（2022）第 118696 号

策划编辑	秦德继　徐世新
责任编辑	向仁军
封面设计	锋尚设计
版式设计	锋尚设计
责任校对	吕传新
责任印制	李晓霖
出　　版	中国科学技术出版社
发　　行	中国科学技术出版社有限公司发行部
地　　址	北京市海淀区中关村南大街 16 号
邮　　编	100081
发行电话	010-62173865
传　　真	010-62173081
网　　址	http://www.cspbooks.com.cn
开　　本	787mm×1092mm　1/16
字　　数	238 千字
印　　张	15.75
版　　次	2022 年 6 月第 1 版
印　　次	2022 年 6 月第 1 次印刷
印　　刷	北京荣泰印刷有限公司
书　　号	ISBN 978-7-5046-9681-6/K・325
定　　价	98.00 元

（凡购买本社图书，如有缺页、倒页、脱页者，本社发行部负责调换）